趣读哲学丛书

西方哲学大师的智慧

胡兴松　编著

中山大学出版社
SUN YAT-SEN UNIVERSITY PRESS
·广州·

版权所有　翻印必究

图书在版编目（CIP）数据

西方哲学大师的智慧/胡兴松编著. —广州：中山大学出版社，2015.11
ISBN 978-7-306-05445-6

（趣读哲学丛书）

Ⅰ. ①西… Ⅱ. ①胡… Ⅲ. ①哲学家—生平事迹—世界 Ⅳ. ①K815.1

中国版本图书馆 CIP 数据核字（2015）第 224447 号

出版人：徐　劲
策划编辑：徐诗荣
责任编辑：徐诗荣
封面设计：曾　斌
责任校对：廖丽玲
责任技编：何雅涛
出版发行：中山大学出版社
电　　话：编辑部 020-84110283，84113349，84111997，84110779
　　　　　发行部 020-84111998，84111981，84111160
地　　址：广州市新港西路 135 号
邮　　编：510275　传　真：020-84036565
网　　址：http://www.zsup.com.cn　E-mail：zdcbs@mail.sysu.edu.cn
印 刷 者：佛山市浩文彩色印刷有限公司
规　　格：787mm×1092mm　1/16　22.5 印张　380 千字
版次印次：2015 年 11 月第 1 版　2015 年 11 月第 1 次印刷
定　　价：39.80 元

如发现本书因印装质量影响阅读，请与出版社发行部联系调换

总序

哲学是鲜活的，可以趣读

在古希腊神话中，有这样一个故事，狮身人面的女妖司芬克斯站在路旁向行人提出了一个谜语：早晨四脚走路，中午两脚走路，黄昏三脚走路。这是什么？猜不出谜语者都要被其吃掉。后来，聪明的王子俄狄浦斯从此路过，说出了谜底，女妖即跳崖而死。这条司芬克斯之谜的谜底就是"人"。其实，人之谜，是一个猜不破的永恒之谜。世上最伟大的杰作是人，最难读懂的也是人。这不仅是因人的形形色色，更是因人的变化多端。要写好大写的"人"字，要读懂"人"这部天书，无论自觉与否，都离不开哲学思维与方法，因为"哲学就是人学"、"哲学的秘密就在于人"。

人们初入哲学殿堂，常会产生哲学语言晦涩难懂、哲学理论枯燥乏味的感觉。其实，在现实生活中，我们不能"跟着感觉走"，因为人的感觉往往是不可靠的。哲学绝不是学究式的教条，哲学始终都是鲜活的。这是因为：其一，哲学"是自己时代的精华"、"是文明的活的灵魂"（马克思语），具有鲜活的内容；其二，"哲学无定论"，它不可能一劳永逸地破译世界的奥秘，在哲学的殿堂里并不存在绝对正确、至善至美的真理，哲学的发展是鲜活的；其三，就哲学的表达形式而言，虽然在哲学史上曾出现过像赫拉克利特这样的哲学家为免被民众所轻视而故意将哲学著作写得晦涩难懂的情况，但从哲学发展史来看，哲学书籍一般都是形象生动、有血有肉的。而哲学的晦涩难懂和枯燥乏味，则往往产生于呆板、僵化的表述。正因为哲学是鲜活的，需要趣读，也可以趣读，所以，本套丛书以

"趣读哲学丛书"命名。

正因为立足于趣读,本套丛书舍弃了完善哲学理论体系的追求,因为我欣赏克尔凯郭尔的《宫殿旁的狗窝》这一则哲学寓言故事。请允许我复制如下:"一位思想者建立了一座庞大的建筑,一个体系,一个包容万有及世界历程等等一切的体系,然而,假如我们考察他的个人生活,会发现一个可怕而荒唐的事实:思想家本人并不居住在这座恢宏、高大的宫殿之中,而是住在旁边的马厩里,或者在一个狗窝里,或至多住在脚夫的草屋里。假如有人提醒他注意这个事实,他就会发怒,因为他并不惧怕生活在幻想之中,只要他能够完成这一体系——这也同样借助于幻想。"① 正因我不愿居住在"宫殿旁的狗窝"里,所以我在本套丛书中力求另辟蹊径,以生动活泼的形式和新颖别致的角度来阐释哲学道理,反映哲学鲜活的本质。主观愿望与客观实际效果是否一致,读者自有评说。

我们不奢望培养出千千万万的"哲学王",然而,一个人不能没有哲学头脑,一个民族不能没有哲学思想。在"经济繁荣"的条件下出现"哲学贫困",绝对是民族与国家的悲哀。为此,我们必须变革"贫困的哲学",使哲学兼容并蓄、与时俱进,使哲学走出书斋、走近大众,使哲学通俗易懂、深入人心。我企盼本套丛书在这一方面有所促进与推动。

哲学是"爱智"之学,哲学是"爱思"之学,哲学青睐充满智慧与思维的头脑。古希腊哲学家亚里士多德说:"每一个人在本性上都想求知。"英国著名哲学家毛姆则说:"人人都可以成为哲学家!"最早的哲学家就是出于对普通人习以为常的事情感到"诧异",进而通过思辨来提出自己的一孔之见,从而形成独特的哲学学说的。努力吧,也许你就是未来的哲学家!

我喜爱鲜活的哲学,也期望大家能喜爱我用此种方式来阐释和解读哲学。"我爱"与"爱我"的和谐统一,是本人追求之目标。

"路漫漫其修远兮,吾将上下而求索。"

胡兴松
2015 年 5 月 12 日于前海湾畔

---

① 杨玉功编译:《克尔凯郭尔哲学寓言集》,北京:商务印书馆 2000 年版,第 37 页。

目　　录

古希腊罗马哲学大师 …………………………………………… 1

01　泰勒斯 ………………… 3
02　毕达哥拉斯 …………… 9
03　赫拉克利特 ………… 14
04　爱利亚的芝诺 ……… 19
05　德谟克利特 ………… 24
06　苏格拉底 …………… 27

具有划时代意义的哲学家：苏格拉底

07　第欧根尼 ………… 45
08　柏拉图 …………… 52
09　亚里士多德 ……… 57
10　伊壁鸠鲁 ………… 62
11　塞浦路斯的芝诺 ……… 64
12　西塞罗 …………… 68

古希腊哲学的巅峰：亚里士多德

中世纪时期哲学大师 ………………………………………… 71

13　奥古斯丁 …………… 73
14　安瑟尔谟 …………… 76
15　托马斯 ……………… 78
16　罗吉尔·培根 ……… 83

宗教哲学的集大成者：托马斯·阿奎那

文艺复兴时期哲学大师 ································· 85

17	但丁 ································· 87
18	蒙田 ································· 90
19	达·芬奇 ····························· 93
20	布鲁诺 ······························ 97
21	伽利略 ····························· 102
22	闵采尔 ····························· 106
23	马基雅维利 ······················· 109
24	莫尔 ································ 111

人文主义思想家、哲学家和诗人：但丁

英国经验论哲学大师 ································· 115

25　弗兰西斯·培根 ······ 117
26　霍布斯 ······················ 122
27　洛克 ························· 124
28　贝克莱 ······················ 127
29　休谟 ························· 129

英国经验主义创始人：弗兰西斯·培根

大陆唯理论哲学大师 ································· 133

30	笛卡尔 ····························· 135
31	斯宾诺莎 ··························· 143
32	莱布尼茨 ··························· 148

法国启蒙运动先驱者：笛卡尔

目录

法国启蒙哲学大师 151

33　伏尔泰 153
34　孟德斯鸠 169
35　卢梭 172
36　狄德罗 181

法国启蒙思想家、哲学家：卢梭

德国古典哲学大师 185

37　康德 187
38　费希特 199
39　谢林 204
40　黑格尔 206
41　费尔巴哈 214

德国古典唯心主义哲学集大成者：黑格尔

马列主义哲学大师 217

42　马克思 219
43　恩格斯 229
44　列宁 235
45　斯大林 241

马克思主义哲学创始人：马克思

现代西方哲学大师 247

超人哲学家：尼采

46	叔本华	292
47	尼采	299
48	柏格森	302
49	克尔凯郭尔	304
50	胡塞尔	310
51	海德格尔	313
52	萨特	249
53	弗洛伊德	255
54	荣格	268
55	弗洛姆	272
56	霍克海默	274
57	密尔	278
58	斯宾塞	281
59	詹姆斯	286

现象学之父：胡塞尔

60	杜威	315
61	罗素	318
62	维特根斯坦	324
63	福柯	329
64	德里达	337
65	波普尔	343

现代分析哲学创始人之一：罗素

主要参考文献 346
后　　记 349

古希腊罗马哲学大师

　　意大利画家拉斐尔的《雅典学院》生动地塑造了古希腊哲学大师们的风采。大约是雅典学院联结大讲堂与体育场的宏伟拱廊的一端，在台阶和平台上，一代先哲三五成群地聚集在一起，形成了"百花齐放、百家争鸣"的景象：华丽拱门正中心是边走边热烈交谈的柏拉图与亚里士多德。柏拉图银须飘拂，正面向前，左手拿着《蒂迈欧篇》，右手指向苍天；亚里士多德侧身向右，注视着柏拉图，左手拿着《伦理学》，右手指地。两人简单的手势反映了各自不同的哲学观点。我们还可以看到站着对人施行"精神助产术"的苏格拉底、在书上研究"数"的毕达哥拉斯、坐在台阶上手衬着头部正在沉思的赫拉克利特、像狗一样半卧在台阶上的第欧根尼，等等。一代圣哲的鲜活形象栩栩如生地展现在我们眼前，令人肃然起敬、浮想联翩……

古希腊、罗马——欧洲文明的摇篮，令人敬仰、向往之地。在这片土地上，生活着一批热爱智慧的哲学大师；在这片土地上，孕育了生生不息的西方哲学。

古希腊罗马哲学是指公元前7世纪或公元前6世纪—公元4世纪出现在希腊本土以及地中海沿岸，特别是小亚细亚西部、意大利南部的哲学学说。

古希腊罗马哲学大体可分为三个历史阶段：公元前7世纪或公元前6世纪的自然哲学时期、始于公元前5世纪的人本主义和系统化哲学时期、希腊化和罗马哲学时期。

古希腊罗马哲学是西方哲学的幼年时期，是欧洲乃至整个西方哲学的起源。古希腊罗马哲学古老而深邃——她源于神话，浑沦磅礴，跨越11个世纪；她流派纷呈，纵横交错；她追求智慧，充满诡异；她具有理性，饱含思辨；她注重演绎，体现逻辑；她着眼整体，交融科学；她强调实践，关注人性。正因为如此，才有了"言必称希腊"，才有了"条条道路通罗马"。而这些都离不开其创造者——风趣的古希腊罗马哲学大师。

德国著名哲学家尼采在《希腊悲剧时代的哲学》中言："面对古希腊大师泰勒斯、阿那克西曼德、赫拉克利特、巴门尼德、阿那克萨戈拉、恩培多克勒、德谟克利特、苏格拉底这样一个惊人理想化的哲学群体，每个民族都会自惭形秽。所有这些人是一个整体，是用一块巨石凿出的群像。""他们创造了'典型的哲学头脑'，而后来的一切世代在这方面不再有任何实质性的创造了。"

让我们漫步古希腊罗马哲学王国，领略这些哲学大师的风采吧！

01　泰勒斯

泰勒斯（Thales，约公元前 624—公元前 547 年，鼎盛年约在公元前 585—公元前 584 年）又译作泰利斯，出生于米利都望族，是古希腊哲学乃至西方哲学的第一人，米利都学派①的创始人，唯物主义者，也是古希腊"七贤之首"。他早年曾到埃及学习科学知识，回来之后从事几何、天文、气象等方面的研究，并将研究成果运用于实际。他几乎涉猎了当时人类的全部思想和活动领域，获得崇高的声誉，被尊为"科学之父"。

在哲学上，泰勒斯第一个把哲学从宗教、神话中分离了出来，第一个提出了"什么是世界本原"这个极富意义的哲学问题，并以提出"水是万物的本原或始基"这一唯物主义的哲学命题而闻名。他还提出了"磁石有灵"的学说。泰勒斯的著作已经失传。

---

①　米利都学派是西方历史上第一个哲学流派，是公元前 6 世纪在古希腊伊奥尼亚地区米利都城邦地区形成和发展起来的一种自然哲学流派，是伊奥尼亚学派的中坚力量，其主要代表人物有泰勒斯、阿那克西曼德、阿那克西米尼。

最有智慧的人

泰勒斯学识渊博，充满智慧，被古希腊人称为"七贤之首"。一天，米利都的渔民打鱼时捞到一只三足鼎。一些伊奥尼亚青年事先已出钱买断米利都渔民打捞到的东西。于是，发生了争执：这鼎是否构成捕获物的一部分？双方你来我往，互不相让。渔民来到德尔斐神庙请问神："谁将拥有这只鼎？"神回答说："最有智慧的人。"于是，他们就将鼎送给了贤人泰勒斯。

泰勒斯收到鼎之后，非常喜欢这只鼎，对它赞不绝口。当人们说明来意后，他深感自己无知，便将它送给了其他贤人。最后，这只鼎传到了贤人梭伦手里。梭伦认为神最有智慧，便将鼎送到了德尔斐神庙。

行不知步

泰勒斯因为专注于沉思，时常行不知步、食不知旨。有一次，他在路上边走边仰望天空，思考着天文问题，一失足跌进了路旁的一个土坑，弄得满身泥泞。一个色雷斯女郎见了，嘲笑他说："你自称能够认识天上的东西，却不知地下是什么。跌进坑里就是你的学问给你带来的好处吧！"对此，亚里士多德曾评价说："只有站得高的人，才有从高处跌进坑里去的权利和自由。"

斗　智

泰勒斯是一个成功的商人。据说，他用骡子运过盐。某一次，一头骡子滑倒在溪中，盐被溶解掉了一部分，负担减轻了不少。于是，这头骡子每次过溪水时就打一个滚。泰勒斯为了改变这头牲畜的恶习，就让它改驮海绵。骡子再过溪水时，又像从前一样如法炮制，结果海绵吸水之后，重量倍增。这头骡子再也不敢偷懒了。后世流行的一则伊索寓言故事也许就来源于此。

感谢命运女神

泰勒斯常说,有三件幸事他要感谢命运女神:"第一,我生而为人,而不是牲畜;第二,我生而为男人,而不是女人;第三,我生而为希腊人,而不是蛮族人。"

预测日全食

泰勒斯是一位天文学家,他奠定了希腊天文学的基础。据说,他曾通过预测一次日全食,制止了一场战争。当时,迪斯和吕底亚两个部落接连5年的战争也没有决出胜负,战争给平民百姓带来了灾难,使平民百姓流离失所。泰勒斯推算出公元前585年5月28日会出现日全食,便扬言"上天反对人世的战争,如果两国继续交战,就会有灾难降临"。人们都认为泰勒斯是一个疯子,没有人理会他。到了那天下午,两国将士仍激战不已。霎时间,太阳在天空中消失,大地一片漆黑。双方将士见此景象,认为太阳神真的发怒了,要降罪于人类,吓得不知该怎么办。两个部落的首领相信了泰勒斯的话,罢战言和,从此铸剑为犁,和睦相处,还相互通婚。

知识就是金钱

泰勒斯整天忙着各种研究,生活过得相当窘迫,而米利都许多人过着优越的生活,享用着来自世界各地的奢侈品,以至于有些没有眼光的势利小人时常嘲笑他,说他尽做些没用的事情。泰勒斯对这些人说:"你们可以认为我没用,但要说知识没用,那就大错特错了。"

有一年,由于天气不好,橄榄歉收。许多做橄榄油生意的商人都有些心灰意冷,但泰勒斯经过仔细地观察和分析天象,认定来年会风调雨顺,橄榄将大获丰收。第二年开春后,泰勒斯不动声色地以低价租下了米利都的全部橄榄榨油机。等到橄榄收获季节到来时,他靠高价出租榨油机狠狠地赚了一笔钱。就这样,他用事实告诉别人:哲学家只要想赚钱,便能赚很多钱。

圈　　套

梭伦对泰勒斯完全不关心娶妻生子感到纳闷。一天,泰勒斯请一位客人装作刚从雅典回来的样子,于梭伦在场时来到他家。梭伦问他雅典的情况,他按泰勒斯事先的吩咐说:"没有别的,只看到了一个青年人的葬礼。这个青年的父亲是位德高望重的人。"梭伦赶紧问这个父亲是谁。那人回答说:"梭——伦——。"梭伦一听,痛哭流涕。这时,泰勒斯微笑着说:"像你这样一个意志坚强的人也如此不能自已,这就是我不娶妻生子的缘故啊。不过,你不要伤心,因为这个消息是假的。"

后来,古罗马时代的著名历史学家普鲁塔克在讲述这个故事时说:"如果害怕失掉就不去获得必要的东西,它既不合理,也不足贵。因为按照这一原则,一个人就会为了害怕失掉的缘故,不可能从占有财富、荣誉、智慧而得到满足。因此,最重要的并不是不去得到这些东西,而是要用理性来对待将要发生的一切事情。"

军　事　家

有一次,吕底亚的国王克劳苏率领一支军队来到哈吕斯河边,但是河水太深,无法涉渡。正当克劳苏一筹莫展的时候,泰勒斯帮助了他。泰勒斯让士兵在河流上游挖一条月牙形的沟渠,使沟渠引导河水从军队营地的后边流过,绕个弯之后再重新汇入原先的河道。这样军营前边的河水就变得很浅了,克劳苏的军队很容易地涉水过河,取得了战斗的胜利。

测　　高

一年春天,泰勒斯来到埃及,人们问他能否量出金字塔的高度。泰勒斯说可以,但有一个条件——必须在一个风和日丽的白天。

次日,泰勒斯不慌不忙走到金字塔前,阳光把他的身影投在地上。等到身影与他身长恰好相等时,他便立刻在大金字塔尖顶在地面的投影处做一记号,然后再量出金字塔底到塔尖投影处的距离。就这样,他测出了大金字塔的确切高度。

为时已晚

泰勒斯的母亲劝他早点结婚成家、生儿育女,他回答说:"来日方长,何必着急。"过了几年,母亲急不可待地再次劝他结婚,得到的回答却是:"去日不可追,为时已晚了!"

饶　舌

泰勒斯好学多思,从不夸夸其谈。一天,当他的一个弟子又在跟人搬弄口舌时,泰勒斯劝他说:"唠叨不能传达颖悟的见解,去寻求唯一智慧的事物吧!去挑选唯一优美的东西吧!你将制住饶舌者的喋喋不休。"

妙　答

泰勒斯能言善辩,回答他人的提问往往是妙语连珠。

有人问他,白天和夜晚哪一个是老大,他回答说:"在一天中夜晚更大。"

还有人问他,一个人能否对神掩藏恶行,他回答说:"不,即使是恶念也不能。"

有个奸夫问他是否能够否认立以誓言的控告,他的回答是,做伪证跟通奸一样坏。

当被问及什么是困难之事时,他说:"认识你自己。"

"什么是容易之事?""给他人提建议。"

"什么是最令人愉快之事?""成功。"

"什么是神圣之物?""那既无开始也无终结的事物。"

"什么是你见过的最奇怪的东西?""一个上了年纪的僭主。"

"一个人怎样才能最好地承担不幸呢?""如果在更坏的困境中他能认清他的敌人。"

"我们将如何过一种最好也最正直的生活呢?""绝不做我们谴责他人做的事情。"

"什么样的人是幸福的?""那种有健康的身体、有机智的头脑、有驯良的天性的人。"

吾爱吾子

泰勒斯潜心研究科学与哲学，终身未婚，但被人们称为"科学之父"。有人问他："你为什么不想生养孩子？"泰勒斯回答说："吾爱吾子之故也！"

最高奖赏

泰勒斯言谈幽默并富有哲理。

有人问他："怎样才能过有哲理和正直的生活？"他的回答是："不要做你讨厌别人做的事情。"

又有人问："你见过最奇怪的事情是什么？"他的回答是："长寿的暴君。"

还有一个问题是："你做出一项天文学的发现，想得到些什么？"他的回答是："当你告诉别人时，不说它是你的发现，而说是我的发现。这就是对我的最高奖赏。"

名声比天高

在一次观看体育比赛时，泰勒斯由于年事已高，身体虚弱，加上热和渴，与世长辞。他的墓碑上刻着："伟大的泰勒斯躺在这狭小的坟墓里，但他的智慧所赢得的名声比天还高。"

泰勒斯的塑像下面还有这样一段铭文："这里长眠的泰勒斯是最聪明的天文学家，米利都和伊奥尼亚的骄傲。"

第欧根尼·拉尔修在《各种韵律的隽语诗》中写下了这样的文字："当泰勒斯在一个节庆日观看比赛时，恶毒的太阳摧毁了他，他死去了。宙斯啊，尽管你劳心费力以使他复活，但他那黯淡的眼睛，再也不能从地面仰望星光灿烂的天空。"

02　毕达哥拉斯

毕达哥拉斯（Pythagoras，约公元前590—公元前500年）是古希腊哲学家和数学家，毕达哥拉斯学派①的创始人，古代最早的唯心主义者。他曾师从泰勒斯，并办起了相传为欧洲历史上的第一所学校——毕达哥拉斯同盟。他提出了"毕达哥拉斯定理"，第一个发现昏星与晓星是同一颗星，第一个指出"心灵和表象是在脑子里"，在宇宙学和音乐理论方面都有较大贡献。

在哲学上，毕达哥拉斯第一个使用了"哲学"（即"爱智慧"）这个词；他第一个将数学运用于哲学，提出了数本原说和灵魂不死与轮回的思想。黑格尔称毕达哥拉斯是"全球第一位大师"。罗素曾评价毕达哥拉斯是"世界上最有趣味而又最难理解的人之一"。

---

①　公元前6世纪—公元前4世纪在意大利南部形成与发展起来的一种自然哲学流派。因其活动在意大利南部，故又称南意大利学派。主要代表人物为毕达哥拉斯和他的学生阿尔克迈翁、辛巴索斯、爱克方特斯、费劳罗、蒂迈欧等人。

信 条

毕达哥拉斯认为数最崇高、最神秘。他所讲的数是指整数,也就是说宇宙间各种关系都可以用整数或整数之比来表达。据说,毕达哥拉斯的学生希帕索斯在研究正方形时,发现了对角线的长($\sqrt{2}$)既不是整数,也非有理数,不能用整数或整数比来表示,而是一个无限不循环的小数。希帕索斯的这一发现,打破了毕达哥拉斯学派的信条——宇宙间的一切都能归结为整数或整数之比,从而引起了该学派的恐慌。后来,天真的希帕索斯无意间向别人谈到了自己的发现,因而被毕达哥拉斯学派投向大海,葬身鱼腹。但是,新数$\sqrt{2}$的发现毕竟引起了"数学史上的第一次危机"。

勿食豆子

毕达哥拉斯创立学派时,制定了一些戒律,其中有一条就是勿食豆子。据亚里士多德分析,这不仅因为豆子像阳具,而且像冥王哈得斯的洞口(因为豆子是唯一无肢节植物),因为豆子具有毁灭的本性,或者因为豆子类似于宇宙,或者因为它们具有寡头政治的特点(它们被用来抽签以选举统治者)。罗素在《西方哲学史》中曾说:毕达哥拉斯是历史上最有趣味而又最难理解的人物之一。关于他的传说,几乎是一堆难分难解的真理与荒诞的混合,而且即使是在这些传说中最单纯最少争论的形式里,它们也向我们提供了一种最奇特的心理学。

静 观 者

希腊哲学是静观的。毕达哥拉斯曾有这样一个比喻:在现世生活里有三种人,正像到奥林匹克运动会上来的也有三种人一样。那些来做买卖的人都属于最低的一等,比他们高一等的是那些来竞赛、夺取桂冠的人。然而,最高的一种乃是那些只是来观看的人们。同样,在生活中,有些人为的是功名禄位,有些人是金钱的奴隶,可是,有少数人做了最好的选择,他们将自己的精力和时间用来思考自然,从事科学研究,做爱智慧的人,这就是哲学家。

百牛大祭

据说,毕达哥拉斯发明了勾股定理后,破例杀了一百头牛,举行了一个"百牛祭",邀请全城的人庆祝。有一流行至今的诗句这样说道:"毕达哥拉斯发现了有名的图形,为此操办了遐迩闻名的百牛大祭。"

灵　感

有一次,毕达哥拉斯走过铁匠铺,铁匠打铁的和谐声音吸引了他。他站着听了好久,发现声音高低与铁锤的重量有关。于是,他比较了不同重量铁锤发出不同谐音之间的比例关系,从而测定了各种音调的数学关系,并从音乐和声中发现了宇宙和谐论。著名学者伽莫夫曾说:"这一发现大概是第一次数学公式表示,完全可以认为是理论物理发展的第一步。"

毕达哥拉斯书籍中的插图

法力无边

据说,毕达哥拉斯具有支配野兽的法力。有一只母熊在多尼亚附近对居民造成恐怖,他去教化,终使它听话,不再骚扰其他生物,只吃果子和蜜制糕点。有一次,他说服了一头牛,终于使它不去啃蚕豆。作为奖赏,毕达哥拉斯让它免上屠宰场,将它送给塔兰特的赫拉神庙喂养。他还能平息风暴,消除地震,制止流行病。有一天,他路过卡萨斯时,河水大声向他致敬。这吓坏了所有在场的人。

神圣的女人

在与人谈起女人是否值得尊重时,毕达哥拉斯说:"她们有三个神圣的名字,起初被称之为处女,然后被称之为新娘,最后被称之为母亲。"

设计铸币

据说,毕达哥拉斯在克罗通时,设计了一种铸币,第一个将货币引入南意大利。铸币的正面有阳文的本城的纹章,圆周形的边纹有城名的几个主要字母,另一面是同样的图案,但为阴文。这些铸币体现了毕达哥拉斯关于"宇宙上下两方和中央所处的地位关系是相同的,只是彼此相反"的观点。

爱智慧的人

有一次,毕达哥拉斯同弗琉斯的统治者雷翁谈话,雷翁称赞他的天才和雄辩,并询问他的技艺是什么。毕达哥拉斯回答说:"我不是什么技艺大师,只是一个爱智慧的人(哲学家)。"他第一个提出哲学家不是"有智慧的人",而是"爱智慧的人",哲学就是"追求智慧的学问"。

朋友的灵魂

有一次,毕达哥拉斯在闲逛时,看见一个人正在打一条狗,他显出非常怜悯的样子,厉声说:"住手,不要打它,因为我听出了它的声音,我一个朋友的灵魂附着它。"

奇　迹

几个渔民刚刚打了一大网鱼,毕达哥拉斯在海边遇见了他们,立刻就说出了网里的鱼有多少条,数字极其准确,然后用钱将鱼买下,统统扔进回海里。他人还没有到克罗顿,这个奇迹就传开了。不久以后,他在那里的学校声名鹊起。

轮回转世

据说,毕达哥拉斯能保持他多次灵魂转世的记忆。他自称当初是大神赫尔墨斯的儿子,名叫埃塔利德,后来转世成了荷马时代的英雄欧浮尔伯,再后来他的灵魂进入了赫尔摩提默斯的体内,然后又成为渔夫皮尔霍斯,渔夫死后,才投胎为毕达哥拉斯。

为信仰而死

毕达哥拉斯及其学派将豆子看得非常神圣,并规定不能踩豆子地,不能吃豆子。大约在公元前500年的一天,毕达哥拉斯及其门徒在米罗家讲学时,一位叫居隆的贵族弟子因毕达哥拉斯拒绝他入会而怀恨在心,煽动了一批人放火将房子烧了。毕达哥拉斯在门徒的搀扶下逃离了火海,但他们逃到一块豆子地前停住了,他宁可被捕也不愿意违背盟规而践踏它。最终,他被追来的人打死了。也有人说,他逃到梅塔蓬达避难,禁食40天后死于缪斯神庙。

03　赫拉克利特

赫拉克利特（Heraclitus，约公元前530—公元前470年，鼎盛年为公元前504—公元前501年）是小亚细亚爱非斯人，爱非斯学派①的著名代表。他生于爱非斯王族，本可以继承王位，但他让位给了兄弟，自己隐居山间，成为第一个职业哲学家，一生专门从事哲学研究。

在哲学上，赫拉克利特继承了米利都学派的传统，发展了辩证法，他不仅提出了"火是世界万物的本原"的本原说，而且还提出了"万物皆变"的生成辩证法和逻各斯学说。因此，列宁称他为辩证法的奠基人之一。他著有《论自然》一书，现仅存残篇。因他的著作用语晦涩，故人们也称他为"晦涩的哲学家"。

黑格尔认为："思想深邃的赫拉克利特将哲学的开端推向完美。"尼采说："赫拉克利特永远不会过时。"

---

①　在古希腊的爱非斯城邦形成与发展起来的一种自然哲学流派，是伊奥尼亚学派的重要组成部分，其主要代表人物是赫拉克利特和他的学生克拉底鲁。

流 动 者

有一次，赫拉克利特在涉水过河时，浅浅的溪流轻抚他的脚踝，令他舒服，心神远飞。几乎是在一瞬间，他突然意识到：每一次轻抚脚踝的水滴都是新的，而流过去的水将永远不会再来重新抚摸自己的脚踝。于是，一个哲学命题在他的脑海里蹦了出来："我们不能两次踏进同一条河，它散又聚，合而又分。""我们踏进又踏不进同一条河流，我们存在又不存在。"后世的大哲学家苏格拉底竟忍不住为赫拉克利特起了个绰号——"流动者"。

辩 证 法

翻开赫拉克利特的著作，我们随处都可以发现辩证法的思想。他写道：

在圆周上，终点就是起点。

上坡路和下坡路是同一条路。

海水是最干净的，又最脏：鱼能喝，有营养；人不能喝，有毒。

疾病使健康成为愉快，坏事使好事成为愉快，饿使饱成为愉快，疲劳使安息成为愉快。

不死者有死，有死者不死：后者死则前者生，前者死则后者生。

智慧只在于一件事，就是认识那善于驾驭一切的思想。

拒绝为官

称雄一世的波斯国王大流士曾写信邀请赫拉克利特去波斯王宫。国王在信中说："请你尽快到我的宫廷来见我。……在我的宫廷里保证你有一切方便和每天都有一种有价值的好的对话，并且安度符合你意图的生活。"赫拉克利特阅读完这封信后，用低沉而激愤的语调对送信人说："他以为高官厚禄就可以收买一个人的灵魂，真是太愚不可及了！"随后，他便给大流士回信道："我有一种对显赫的恐惧，而满足于我心灵中所有渺小的东西。因此，我不能到波斯去。"国王收到回信后，气得暴跳如雷，但慑于哲学家的名望，也只能恼怒而已。

哭泣的哲学家

赫拉克利特的哲学充满了形象和比喻,他曾用"水"来说明宇宙是变化不息的。他有一句名言:"人不能两次踏进同一条河流。"在他看来,"走进同一条河流的人,总是遇到新的水流"。推而广之,"万物皆流,无物常驻,宇宙中的一切都处于流动变化之中"。据说,赫拉克利特认识到万物的这种本质上的不稳定性时,曾激动得大哭了一场。因此,人们称他为"哭泣的哲学家"。

沉默的原因

有人问赫拉克利特:"在大多数场合,当别人议论纷纷时,你为什么保持沉默?"他回答说:"为什么?好让你们去唠叨呀!"

政治与玩骰子

有一次,一些王宫贵族发现哲学家赫拉克利特正在同一群小孩子一起玩骰子,便好奇地围观。

对此,赫拉克利特说:"你们这些无赖,有什么值得大惊小怪的,这难道不比你们参加政治活动更好吗?"

王公贵族们闹了个没趣,灰溜溜地走了。

优 秀 者

当爱非斯人放逐赫拉克利特的朋友赫尔谟多罗时,赫拉克利特说:"如果爱非斯的成年人都统统上吊,把他们的城邦扔给吃奶的孩子去管,那就对了。他们放逐赫尔谟多罗,赶走了他们中间那个最优秀的人,并且说:'我们中间不要什么最优秀的人,要是有的话,就让他上别处去同别人在一起吧。'"

赫拉克利特认为:"一个人如果优秀,我看就抵得上一万人。"

沉默的建议

当波斯人包围了爱非斯城邦时,爱非斯人因生活奢侈,不久便出现了生活资料匮乏。于是,大家集会讨论解决问题的办法,但没有一个人愿意说只要限制一下他们的奢侈生活就可以了。此时,赫拉克利特带着大麦面和水坐在集会地的旁边饮用,这是对全体市民的一个沉默的建议。爱非斯人立刻注意到了它的正确性,再也不需要别的建议,纷纷离去。

信仰战争

赫拉克利特是信仰战争的。他说:"战争是万物之父,也是万物之王。它使一些人成为神,使一些人成为人,使一些人成为奴隶,使一些人成为自由人。"又说:"应当知道战争对一切都是共同的,斗争就是正义,一切都是通过斗争而产生和消灭的。"

吹毛求疵

赫拉克利特为人严肃,爱批评,评价人时好吹毛求疵。当谈到伟大的荷马时,他毫不客气地说应该用鞭子抽他一顿;当谈到毕达哥拉斯时,他说那是一位缺乏理解力,只会死记硬背的家伙,压根儿算不上智慧。他曾说:"博学并不能训练头脑,如果能的话,它早就使赫西俄德(古希腊著名诗人——引者注)、毕达哥拉斯和色诺芬尼聪明了。"

深奥难懂的书

以前,人们都说赫拉克利特"深奥难懂"。苏格拉底曾从戏剧家欧里庇德斯那里借了一本赫拉克利特的书,阅读后,苏格拉底说:"我所了解的部分是美妙的,我所不了解的部分也是美妙的,只是需要一个卓越的潜水员来对它寻根究底。"

德国哲学家黑格尔曾兴奋地说:"像在茫茫大海里航行,在这里我们看见了新大陆";如果"我们的后代永远保存最好的东西,那么关于赫拉克利特的残篇,我们至少必须说:它是值得保存的"。

西方哲学大师的智慧

思想的尽头

有人问赫拉克利特:"一个人的思想有没有底?"赫拉克利特说:"即使你走完了每一条道路,也不可能找到思想的尽头。"

永恒之火

有人问赫拉克利特:"对于人类而言,世界意味着什么?"赫拉克利特回答说:"这个世界对于一切存在物都是一样的,它不是任何神,也不是任何人所创造的,它过去是、现在是、将来也是一团永恒的活生生的火,按照一定的分寸燃烧,按一定的分寸熄灭。"

求　医

赫拉克利特在患水肿病下山回城求医时,问医生:"能不能使洪水干涸?"这哑谜式的求医问诊,使医生丈二和尚摸不着头脑,当然也就无法给他对症下药。他就躲到牲口棚里,将牛粪覆盖在身上,希望用热牛粪来吸干他体内的"洪水"。但这样也无济于事。不久,哲学家离开了人世。

04　爱利亚的芝诺

爱利亚的芝诺（Zeno of Elea，约公元前490—公元前430年，鼎盛期为公元前468年）是爱利亚人，巴门尼德的学生与义子，爱利亚学派的主要代表人物。

在哲学上，芝诺继承了巴门尼德的思想，并从反面用归谬法论证了巴门尼德的学说。他提出的"二分法"等四个著名悖论在历史上引起了人们长久的思索，至今仍保持着理论上的魅力。他是哲学史上最早揭露运动中存在着矛盾的人，在客观上推动了辩证思维的发展，亚里士多德由此而推其为辩证法的创始者，说他在哲学上和政治上都是很出色的人。他因在一次密谋推翻僭主的事件中被捕而遭到杀害。

无法到达

当时,芝诺在一座城邦讲学,一位年轻人听完芝诺的绝妙演讲后,十分向往芝诺的学问,他想去爱利亚城追随芝诺学习哲学。

年轻人说:"先生,我想过一段时间去向您求教,请问从这里去爱利亚的路程有多远。"

芝诺狡黠地笑了笑:"路程倒是不远,可是你恐怕永远也走不到爱利亚。"

"为什么呢?"

"从这里走到爱利亚,你首先要先走完全部路程的一半,对吗?"

"是的。"

"在剩下的一半路程中,你又要先走完这半程的一半。"

"当然,我会去走完。"

"当剩下半程的一半时,你又要先走完它的一半。就这样,有无数个'一半的路程'需要你去走。所以,爱利亚是一个你只可接近而无法到达的地方。"

命中注定

有一次,芝诺因一个奴隶办错了事要揍他。这个奴隶为自己开脱说,根据主人的哲学,他犯的这个错误是命中注定的。芝诺不动声色地回答道:按照同一道理,主人揍他也是命中注定的。

发　　怒

芝诺曾因受到辱骂而发脾气,有人为此而指责他,芝诺回答说:"如果我受到辱骂却装得若无其事,那么,我受到赞扬时,也将知觉不到了。"

二 分 法

所谓"二分法",就是假定一个物体要达到某处,它首先须通过距离的一半;在未到这一半以前,必先经这一半的一半;而这一半又有其一半,如此可以无限地分割下去,该物体始终是不动的。

如果单纯从形式逻辑上来看,芝诺的论证确实是滴水不漏、无懈可击的。然而,联系事实来看,便会觉得他的论证多少有点诡辩的味道。在这一悖论中,芝诺已经接触到了空间的有限性与无限性的矛盾。

在芝诺那个时代,人们对时空没有辩证的认识。当时存在两种时空观,一种认为时空无限可分,一种认为时空并非无限可分,而是存在最小不可分单位。两种观点之间展开激烈的辩论,谁是谁非,没有定论。芝诺提出的"二分法"等悖论,是以当时的两种时空观为前提的。"二分法"悖论以空间无限可分为前提。芝诺比同时代人高出一筹,他以两种时空观为前提,进行严密的推理,结果是无论哪种前提都必然会导致矛盾。

飞矢不动

为了证明事物本质"变"的不可能性,芝诺提出了"飞矢不动"的悖论。他说,在人的印象中,一支射出的箭总是向前飞去的,但这是一种错觉。因为这支箭在任何一个时候都只是占据一个与它自身相等的空间,停止在某一个地点,不能同时抵达两个地点,下一个时刻又只是占据一个与它自身相等的空间,停留在另一个地点。人眼所见 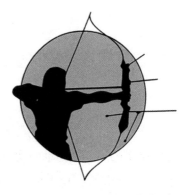 之飞矢,在任何时候总是占据一个与它自身相等的空间。因此,飞矢根本上是不动的。是芝诺置常识于不顾而大放厥词,还是别有深意,后来的哲学和逻辑学的书籍以及科普读物都是肯定前者而否定后者,都是众口一词地把芝诺说成反对运动的人。其实,问题并非如此简单。

在这一悖论中,芝诺实际上涉及了用什么概念来表达运动的问题。运动是连续性与间断性的统一。表达运动需要"连续"与"间断"这样两个时空概念。但芝诺所处时代的人们是不具备这种辩证时空观的。

对于这一悖论，亚里士多德认为："……飞着的箭静止着。这个结论是因为把时间当作是由'现在'合成的而引起的，如果不肯定这个前提，这个结论是不会出现的。"

运 动 场

"运动场"悖论，又称为"一倍等于一半"悖论。我们可以假定有三列物体，其中的一列 A 是静止的，其他两列 B、C 以相等的速度向相反的方向运动（见图1）。在 B 和 C 都走过同样的一段距离的时间中，B 越过 C 的时间要比它越过 A 的时间多一倍（见图2）。这也就是说，B 越过 C 的时间要比越过 A 的时间长一倍，但 B 和 C 用来走到 A 的位置所用的时间则是相等的。所以一倍的时间等于一半的时间。

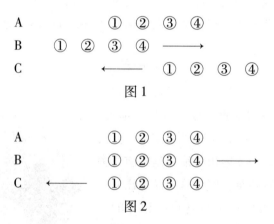

芝诺的这一悖论也困扰过许多人。关于这一悖论，亚里士多德的评价是："这里的错误在于把一个运动的事物经过另一个运动事物和以同速度经过同大小的静止事物所花的时间看作是相等的，事实上这两者是不相等的。"其实，芝诺在这里涉及了运动的相对性问题。

阿基里斯追龟

乌龟爬行，兔子迅跑，谁的速度快？芝诺语出惊人地说：如果让乌龟先走一段路的话，即使让阿基里斯这位荷马史诗中跑得最快的英雄来追乌龟也是永远追不上的。

阿基里斯竟然永远追不上乌龟，这真是天大的荒唐。但芝诺却是这样来论证的：当阿基里斯向前追的时候，乌龟也开始向同一方向爬行；当阿基里斯到达乌龟的出发点时，乌龟已经向前爬行了一段；当他追到乌龟的出发点时，乌龟向前又爬行了一段；依此类推，以至无穷。

与芝诺同时代的人明知芝诺的说法与事实不符，却说不出个所以然来。其实，芝诺思考的是用什么概念来表达运动的问题。尽管乌龟可以以越来越小的距离走在阿基里斯的前面，但它有一个限度。无穷个越来越小的分数相加，其总和存在一个具体限度，即数学上的极限。

乌龟领先的极限在哪里呢？这可以计算出来。我们假定阿基里斯的速度是乌龟的 10 倍，乌龟领先阿基里斯 1/10 公里，而阿基里斯与乌龟同时朝同一方向行进。当阿基里斯跑完 1/10 公里时，乌龟在前面又走了 1/100 公里；当阿基里斯再跑完 1/100 公里时，乌龟又走完 1/1000 公里；当阿基里斯再跑完这段距离时，乌龟又领先 1/10000 公里，这个过程无穷地延续下去，但是它又可以收缩起来，请看下式：乌龟领先的单位距离尽可以无穷小地延续下去，但其总和为 1/9，就是说乌龟领先的距离不会超过 1/9 公里，而阿基里斯也就在 1/9 公里的地方，可以追上乌龟。

 西方哲学大师的智慧

05　德谟克利特

德谟克利特（Democritus，公元前460—公元前370年）是原子论学派的主要代表人物，阿布德拉人，阿那克萨戈拉的学生。他年轻时曾周游列国，到过埃及、巴比伦、波斯、雅典，最后回到阿布德拉终老。他是经验的自然科学家和希腊人中第一个百科全书式的学者。

在哲学上，德谟克利特的闻名主要在于其唯物主义的"原子论"与"快乐论"伦理学思想。他的"原子论"是早期自然哲学的最高成就，是古代哲学繁荣的标志之一。

德国著名哲学史家E.策勒尔称德谟克利特"在知识的渊博方面要超过所有古代的和当代的哲学家，在思维的尖锐性和逻辑正确性方面要超过绝大多数的哲学家"。

埋头苦读

德谟克利特聪明好学,深信"智慧是最宝贵的东西"。他曾将自己关在花园中的一间小屋里,每天埋头苦读。有一天,他父亲牵了一头牛来到他的身旁,准备祭祀,他竟没有觉察。直到父亲叫他祭神,他才知道身边发生的事情。

胜 利 者

有一天,在雅典的街头上,苏格拉底正和往常一样与人们讨论哲学问题。突然,走来一个陌生人要求参加讨论,大家都不认识他,但他却毫不介意,像和熟人一样交谈。

这个人论辩机灵,谈吐文雅,旁征博引,很快就引起了人们的注意。苏格拉底惊叹地说:这位哲学家就像是一位奥林匹亚赛会中五项全能竞赛的胜利者。

这位哲学家就是德谟克利特。

秃头与石头

德谟克利特反对唯心的目的论,极力推崇因果论。"宁肯找到一个因果的解释,也不愿获得一个波斯王位"是他的一句名言。他举例说,老鹰抓起一只乌龟,飞到空中把乌龟扔下来,恰好落在一个秃子头上。人们认为这是偶然的,而他却认为这并非偶然,是老鹰为了打破乌龟来吃掉它而错误地将秃头当成了石头的缘故。

妙 答

有人问德谟克利特为何不去大城市定居,他回答说:"我不关心从一个地方获得名声,我更喜欢的是自己使一个地方变得有名。"

 西方哲学大师的智慧

天气预报

盛夏的一天,天气晴朗,人们纷纷拿起镰刀去收割麦子。这时,德谟克利特告诉大家:"马上要下雨了,大家赶快将割下来的麦子收进仓库再说。"

有人说:"你是大白天说梦话,天上一丝云也没有,哪来的雨?"

岂料天刚过晌午,便下起了倾盆大雨,那些没有相信他的人损失惨重。

诊断结果

有一天,有人对医师希波克拉底说:"尊敬的先生,我的朋友德谟克利特先生患了精神病,请您去看看吧!"于是,医师来到了德谟克利特的家,与他交谈后,对众人说:"如果说有什么毛病的话,那是你们,而不是德谟克利特。"

羊　奶

有一次,德谟克利特见希波克拉底来了,忙吩咐人去取羊奶款待客人。后者开玩笑说:"您能知道是哪只羊产的奶吗?"德谟克利特端起奶杯,仔细看了一会儿,转过头来说:"这是刚生了第一胎的那只黑羊产的奶。"希波克拉底叫来送奶人一问,果然如此。

禽兽的学生

德谟克利特常常坐在石阶上观赏蚂蚁和牧羊犬。有人问他:"你为什么对禽兽有这么大的兴致?"德谟克利特说:"所有的人都是禽兽的学生,我们从蜘蛛的身上学会了纺织,从燕子的身上学会了建筑,从百灵鸟那里学会了歌吟。"

06　苏格拉底

苏格拉底（Socrates，公元前469—公元前399年）是第一位出生于雅典的哲学家，其父为雕刻匠，其母是助产婆，早年随父学习雕刻，后从师于阿那克萨戈拉及其弟子阿尔克劳。他当过兵，立过功。他是第一位自学成才的哲学家，他不从业，不办学，每天到处与人交谈，在其周围形成了一个组织松散的以贵族子弟为主的学术团体，他们在一起讨论哲学、政治、伦理等方面的问题。公元前399年，他被雅典城邦政府判处死刑，饮鸩而亡。

苏格拉底是第一个将哲学从天上拉回人间的人，他提出了"人啊，要认识你自己"、"德性就是知识"等命题，其"助产术"也影响深远。他没有任何著作，其行为和学说主要是通过他的学生柏拉图和色诺芬在其著作中的记载流传下来。但他是一位划时代的人物，后人将他以前的哲学称为"前苏格拉底哲学"，将昔尼克学派、昔勒尼学派和麦加学派统称为"小苏格拉底学派"，将柏拉图学园派和亚里士多德学派称为"大苏格拉底学派"。

西方哲学大师的智慧

小 天 鹅

当年仅20岁的柏拉图放弃文学,拜在苏格拉底门下研究哲学时,苏格拉底热情地拥抱了这位追随者,并告诉他:"昨天晚上,我做了一个梦,梦见一只小天鹅站在我的膝盖上,迅速地长满了羽毛,在一声长鸣之后,小天鹅展翅向远方飞去。我认为这小天鹅就是你。"从此,柏拉图追随苏格拉底,直到他殉难后,才离开雅典。

苏格拉底与朋友

苏格拉底准备建一座房屋,他给自己的小屋打好了地基。有个人看见他的地基如此小,知道苏格拉底只是盖间小房子,不禁感到疑惑,便问:"老师,您的名气这么大,为什么只建这么小的房子?"苏格拉底笑着回答说:"我这间小屋子能坐满真正的朋友就算不错了,何必要什么大房子呢?"

雷鸣与下雨

苏格拉底的妻子桑蒂普是悍妇、坏老婆的代词。这个女人心胸狭窄,性格冥顽不化,整天唠叨不休,动辄破口大骂。有一次,桑蒂普大发雷霆后又向苏格拉底的头上泼了一盆洗脚水。苏格拉底抹了抹脸上的水珠,满不在乎地说:"我知道,雷鸣之后,免不了一场大雨。"然后,若无其事地走向市场与人谈话去了。

忍 受

天资聪慧的小青年阿尔西巴德说:"桑蒂普大喊大叫,骂不绝口,实在令人讨厌。"苏格拉底回答说:"你不是同样可以忍受鸭子的呱呱乱叫嘛!"

有人问苏格拉底:"你为什么娶了这么一位夫人?"苏格拉底回答:"擅长马术的人总要挑烈马骑。骑惯了烈马,驾驭其他的马就不在话下。我能忍受得了这样的女人,恐怕世上就再没有难以相处的人了。"

教　子

有一次，苏格拉底的大儿子忙着要做作业，所以不肯替母亲照看小弟弟，脾气暴躁的母亲破口大骂了儿子一顿。

"真是只老虎。"儿子背后小声嘀咕道。

在一旁看书的苏格拉底听到了，立即教育孩子说："不可胡说。你回答我，是老虎的凶暴难以让你忍受，还是母亲的脾气难以让你忍受？"

"当然是母亲。"

"那老虎暴躁吃人，而你母亲咬过你吗？"

"没有。"儿子小声地回答。

"孩子，我们雅典人什么都可以原谅，唯独不能原谅不尊重父母的人。"从此以后，苏格拉底的儿子学会了尊重父母。

以免幸灾乐祸

有一天，在市场上，桑蒂普扯掉了苏格拉底的衣服，有人怂恿苏格拉底打她。苏格拉底十分冷静地说："这样一来，当我们在相互殴打的时候，你们中的每一个人都可以说：'使劲打，苏格拉底！''打得好，桑蒂普！'"

药　方

一位医生说他吃什么东西都没有味道。苏格拉底告诉他："有一个好药方可以治好这个病。"对方便问："什么药方？"苏氏答道："暂停饮食。"

开　朗

有人曾问苏格拉底："请告诉我，为什么我从未见过您蹙额皱眉，您的心情怎么总是这样好呢？"苏格拉底答道："我没有那种失去它就使我感到遗憾的东西。"

宴　　请

有一次，苏格拉底邀请了一些富人来家吃饭，他的妻子为饭菜的简单而羞赧。苏格拉底安慰她说："不要担心，因为如果他们是理智的，他们将忍受；如果他们一点也不理智，那么，对于这些人，我们也就不必自寻烦恼了。"

无礼的解释

有人对苏格拉底说："难道你没有发现某某人非常无礼吗？"他回答："没有，因为一个巴掌拍不响。"

爱　　神

在一次会饮节上，苏格拉底与悲剧家阿伽通讨论到爱神问题，其中有这么一段对话。

苏格拉底问道："由于对于美的事物的爱，神才在他们的世界里奠定了秩序，丑的事物不是爱情的对象。你是否是这样说的？"

阿伽通回答："不错，我说的是这样。"

"你说的很妥当，朋友。既然如此，爱情的对象就应该是美而不是丑的。"

"对。"

"我们不是也承认过，一个人所爱的是他所缺乏的，现在还没有的吗？"

"不错。"

苏格拉底又问："那么，美就是爱情所缺乏的，还没有得到的？"

"这是必然的。"

"缺乏美的，还没有得到美的东西，你能叫它美吗？"

"当然不能。"

"既然如此，你还能说爱神是美的吗？"苏格拉底反问道。

阿伽通无可奈何地说："苏格拉底，恐怕当初我只是信口开河，对于所说的那一套道理根本没有弄懂。"

精神助产术

　　苏格拉底习惯到热闹的雅典市场上去发表演说和与人辩论问题。他同别人谈话、讨论问题时，往往采取一种与众不同的形式。

　　这一天，苏格拉底像平常一样，来到市场上，他一把拉住一个过路人说道："对不起！我有一个问题弄不明白，向您请教。人人都说要做一个有道德的人，但道德究竟是什么？"

　　那人回答说："忠诚老实，不欺骗别人，才是有道德的。"

　　苏格拉底装作不懂的样子又问："为什么和敌人作战时，欺骗敌人是符合道德的，但欺骗自己人就不道德了？"

　　"欺骗敌人是符合道德的，但欺骗自己人就不道德了。"

　　苏格拉底反驳道："当我军被敌军包围时，为了鼓舞士气，将领就欺骗士兵说，我们的援军已经到了，大家奋力突围出去。结果突围果然成功了。这种欺骗也不道德吗？"

　　那人说："那是战争中出于无奈才这样做的，日常生活中这样做是不道德的。"

　　苏格拉底又追问起来："假如你的儿子生病了，又不肯吃药，作为父亲，你欺骗他说：这不是药，而是一种很好吃的东西。这也不道德吗？"

　　那人只好承认："这种欺骗也是符合道德的。"

　　苏格拉底并不满足，又问道："不骗人是道德的，骗人也可以说是道德的。那就是说，道德不能用骗不骗人来说明。究竟用什么来说明它呢，还是请你告诉我吧！"

　　那人想了想，说："不知道道德就不能做到道德，知道了道德才能做到道德。"

　　苏格拉底这才满意地笑起来，拉着那个人的手说："您真是一个伟大的哲学家。您告诉了我关于道德的知识，使我弄明白一个长期困惑不解的问题。我衷心地感谢您！"

　　苏格拉底把这种通过不断发问，从辩论中弄清问题的方法称作"精神助产术"。

如何求知

一个青年问苏格拉底:"如何才能获得知识?"苏格拉底将这个青年带到海里,海水淹没了年轻人,他奋力挣扎才将头探出水面。苏格拉底问:"你在水里最大的愿望是什么?""空气,当然是呼吸新鲜空气!"青年人说。"对!学习就得使上这股子劲儿。"

小　偷

苏格拉底与玻勒马霍斯有这样一则论辩。

苏格拉底说:"……打架的时候,无论是动拳头,还是使家伙,是不是最善于攻击的人也最善于防守?"

玻勒马霍斯回答:"当然。"

"是不是善于预防或避免疾病的人,也就是善于造成疾病的人?"

"我想是这样的。"

"是不是一个善于防守阵地的人,也就是善于偷袭敌人的人——不管敌人计划和布置得多么巧妙?"

"当然。"

"是不是一件东西的好看守,也就是这件东西的高明小偷?"

"好像是的。"

苏格拉底又问:"那么,一个正义的人,既善于管钱,也就善于偷钱?"

"按理说,是这么回事。"

苏格拉底追问:"那么正义的人,到头来竟是一个小偷!"

玻勒马霍斯说道:"老天爷啊!不是。我被弄得晕头转向了,简直不晓得我刚才说的是什么了。"

误　解

苏格拉底常以向人发问来阐述自己的观点。有人责问苏格拉底:"难道您没有发现您这样做太具有挑衅性吗?"苏格拉底答道:"不是那么一回事,我这样做只不过是引发了一场辩论而已。"

真 假 辨

有一天，苏格拉底和柏拉图就某个当时人们普遍关心的问题进行公开辩论，各自据理力争，寸步不让。由于观点分歧太大，柏拉图气极了，高声对听众说："苏格拉底的话全部都是假的，你们一句也不要听。"

苏格拉底却笑着马上说："对，请相信柏拉图，他刚才所说的就这一句是真话。"

一位聪明的听众立即反问柏拉图："请问先生，苏格拉底刚才这句话是真话，还是假话？如果是真话，那您说的就是假话；如果是假话，那么'柏拉图说的是真话'这句假话就不能令人相信。我们到底相信谁的呢？"

柏拉图一时语塞，苏格拉底则哈哈大笑。

好事与坏事

苏格拉底问一位自以为是的聪明人："你知道什么东西是好，什么东西是坏吧？"

聪明人不屑地说："这是个连奴隶也知道的问题。"

"那么你说，健康和疾病，是好事还是坏事？"

"当然健康是好事，疾病是坏事。"

"可是，健康的人要参加军队，上前线和斯巴达人打仗，说不定连命都保不住，而体弱多病的人却可以留在城中，保全性命，活得有滋有味。现在，你还能肯定孰好孰坏吗？"

"不能了，苏格拉底先生。可是，我总觉得，像美貌、健康、财富这些能给人带来幸福的事情总不能说是坏事吧！"

"看看你的身边，有多少人因为美貌而堕落，有多少人自恃孔武有力却终因力所不逮的事情而拖累，有多少人因为富有而遭到别人的暗算。这些事情，你不会不知道吧？"

"苏格拉底先生，看来我确实不知道什么事情是好，什么事情是坏，请你告诉我吧。"

就这样，苏格拉底将别人的正确思想催生了出来。

教择偶

苏格拉底的三个弟子求教老师:怎样才能找到理想的伴侣?苏格拉底没有直接回答,却让他们走麦垄,只许前进,且仅给一次机会选摘一支最好、最大的麦穗。

第一个弟子走了几步,看见一支又大又漂亮的麦穗,高兴地摘了下来,当他继续前进时,发现前面有许多比他摘的那支大,只得遗憾地走完了全程。

第二个弟子吸取了第一位弟子的教训,每当他要摘取时,总是提醒自己,后面还有更好的。当他快到终点时才发现,机会全错过了。

第三个弟子吸取了前两位的教训,当他走到三分之一时,即分出大中小三类,再走三分之一时验证是否正确,等到最后三分之一时,他选择了属于大类中的一支麦穗。虽说,这不一定是最大最美的那一支,但他满意地走完了全程。

赴 宴

有一次,苏格拉底和亚里士多德一道赴宴,但当亚里士多德到达的时候,主人阿伽通就问道:"你把苏格拉底怎么了?"亚里士多德大吃一惊,发现苏格拉底原来并没有和自己在一起。他们便派一个奴隶去找苏格拉底,才发现他站在邻家的廊柱下。这个奴隶回来说:"他呆呆地站在那里,我叫他的时候,他一动也不动。"于是,他们就不再问苏格拉底了,等到宴席已经过了一半苏格拉底才走进来。

勇 敢 奖

伯罗奔尼撒战争初期,苏格拉底参加了围困波提狄亚战役。有一次,战友亚西比德受了伤,眼看就要落入敌人手中,苏格拉底冒着生命危险救出了他。然而,苏格拉底请求军队将勇敢奖授予了亚西比德,而不是他自己。还有一次,在德里翁战斗中,色诺芬被压在战马下无法挣脱,苏格拉底帮他从险境中摆脱出来,并将他扛在肩上走了很长的路,使他免于落入敌人之手。

谁最聪明

有人问德尔斐神庙里的神灵：谁是雅典最聪明的人？神谕答道：凡人之中，最聪明的是苏格拉底。

当苏格拉底得知这一消息时，他半信半疑，如何断定自己是最聪明的人呢？他想了一个办法，去拜访雅典那些公认的聪明人，试探他们的智慧。

他找了雅典城中一些公认的聪明人，他们中有政客、诗人、工匠等不同类型的人。经过一番问答，他觉得十分遗憾，这些人确实都很聪明，都有自己擅长的领域，像那位造盔甲的工匠，能造出非常合身的盔甲，技艺出神入化。但这些人都有一个共同的毛病，就是不愿意承认自己的无知，仅有一技之长就觉得自己无所不能。

苏格拉底觉得，自己的知识并不比他们更多，唯一比他们强的就是知道自己所知有限。看来，神谕是不错的。

外貌与魅力

有一位姓氏不详的希腊作者对苏格拉底的外貌作过评价，他说："好人有时候看起来很卑贱，有时看起来却又很高贵，我们可以从苏格拉底的外貌受到一点启发，就是外表的美丑并不说明问题。苏格拉底相貌奇怪，鼻子扁大而向上翘，眼球突出并翻滚不已，但是，他有一种吸引人的魅力，使人们乐于亲近他，接受他的思想，一致推崇他是当代最高贵、最有智慧的人。"

真正的士兵

苏格拉底曾经从军。有一次，天降严霜，人们不是躲在屋里，就是穿着多得可怕的衣服，紧紧把自己裹起来，并把脚包上毛毡。这时，只有苏格拉底穿着平时的衣服，赤脚在冰上行走，比别的穿了鞋的士兵走得更好。士兵们都对苏格拉底侧目而视，因为他仿佛在鄙夷他们呢！这就是苏格拉底，一个真正的士兵，就像他是一个真正的哲学家一样。

双倍学费

有一个年轻人向苏格拉底请教演讲术。他为了表现自己,滔滔不绝地讲了许多话。苏格拉底表示,可以考虑收他为学生,但要求他缴纳双倍的学费。那年轻人很惊诧:"为什么要加倍呢?"苏格拉底说:"我除了要教你怎么演讲外,还要给你上一门课:怎样闭嘴。"

实　用

苏格拉底的外表同他的死一样,也许是哲学史上独一无二的,那就是:丑。连他最有名的两个学生之一的色诺芬都说他比滑稽戏里最丑的丑汉还要丑三分。

苏格拉底是秃脑袋、大扁脸、突眼睛、朝天鼻、大嘴巴、厚嘴唇、大肚皮。有一次,当苏格拉底在跟人们谈论什么是美的问题时,有一个人为了取笑他而故意问:"你怎样说明你自己的美呢?"只见苏格拉底不慌不忙地说:"在我看来,实用才是美的。我的脑袋大智慧就盛得多,秃头省却了理发的麻烦;眉骨高突像屋檐就可以挡住雨水,不让它伤了眼睛;突眼睛则可以侧目斜视;鼻孔朝天,能在更广的范围嗅出气味,而且鼻涕不易流出来弄脏了街道;至于我那大嘴巴、厚嘴唇,那就更有好处了:一是吃得多,二是说话快,三是能使我的吻比一般人来得更有力、更丰润且接触面更大。而为了大肚皮的消减,我又可以出入舞场而不觉得疲倦。"人们都被他这番诙谐自嘲的话逗乐了。

夸　耀

一位大富翁在宴请苏格拉底时夸耀自己拥有大片土地。苏格拉底向他要了一张世界地图,摊开后对他说:"能否在这地图上标出您的土地?"富翁张口结舌地说:"开玩笑,这是世界地图啊,我的地产怎么可能在上面找到呢?"苏格拉底说:"那您实在不能夸耀在世界地图上都找不到的财富。"

沉　着

在一次战斗中，战友们大多丢盔弃甲，仓皇逃窜，苏格拉底却作为唯一的一个士兵，站在将军身边，还沉着地喊道："不要慌张，环顾四周，分清敌我！"

本性淫荡

一位著名占卜者看见苏格拉底的外表后，认为他本性淫荡，并在熟识苏格拉底的人们中间说出了这一看法。苏格拉底知道后却说："我身上确有强烈的淫荡因素，不过是我控制了它，而不是它控制了我。"

纠　正

在一次辩论中，阿伽通争不过苏格拉底，便说："我反驳不了你，苏格拉底。"苏格拉底纠正道："喔，不！应该说你反驳不了真理，因为苏格拉底是不难反驳的。"

敬　仰

普罗泰戈拉是希腊最著名的智者之一，当时的青年人都十分敬仰他。

一天清晨，一个年轻人急不可待地对苏格拉底说："普罗泰戈拉来了。"

苏格拉底听后说："你说什么，普罗泰戈拉？他偷了你的什么东西了吗？"

年轻人忍不住大笑起来，并说："对，对，正因为如此，他不给我知识。不，他有知识，他能给我智慧。啊，快，我们一起去见他，现在就去。"

总是会后悔

有一次，某人对自己是否应该结婚拿不定主意，便来请教苏格拉底。苏格拉底的回答是："不管你干什么事，事后总是会后悔的。"

甩手运动

有一天,苏格拉底对他的学生们说:"今天咱们只学一件最简单也最容易的事儿,每人将胳膊尽量往前甩,然后再往后甩。"苏格拉底边说边示范着,"从今天开始,每天做300下。大家做得到吗?"学生们都笑了:"这么简单的事,有什么做不到的。"

过了一个月,苏格拉底问学生们:"每天甩300下手,哪些人做到了?"有90%的学生骄傲地举起了手。又过一个月,苏格拉底又问这一问题,坚持了的学生只剩下了80%。

一年后,苏格拉底再问大家:"请告诉我,最简单的甩手运动,还有哪些人坚持了下来?"这时只有一人举起了手,这个人就是柏拉图。

哲学家的沉思

一天早晨,苏格拉底想着一件他不能解决的事,他又不愿意放下这件事。所以,他不断地从早晨想到中午,他站在那里一动也不动地想着。中午,人们开始注意起他来了,来来往往的人传说着苏格拉底从天一亮就站在这里想事情。晚饭后天黑了下来,有几个伊奥尼亚人出于好奇,就搬来铺盖,睡在露天里,为的是要守着苏格拉底,看他究竟会不会站一整夜。苏格拉底就在这里一直站到第二天早晨。天亮了,他向太阳做了祈祷,走开了。

智慧与金钱

有一天,雅典著名演说家安提丰对苏格拉底说:"你不向你交往的人索取报酬,你是正义的。但是,每一件衣服或每一所房子都是值钱的,不能白送。如果你的谈话有价值,那一定会要求别人付出适当的代价。由此可见,你的智慧分文不值。"

苏格拉底回答说:"我对智慧的看法与你们不同。你们为了金钱出卖智慧,实际上贬低了智慧;而我喜欢有价值的朋友。我向他们传授良好的德行,与他们共同探讨古书中的遗训。"

不　躁

苏格拉底在与人辩论时非常激烈，人们经常对他拳打脚踢甚至扯脱他的头发。在很大程度上他总是被人鄙视嘲弄，然而他耐心承受所有这些虐待，并且其忍耐程度是如此之深，以致当他被踢，而一个人对他平静地承受感到惊讶时，苏格拉底回答说："难道我应当遵守驴子的法律吗，假如他踢了我的话？"

像猪一样

柏拉图的舅舅查尔米底斯同尤苏戴莫斯（苏格拉底的弟子）过从甚密，并利用和诱惑他。对此，苏格拉底说："君子不会像乞丐讨食一样，对自己的朋友恳求、哀求。这不是自由人应有的行为。"但是，查尔米底斯并没有改变自己的做法。因此，苏格拉底大骂道："查尔米底斯简直像猪一样。猪在石头上蹭痒，就如同查尔米底斯的身子摩擦尤苏戴莫斯的身子一样。"

坚持正义

大约是公元前424年三十僭主摄政期间，政府命令苏格拉底去逮捕拉密的莱翁。在这种情况下，苏格拉底根本不顾个人安危，不仅通过语言，而且同时通过其行为，拒绝执行其命令，从雅典五百人会议议员所在大厅走出来后，直接回到了自己家里。他的理由是：我不能做不正义和亵渎神灵的事。而如果这个政府不久后没有被推翻的话，他也许要付出生命。

论　道

希庇亚在同苏格拉底讨论正义时，指责苏格拉底总是嘲笑别人，从不把自己的意见说出来。

苏格拉底说："行动比言词更有价值，我用自己的行为表示了我的看法。正义就是守法，就是遵守城邦的法律。"

希庇亚反驳说："可是，制定法律的人常常废弃或修改法律，怎能把这些法律或遵守法律看成具有真正的重要性呢？"

治 国

苏格拉底常问这样的问题:"如果我想修鞋,我要去找谁?"一些坦率的年轻人就会回答说:"去找鞋匠啊。"苏格拉底又会提到木匠、铜匠等等。最后,他便会提出这样的问题:"谁应该来修理国家这只破船呢?"

谁应该多受责难

当某人严厉惩罚其侍从时,苏格拉底问道:"你为什么如此苛刻呢?"那人回答说:"他既馋又蠢,既贪又懒。"苏格拉底提醒他说:"你考虑过没有,谁应该多受责难。是你,还是你的仆人?"

心的奉献

穷困的埃斯基涅在拜苏格拉底为师时说:"我很穷,除了我自己以外无以奉送。"

苏格拉底说:"你难道没有看见你所奉供的是伟大的礼物吗?"

智者与人

苏格拉底看到欧几里得对争论怀有热切兴趣,于是对他说:"你能够跟智者相处,欧几里得,却根本不能跟人相处。"

收 徒

当苏格拉底在一条狭巷中遇到色诺芬时,便用手杖挡住了其去路,问道:"在哪里可以买到食品?"

色诺芬答过后,苏格拉底又问:"在哪里人们可以成为有道德的人?"

正当色诺芬不知回答时,苏格拉底说:"跟我来吧,我会教给你。"

豪　饮

有一次，苏格拉底参加宴会，众人都喝得酩酊大醉，昏睡过去，只有他饮而不醉，不管喝了多少酒，都若无其事，依然头脑清醒，侃侃而谈。天亮后，众人醒来，发现他仍一杯在手，还在同阿里斯托芬讨论喜剧与悲剧。最后，他仍然去公共场所跟平常一样找人谈话。

牛　虻

在审判苏格拉底的法庭上，苏格拉底慷慨激昂地说："我这个人，打个不恰当的比喻说，是一只牛虻，是神赐给这个国家的；这个国家好比一匹硕大的骏马，可是由于太大，行动迂缓不灵，需要一只牛虻叮叮它，使它精神焕发起来。我就是神赐给这个国家的牛虻，随时随地地紧跟着你们，鼓励你们，说服你们，责备你们。朋友们，我这样的人是不容易找到的，我劝你们听我的话，让我活着。……除非神关怀你们，再给你们派来另外一只牛虻。"

非吾所需

苏格拉底非常独立且品格高尚。阿尔基比亚德曾送一大块地给他建房子，但他回答说："假定我需要鞋子，而你送给我一整张兽皮，以用它制作一双鞋，那么让我去接受它，这难道不可笑吗？"他总是不断引述这样的诗句："那紫色的长袍和银子的光亮，更合演员所取，而非吾所需。"

不　过　分

有一次，有人问苏格拉底年轻人的德性在于什么，他回答："在于做任何事情都不过分。"他常在观看戏剧时起身离开剧院。因为他说，为一个丢失的奴隶大声喊叫甚至哭泣是荒唐的，而允许德性以这种方式毁灭也是荒唐的。

西方哲学大师的智慧

起诉书

公元前399年,苏格拉底被米利托斯、安奴托斯和吕康三人控告到雅典的法庭。起诉书内容如下:"匹托斯区民米利托斯的儿子米利托斯,宣誓陈述如下——我告发爱罗匹格区民索夫罗尼斯库的儿子苏格拉底不尊敬城邦的诸神,而且还引进了新的神(宗教行为);他的违法还在于他败坏青年。我们要求将他判处死刑,以整肃城邦之法。"事实果真如此吗?这些罪状能成立吗?

在野

有人问苏格拉底为何不从政,他回答道:"训练许多人治国比独自参政对国家的贡献大。另一方面,雅典人啊!你们应知我若从事政治,我早就死了,于己于世两无益。"

面对死亡

有人对苏格拉底说:"雅典人判了你死刑。"他回答:"他们也一样,只不过是自然判处的。"

当苏格拉底正打算喝下毒药时,阿波罗多洛送了一件漂亮的外衣给他,让他穿上赴死,他说:"什么是我自己的东西,这种东西足够好以使我活在其中,而不是死在其中?"

安提司泰尼曾翻转苏格拉底的斗篷,以使人们可以看见里面的泪水,苏格拉底却说:"我透过你的斗篷看到了你的空虚。"

奇怪

苏格拉底曾说,他对这样一点感到奇怪:当你问一个人他有多少只绵羊时,他很容易就能告诉你准确的数字;但是他竟然叫不出朋友的名字,或说不出他有多少个朋友。

哲学家的使命

在法庭上，苏格拉底为自己辩护说："公民们！我尊敬你们，我爱你们，但是我宁愿听从神，而不听从你们；只要一息尚存，我永远不停止哲学的实践，要继续教导、劝勉我所遇到的每一个人，……不管老少，都不要只顾个人和财产，首先要关心改善自己的灵魂，这是更重要的事情。……不管你们是不是释放我，我是决不会改变我的行径的，虽万死而不变！"

希望犯罪

当苏格拉底被雅典奴隶主民主派政府以传播异说处死时，一位妇人哭喊道："我的天哪，他们就要杀害你了，可是你什么罪也没有犯下呀！"苏格拉底回答说："噢，傻大姐，难道你希望我犯罪，作为罪犯死去才值得吗？"

教人信神

当苏格拉底被关在牢狱中时，同狱的阿里斯托德谟是一个不信神的人，苏格拉底曾用问答法教导此人信神。

苏格拉底问他："你是否佩服天才？"

此人回答说："是的。"

苏格拉底又问："在天才中你是佩服那种制造无感觉、不会动的形象的天才，还是更佩服那种制造有感觉、会动的形象的天才呢？"

此人回答说："当然是后者。"

苏格拉底又问道："那种能制造人的器官，给他们赋予目的性的天才是否更值得佩服和感谢呢？"

此人回答说："当然应该。"

这时苏格拉底说："这就是神。只有神才有这种能力。所以，我们应该敬仰神，感谢神。"

苏格拉底的这一番话改变了此人的态度，转而信神。

最后申辩

当法庭因苏格拉底不敬雅典正神而判决他死刑时,苏格拉底在法庭上的最后申辩是:"现在我们都该走了。我去死,你们去活。到底谁在走向更美好的地方,除了上帝,我们都不知道。"

不公正好

当苏格拉底遭受陷害被判死刑时,阿波罗多洛走到苏格拉底的跟前说:"苏格拉底啊,你被这样不公正地处死,真令我悲恸。"苏格拉底反问道:"亲爱的阿波罗多洛,难道你希望看到我公正地而不是不公正地被处死吗?"

哲人之死

苏格拉底一口气把鸩酒喝完后,便在房间里踱起步来,直到走不动了,才遵照指示,躺下身来。

苏格拉底的下腹周围开始变凉,这时他撩开盖在身上的被单,露出脸来说——这成了他的临终遗言——"克里同,我还欠阿斯克勒普斯一只公鸡,你能记着替我还清这笔债吗?"

"我一定替您还清。您还有其他吩咐吗?"克里同说。

没有回音,一切又复寂静。过了一会儿,他动弹了一下,狱卒掀开被单,只见他的目光已经凝滞了。克里同替他合上了双眼和嘴巴。这位哲学家就这样离开了人世。

07 第欧根尼

西诺柏的第欧根尼（Diogenes of Sinope，约公元前400—公元前325年）是犬儒学派最著名的代表人物。他出生于西诺柏，因要与希腊历史上另几位同名的哲学家相区别，常称西柏诺的第欧根尼。相传他因伪造货币而被放逐，到雅典后求教于安提斯泰尼。

第欧根尼曾写过对话和悲剧，其主要著作取名《黑豹》，但流传下来列在他名下的著作，都被研究者所否定。第欧根尼的作品不如说他的言行对后世产生了很大影响。

第欧根尼主张"像狗那样生活"，反对一切社会习俗和道德约束。他生活的座右铭是"我重新评估现行的种种价值观"。

世界公民

第欧根尼的全部财产就是一根橄榄树干做的木棍,一件褴褛的衣裳(白天穿在身上,晚上盖在身上),一只讨饭袋和一只水杯。

第欧根尼每天待在市场上,晚上就睡在木桶里,人们称此桶为"第欧根尼的大桶"。他甚至骄傲地声称自己以四海为家,是一个自由的世界公民。最后,他死在大街上,正如他活在大街上一样。

渴望智慧

安提斯泰尼是第欧根尼的老师。第欧根尼最初来拜师时,安提斯泰尼并不喜欢第欧根尼,因为他是一个钱商的儿子,曾因涂改货币而被下过狱。安提斯泰尼命令这个青年回家去,但是他丝毫不动。有一次,安提斯泰尼用杖赶他走,他仰起头说:"打吧,你会发现棍子再硬,也不能把我从你身边赶走,只要我认为你还有东西可学。"他渴望智慧,并知道安提斯泰尼可以教给他智慧。

自　信

有人问第欧根尼:"如果你住的木桶被打破了,你怎么办呢?"

他非常自信地答道:"对此我毫不担心,因为我占据的地位是不能被打破的。"

生　活

当某人宣称"生活是一种罪恶"时,第欧根尼马上纠正道:"不是生活本身,而是你过着罪恶的生活。"

并不荒谬

有人指责第欧根尼在市场上的大木桶中吃饭,第欧根尼反驳说:"如果吃饭不荒谬,在市场上也不荒谬,那么,在市场上吃饭就不荒谬。"

奴隶与主人

第欧根尼在赴伊齐纳的航程中被海盗俘虏在克里特作为奴隶叫卖,人们问他能做什么,他说能"治理人"。他让叫卖者喊:"谁愿意买一个主人?"真有一个叫塞尼亚得的富人将他买了回家,要第欧根尼做他儿子的家庭教师。

塞尼亚得十分信任第欧根尼,常常说:"一个杰出的天才进了我的家。"

神的帮助

有一天,第欧根尼走进一所小学。他发现这所学校只有几个学生却有许多女神像,就对校长说:"多亏神的帮助,你才有足够的学生。"

俭 朴

有一天,第欧根尼看到一个小孩用手捧水喝,觉得这样更干脆,于是,他扔掉了自己的杯子,只保留了一根木棍、一件衣裳和一只讨饭袋。他自责道:"这个小孩子以俭朴的生活教训了我。"

更大的荣耀

有一天,第欧根尼应邀来到柏拉图家中做客,两脚很脏地在地毯上来回走动,并说:"我在践踏柏拉图引以为荣的东西。"柏拉图说:"这倒是真的,可是,我得到了更大的荣耀!"

生 存

当第欧根尼刚开始他的犬儒生活时,他的奴隶就似乎很懂事地逃走了。当人们建议他去抓回奴隶时,第欧根尼回答说:"如果他没有第欧根尼能照样生存,而第欧根尼离了他却无法生存,岂不荒谬。"

富　　翁

有人与第欧根尼一起谈论一位财主，问第欧根尼："他是不是很富有？"第欧根尼回答说："我不知道，只晓得此人很有钱。"

"那你就是说他是富翁啰！"第欧根尼纠正说："富翁与很有钱不是一回事。"

同等的路程

马其顿国王亚历山大大帝托阿里斯底波传话给第欧根尼，要他去马其顿接受召见。第欧根尼回信说："若是马其顿王有意与我结识，那就让他到此地来吧。因为我总觉得，马其顿到雅典的路程并不比雅典到马其顿的路程远。"

前　　进

有些人对第欧根尼说："你老了，休息一会吧！"第欧根尼回答说："什么？如果我正跑在田径场上，当我接近目标时，我应该放慢脚步吗？难道我不应该加速吗？"

好 东 西

有一次，亚历山大大帝问第欧根尼："你不怕我吗？"
第欧根尼反问道："你是什么东西，好东西还是坏东西？"
亚历山大回答说："好东西。"
第欧根尼说："又有谁会怕好东西呢？"

反　　击

第欧根尼是犬儒学派最著名的代表人物，他主张像狗那样过最简陋的生活。在一个宴席上，某些人不断向第欧根尼扔骨头，就像对一只狗所做的那样。于是，第欧根尼就玩了一个狗的戏法，把他们都灌醉了。

懒　惰

对一个靠奴隶穿鞋的人，第欧根尼说："你还没有获得完全的幸福，除非他也为你擦鼻涕。当你丧失了你那手的用处后，这一天就会到来的。"

乞　讨

第欧根尼向一个坏脾气的人要无花果，那人说："只要你能说服我。"第欧根尼回答说："如果我能说服你，我就能说服你去上吊。"

哲　学

有人对第欧根尼说："虽然你是一个哲学家，但你却一无所知。"第欧根尼回答说："即使我什么也不懂，但对智慧的追求本身就是哲学啊！"

点灯找人

哲学家第欧根尼常常在大白天也点着灯走路。每当人们诧异地问其原因时，他便回答说："我正在找人。"几个人朝他走来，他用棍子一边驱赶他们，一边说："我要找的是人，不是渣滓。"他是在讽刺当时社会上没有一个真正配得上"人"这一称呼的、有德行的人。

嘲　笑

当第欧根尼被告知有些人在嘲笑他时，他回答说："很可能笨蛋也在嘲笑他们，既然他们不理那些笨蛋，我也不理他们。"

没有好人

第欧根尼目空一切，看不起任何人。有人问他："你在什么地方遇到过好人？"他脱口而出："哪里也没有好人，只有斯巴达有好的孩子。"

西方哲学大师的智慧

别挡住了我的阳光

亚历山大大帝拜访第欧根尼时,对他说:"第欧根尼先生,只要你告诉我你需要什么,我会马上赐给你。"第欧根尼听罢,躺在木桶里抬了抬眼皮,说:"那就请你站到旁边去,别挡住了我的阳光。"对此,亚历山大感慨万端:"如果我不是亚历山大,我就要做第欧根尼。"

第欧根尼的这一说法可能是有史以来哲学家对世俗价值观最意味深长的蔑视。

现　　在

亚历山大大帝征服雅典后,第欧根尼与亚历山大大帝进行了如下的对话。

第欧根尼:"你征服雅典后还要做什么?"
亚历山大:"我要征服波斯。"
第欧根尼:"然后呢?"
亚历山大:"我要征服埃及。"
第欧根尼:"然后呢?"
亚历山大:"我要征服世界。"
第欧根尼:"在你征服世界以后呢?"
亚历山大:"我就自得其乐了。"
第欧根尼:"那你为什么不能现在就自得其乐呢?"

舌　　战

有一天,亚历山大大帝遇见了第欧根尼。他走过去说:"我是亚历山大,伟大的皇帝。"第欧根尼回答说:"我是第欧根尼,犬儒学派。""你一无所有,哪里是什么学派的首领,倒像个奴隶。"第欧根尼反驳说:"当个有主人、有特长的奴隶为何不好?"

求神保佑

有位夫妇向神献祭,求神保佑生个孩子。对此,第欧根尼说道:"你为何不求神担保孩子将来成为什么样的人呢?"

外号——狗

亚历山大大帝曾问第欧根尼:"你为何被称为狗?"
第欧根尼回答说:"我向那些给我东西的人摇尾乞怜,向不给我东西的人张牙舞爪。"

狗不吃萝卜

有一次,第欧根尼当众吃生肉,周围的人对他说:"我们怕你会咬我们。"他回答说:"放心,狗不吃萝卜。"

墓　志　铭

在雅典,第欧根尼有这样一段墓志铭:
"请问,狗凭什么可以待在墓中?"
"因为是一条狗。"
"他叫什么名字?"
"第欧根尼。"
"就是那个以木桶为家的人?"
"是的。如今,他死了,成了众星中的一颗。"

08　柏拉图

柏拉图（Plato，公元前427—公元前347年）是古代哲学家中最有影响的人，生于雅典贵族家庭，是苏格拉底最有才华的弟子。他曾三下西西里岛，终未能实现建立"理想国"的政治理想，返回雅典后创立阿卡德穆学园，收徒授业达40年之久，遂形成柏拉图学派①。

罗素曾言："柏拉图除了是哲学家而外，还是一个具有伟大天才与魅力而又富于想象的作家。"在古代哲学家中，柏拉图是第一个有完整著作保存下来的西方哲学家，其主要著作有：《申辩篇》、《理想国》（又译《国家篇》）、《智者篇》、《蒂迈欧篇》、《巴门尼德篇》、《法律篇》、《政治家篇》等。

柏拉图是古代唯心主义哲学的最大代表，其哲学思想主要有：乌托邦理论、理念论、灵魂不朽说、宇宙起源论和回忆的知识观。

---

① 柏拉图学派又称"学园派"或"阿卡德穆学派"，为柏拉图所创立。

绰　　号

柏拉图原名叫阿里克托利斯，意为"最好最有名"，这本来是继承他祖父的名字。后来，体育老师亚里斯敦看到他身材高大、体格健美、肩膀宽阔，就给他取了个绰号——柏拉图，意为"宽阔的肩膀"。想不到这个绰号竟然代替了原名而流传开来。

拜　　师

公元前407年，在一个悲剧竞赛会上，年仅20岁的柏拉图意外地聆听了一场苏格拉底的演讲。面对苏格拉底的智慧，柏拉图突然感觉到了自己的浅薄。他回到家中，把自己曾经付出大量心血的诗作毫不惋惜地投入火中。从此，师从苏格拉底，学习哲学达8年之久。柏拉图曾说："我感谢上帝，让我生活在苏格拉底时代，让我做了苏格拉底的学生。"

周游列国

公元前399年，在苏格拉底被判刑之后，柏拉图花了大量银子去行贿，想把他救出来，但苏格拉底不愿逃走。此事引起了民主派的愤怒，他们要将柏拉图绳之以法。柏拉图一见形势不妙，就脚底板抹油——溜了。他离开雅典，开始了漫长的周游列国。他先后到了埃及、意大利和印度等国家。4年后，他才返回雅典。

哲学家与诗人

柏拉图知识渊博，又有学术天赋，从事过戏剧创作，是哲学家与诗人集于一身的人。他一生著述30多种，其文体之华丽多姿，文笔之优美流畅，在哲学史上可谓无出其右了。他的崇拜者雪莱曾说："柏拉图的严谨逻辑与盎然诗意和澎湃激情被华丽辞藻融合得珠联璧合。它把那个时代的辉煌与和谐融为一体，汇集成一股滔滔不绝、不可抗拒的感受的洪流，携带着他那些富有说服力的论点一泻千里，压得读者喘不过气来。"

西方哲学大师的智慧

习 惯

有一天,柏拉图看见某人在玩骰子,就责备他,那人说:"只玩一会儿。"柏拉图说:"习惯并不是一会儿。"

不必害怕

在柏拉图创办的阿卡德穆学园的祭神晚宴上,大家可以一面进餐畅饮,一面自由交谈,其场面之隆重,言辞之绝妙,令人叹为观止。一位雅典将军在参加了一次学园的祭神晚宴后,风趣地说:"和这样一些人在一起,不必害怕第二天会头疼。"

校 训

柏拉图创办了欧洲第一所综合性的高等学院——阿卡德穆学园,该校免费收徒,主要教授哲学和自然科学,尤其是数学和几何学。学园的入口处刻了这样一句警句:"不懂几何者不得入内。"学园的出口处则刻了这样一句警句:"能谈哲学者才可治国。"

女人的袍子

有一天,国王狄奥尼修喝醉了酒,命令所有人穿上紫袍跳舞。柏拉图拒绝了他,还引用这样的诗句:"我不能弯腰穿女人的袍子。"阿里斯提卜则穿上了紫袍,且正打算跳舞时说了这样的妙答:"即使在酒神的狂欢中,真正的谦逊也不会遭受侮辱。"

天才与圣贤

有一次,有人问柏拉图:天才为什么成不了圣贤?柏拉图回答说:天才常常具有道德上的弱点,如虚伪、卑鄙,甚至具有恶的品格,其身体的一半可以称之为野兽,仅有另一半可以发展为圣贤。

被迫为奴

公元前 387 年，南意大利西西里岛上的叙拉古国王狄奥尼修一世邀请柏拉图前往。柏拉图心想教育一个人——即使是一位国王——总比教育全体国民要容易得多，于是便同意了。当狄奥尼修发现柏拉图需要他要么成为一个哲学家要么就放弃王位时，他们吵翻了。多亏好友狄奥从中斡旋，柏拉图才幸免于死，但他被送到市场上当作奴隶拍卖。昔勒尼人阿尼克里出资为其赎身，他才返回雅典。

柏拉图回到雅典后，狄奥尼修写来道歉信说："这是一场可怕的误会。希望你能宽恕我，并且往好处想我。"柏拉图回信说："我整天忙着研究哲学，哪里会有闲情逸致想到阁下呢？"

临危不惧

当柏拉图去为朋友卡伯里亚辩护时，告发人克洛彼卢威胁他说："难道你不知道苏格拉底的毒酒正在等待着你？"柏拉图回答说："正像为祖国服务时，我会临危不惧。现在，为了尽朋友的责任，我也将同样如此。"

海上的奇迹

有一天，柏拉图航海归来，去接他的仆人问他："你在海上游历了好多年，你看见的海上奇迹是什么？"

柏拉图回答说："我看到自己平平安安地上了岸。"

冷　　静

虽然在古希腊，"柏拉图就是哲学，哲学就是柏拉图"，但有一次，一名贵族对柏拉图说："哲人啊，今天有人说你举世无双。"柏拉图听后，垂头不语，极度悲怆。那人便问："哲人啊！您生我的气了吗？"柏拉图回答说："我并没有生你的气，我只黯然神伤，因为我竟然受到了一个蠢人的赞赏。"

精神恋爱

柏拉图一心扑在学术上,始终过着独身生活。他的理论是:善神担心整个的灵魂下凡去作乱,便将其一分为二,形成男女之别,恋爱正是灵魂的一半去追求另一半;而他坚信自己是与常人不同的救世者,灵魂不曾分裂为二,没有理由去追求一个女性。时至今日,人们津津乐道的"柏拉图的精神恋爱"就导源于这一说法。

柏拉图式的爱是一种超越性爱的更高级爱,是对美的本质和美的理念的追求。卢梭曾言:"柏拉图的哲学是真正相爱者的哲学。"

哲学家的小睡

柏拉图81岁那年,一位学生请他参加婚宴,大家饮酒作乐,气氛热烈,柏拉图本不想扫大家的兴,但身体实在承受不了这种希腊式的狂欢,于是他请主人原谅他的失礼,遂到隔壁屋里小睡一会。当大家尽情欢乐之后,新郎突然想起老师还在睡觉,就蹑手蹑脚地走进隔壁屋里,发现柏拉图仍在沉睡,安详神态一如从前。柏拉图这一睡就再也没有醒来,他以这种近乎完美的方式将人世的喧嚣和烦恼抛在了身后。整个雅典万人空巷送这位哲学大师进入墓地。据说,他曾为自己拟写过如下墓志铭:"倘若你曾在生者中间像星辰那样辉耀,那么,此刻在死者群里你便会似晚星闪烁。"

盖棺定论

在柏拉图的葬礼上,他的得意弟子亚里士多德致了悼词,盛赞老师的伟大:"巍巍盛德,莫之能名。光风霁月,涵育贞明。有诵其文,有瞻其行。乐此盛世,善以缮生。"

第欧根尼·拉尔修撰写了悼念柏拉图的墓志铭:"如果太阳神没有让柏拉图生于希腊,他用文字来医治人们的心灵怎么可能呢?正如神的儿子阿斯克勒普斯医治人的身体,柏拉图则医治人们的不朽的灵魂。"

09　亚里士多德

亚里士多德（Aristotle，公元前384—公元前322年）生于色雷斯的斯塔吉拉。他的父亲承袭了马其顿王的御医职位。亚里士多德大约18岁的时候来到雅典做柏拉图的学生，在学园里一直居留近20年，直到柏拉图逝世为止。公元前343年，他成为了亚历山大的老师。自公元前335—公元前323年，他居住在雅典，建立吕克昂学园，并写出了他的绝大部分著作，创立了亚里士多德学派①。公元前323年亚历山大大帝去世，他逃到加尔西斯，于次年因胃病逝世。

他是古代最伟大的思想家和最博学的人，几乎是各门学科的开山鼻祖。

---

① 公元前4世纪—公元前3世纪在雅典形成和发展起来的一个具有独立体系的哲学流派，因创始人亚里士多德往往在林荫道上散步时向学生讲授和讨论哲学，故称为亚里士多德学派，也称之为逍遥学派。

服饰与精神

亚里士多德的父亲曾是宫廷御医,他从小受贵族影响,不仅举止温文尔雅,而且说话语调柔和,衣着尤其华丽。亚里士多德初入阿卡德穆学院时,柏拉图出访叙拉古去了。等到他回来,发现亚里士多德是一个花花公子,大为恼火,便对亚里士多德说:"一个追求真理的青年人是不应该过分打扮自己的。"但亚里士多德则说:"糟糕的服饰不能给自己良好的心情。"柏拉图只好听之任之。

赞美和怀念

亚里士多德十分崇敬自己的老师,他曾写过一首诗表达对亡师柏拉图的赞美和怀念:

在众人之中,
他是唯一的,也是最初。
在自己的生活中,
在自己的作品里,
清楚而又明显地指出:
唯有善良才是幸福。
这样的人啊,
如今已无处寻觅!

这首挽诗充分表现了亚里士多德"我爱我师"的深情。

更爱真理

亚里士多德虽然十分崇拜自己的老师,但他并不是一个为了尊师而放弃真理的人。在追求真理的过程中,一旦发现老师学说中的缺陷和错误,他就会毫不犹豫地指出来,并进行大胆地批评。据说,当时有人指责亚里士多德的做法,认为他背叛了老师柏拉图的学说。亚里士多德对此回敬了一句至今仍为世人所传颂的千古名言:"我爱我师,我更爱真理!"

灵　魂

亚里士多德18岁时来到柏拉图学园，成为了柏拉图的学生。柏拉图对他的感情颇为复杂，在有的场合，柏拉图当着许多学生的面说："我的学园可以分为两部分——多数的学生构成它的躯体，亚里士多德代表它的头脑。"因此，同学们给亚里士多德起了一个绰号："灵魂"。

嘲笑仆人

有一天，亚里士多德要出门，便叫仆人把他的鞋拿来，仆人把鞋送来的时候，他惊呆了：昨天出门时沾在鞋上的泥还在。于是，他问仆人："你怎么没有把鞋刷一刷呢？"

"还用那么费事吗？先生，"仆人平静地说，"路上尽是泥泞污淖，再干净的鞋，用不了多久也和这双鞋一样了。"亚里士多德微笑着穿好鞋出门去了。

一会儿，仆人在他身后追了上来："请慢点走，先生！那把钥匙呢？"

"什么钥匙？"

"就是食品橱上的钥匙。我还要吃午饭呢。"

"我的朋友，吃什么午饭呢？吃过以后用不了多久，你不是也将和现在一样饿吗？"亚里士多德说。

三　段　论

公元前320年前的雅典城郊外，常常可以看到一位60多岁的老人，身边跟随着十多位青年，他们或是在树林中逍遥自在地漫步交谈，或是坐在山谷溪旁的大石块上热烈地讨论着。

"老师，您再讲讲'三段论'大前提、小前提、结论……"

老人捋了捋胡须，缓缓地说道："我们希腊人有个很有趣的谚语：如果你的钱包在你的口袋里，而你的钱又在你的钱包里，那么，你的钱肯定在你的口袋里。这不正是一个非常完整的'三段论'吗？"

雅典人都知道，这是亚里士多德正在给他吕克昂学园的学生上课呢。

神话爱好者

到了晚年,亚里士多德认为现实中最基本的规律,即那种永不停息的、追求自我实现与自我完美之运动都是来自神灵。他曾说:"综观一生,无依无托,在愈来愈寂寞的境况下,我成了一个神话爱好者。"

谬　　论

亚里士多德博学多才,被誉为西方科学的奠基人,但当他以解剖学的眼光观察人时,则得出了稀奇古怪的结论。譬如:"人的大脑是个非常次要的生理器官,人的精神来自于心脏,大脑只是个血液冷却器。正由于大脑降低了血液的温度,心脏才会沸腾。"

任他抽打

亚里士多德完全献身外界事物的研究而很少顾及自身的命运。有一次,当听说有人诬蔑他时,亚里士多德说:"我不在场时,任他用鞭子抽打我吧!"

睡　　觉

据说,亚里士多德睡觉时手里总拿着一只铁球,手下面再放个碗。入睡后铁球脱落掉进碗里,声音就会将他惊醒。这样他便可以接着进行哲学思考与研究了。

智者的愚昧

亚里士多德是古希腊的大学问家,古代百科全书式的人物。历代人读他的著作,都会为他的博学而感叹不已。但他也犯过无知的错误。据说他认为男人的牙齿要比女人的多。对这个问题,只要他数数他夫人的牙齿便一清二楚。可是,他对自己的看法深信不疑,认为根本没有必要去数牙齿。因此,他一生都未发现这个错误。可见,即使是智者,也难免有愚昧之处。

沮丧的嫉妒者

亚里士多德在雅典吕克昂学院从事教学、研究、著述期间，常与学生们一道探讨人生的真谛。

有一次，一位学生问他："先生，请告诉我，为什么心怀嫉妒的人总是心情沮丧呢？"

亚里士多德回答："因为折磨他的不仅有他自身的挫折，还有别人的成功。"

妙　　答

有人问哲学家亚里士多德："你和平庸的人有什么不同？"

"他们活着是为了吃饭，而我吃饭是为了活着。"哲学家如是说。

解放奴隶

亚里士多德逃离到他母亲出生的小岛后，只在岛上居住了一年，便于郁闷和病痛之中死去。临死之前，他留下了一份遗书。他在遗书中特别规定：曾经侍候过他的奴隶，一概不得出卖，必须继续养育，待他们成年或者可自立营生时，予以释放，还其自由。这封遗书后来被公认为人类历史上第一个解放奴隶的人权宣言。

面对荣誉

在德尔斐神庙一块断裂的石碑上，有一段铭文："他们为在两次皮托赛中的胜利者以及从一开始便组织竞赛的人起草了一张名单，亚里士多德和加里叙尼受到了赞扬和称颂；雕刻匠刻下了这张名单……并把它立在庙中。"亚里士多德曾以这样的语调写信给他的朋友阿提帕特："至于对在德尔斐授予我的荣誉——现在它已被剥夺了——我的态度是这样的：既不热衷，也不漠然。"

10　伊壁鸠鲁

伊壁鸠鲁（Epicurus，公元前342—公元前270年）是古希腊晚期杰出的唯物主义哲学家，生于萨摩斯，父亲是一个贫穷的雅典殖民者。伊壁鸠鲁幼年时代在萨摩斯度过，14岁开始学习哲学，18岁来到雅典服兵役，尔后在外地学习与教学。公元前311年，他在米特林城邦开办了一所学校，亲自教授哲学。一年后，学校迁往兰萨库斯，公元前305年，学校迁往希腊的哲学中心——雅典。学校的永久性总部设在他的住宅和花园里，故他有"花园哲学家"这一称号。

伊壁鸠鲁的著述传说有三百余卷，超过以往任何一位哲学家，但只有三封信和题为《格言集》与《学说要点》的残篇流传下来。在哲学上，伊壁鸠鲁提出了自己的原子论自然观和快乐主义的伦理学，创立了伊壁鸠鲁学派[①]。

[①] 希腊化时期的主要哲学流派之一，以其创始人伊壁鸠鲁而命名，其主要代表人物为：伊壁鸠鲁、赫尔玛库斯。

疑　　问

伊壁鸠鲁 12 岁时在学校里听老师讲解赫西俄德的《神谱》，老师说："一切事物都来自混沌。"伊壁鸠鲁便问老师："那混沌又来自何方？"那位照本宣科的老师无言以对，只好说："不知道，谁也不知道。"

生　与　死

古往今来哲学家们对人类的生与死的问题进行了不懈的探讨，而伊壁鸠鲁对生与死的论述却不使人感到沉重。他说道："一般人有时逃避死亡，把它看成是最大的灾难，有时却盼望死亡，以为这是摆脱人生灾难的休息。""一切恶中最可怕的——死亡，对于我们是无足轻重的，因为当我们存在时，死亡对于我们还没有来，而当死亡时，我们已经不存在了。"

最崇高的上帝

伊壁鸠鲁认为，幸福就是快感，而最高级的快感产生于理性。他说："没有理性的生活，不是充满快乐的生活；反之，没有快乐的生活，肯定不是理性的生活。"哲学才是人类生存的高峰，因为"只有清晰的思考才能给我们带来充满快乐的生活，理性是我们最崇高的上帝"。

吃饭的人

有人问伊壁鸠鲁："吃什么东西更有益？"
伊壁鸠鲁回答说："我们与谁在一起吃饭，比我们吃什么更为重要。"

酒色之徒

伊壁鸠鲁在生活方面极度奢侈，甚至将全部精力花费在无休止的夜筵上。他常常由于吃得太多，每天都呕吐多次。他还拈花惹草，与一些艺妓保持着亲密的关系。信奉斯多亚学说的罗马人埃皮凯特干脆骂他是"酒色之徒"。

11　塞浦路斯的芝诺

塞浦路斯的芝诺（Zeno Kitieus，公元前336—公元前264年）生于塞浦路斯岛，斯多亚学派①的第一创始人。他长得又高又瘦，皮肤黝黑，因而有人叫他"葡萄藤"。他早年在雅典求学，公元前300年左右开始办学，他在一个画廊讲学，其学派因此而得名（希腊文"斯多亚"Stoa的意思为"画廊"）。他自杀而死。

芝诺是一个唯物主义者，他的学说大体上是犬儒主义与赫拉克利特的结合品。关于芝诺，留传下来的只有一些残篇。

---

① 斯多亚学派（又译斯多阿或斯多葛学派）是公元前4世纪末—公元前3世纪初在希腊化时期所形成与发展起来的一种哲学流派，其主要代表人物有塞浦路斯的芝诺、克里尼雪斯、狄奥尼修、克莱安塞、克吕西甫、塞涅卡、爱比克泰德、马可·奥勒留。

因祸得福

芝诺起初是个颇有成就的商人。有一次，他做服装买卖，不幸船沉财失，寄居在雅典城一个书商家里，看到主人在读一本哲学书。当他阅读色诺芬写的《苏格拉底回忆录》时，变得无比兴奋，便问书商何处可找到像苏格拉底那样的人。这时克拉底正从旁边经过，书商便指着克拉底说："跟上那个人。"于是，芝诺拜克拉底为师。

他将这次沉船之事看作是因祸得福的事情。

逃 避

芝诺成了克拉底的学生后，由于害羞难以接受犬儒的无羞耻感，克拉底便让他端一碗扁豆汤通过克拉米科。当克拉底看到芝诺羞红了脸并试图不为人注意时，便用手杖将碗打碎了。当芝诺逃走时，克拉底说："为何要逃走呢？并没有什么可怕的东西降临到你头上啊！"

贪 食

有一个人是如此贪吃，以至于不给他的同桌留下任何东西。当一条大鱼送上来时，芝诺就站了起来，似乎要把它全吃掉。当那人愤怒地盯着他时，他便说："如果你在这仅有的一种情况下都不能容忍我的贪吃，那么，你想想那些每天都与你生活在一起的人是一种什么滋味。"

圆圈的比喻

有一次，芝诺的学生问他："老师，您的知识比我们多许多倍，您回答的问题又十分正确，可是您为什么对自己的解答总是有疑问呢？"

芝诺用手在桌上画了大小两个圆圈，并说："大圆圈的面积是我的知识，小圆圈的面积是你们的知识。我的知识比你们多，但这两个圆圈的外面，就是你们和我无知的部分。大圆圈周长比小圆圈的周长长，因而我接触无知的范围比你们大。这就是我常常怀疑自己知识的原因。"

妄　断

有人对芝诺说,他完全不同意安提斯泰尼的观点。芝诺便拿出安提斯泰尼论索福克勒斯的书问道:"你认为它怎么样?"那人回答说:"不知道。"芝诺就说:"你难道不害羞吗?抓住安提斯泰尼所讲的错东西不放,而连想都不想就删掉了他的好东西。"

希腊成语

芝诺在衣食上非常节俭,尽可能不参加宴会,最喜欢的食物是绿色的无花果、面包和蜂蜜,再喝一点葡萄酒。他穿的大衣在同代人看来是非常破烂的。"比哲学家芝诺还寒酸"这句话后来竟成了成语,用来形容那些完全没有欲望的人。

说　服

有一次,克拉底看见芝诺跟斯底尔波在一起,便上去抓住芝诺的斗篷拖他走。芝诺说:"先说服我,再抓着耳朵拖我走;如果你使用暴力,我的身体会跟从你,但我的心将同斯底尔波在一起。"

悭　吝

芝诺以经济原因为借口,固守为希腊人所不屑的悭吝。一个犬儒主义者说自己的油瓶里没油了,于是向他乞求一点,芝诺拒绝施舍。然而那人走开时,芝诺却请他考虑这两种行为中哪一种更鲁莽。

邻　居

有两个人喝多了酒躺卧在一起,靠近芝诺的那个人踢他下面的一位客人,芝诺便用膝顶他,那人转过身来,芝诺就问:"你怎么知道你的邻居喜欢你对他做的动作呢?"

话 匣 子

如果猛烈攻击某人的话,芝诺会言辞简练,且不过分流露情绪,尽力与之保持距离。他的学生阿里斯通演讲,有时枯燥乏味、长篇大论,有时顽固不化,态度过于自信,他便说:"你父亲生你时一定喝醉了。"因此,他就言简意赅地称阿里斯通为"话匣子"。

对待不受欢迎的学生

有个英俊富有但仅此而已的佛第安人坚持要听芝诺讲课,而这名学生很不受欢迎,于是,芝诺首先让他坐在一条布满灰尘的板凳上,这样就会弄脏斗篷;然后又安排他与乞丐坐在一起,这样他就会蹭着他们的脏破衣服;最后,那个年轻人逃之夭夭了。

言简意赅

有人问他:"谁是朋友?"他回答:"另一个自我。"

有一次,他严惩一个偷东西的奴隶,那奴隶乞求说,偷东西是他的命运,芝诺说:"是的,挨打也是。"

有一次,他看见一个熟人的奴隶身上布满鞭痕,说:"我看见了你的愤怒的印记。"

他对一个满口胡言的小伙子说:"我们之所以有两只耳朵而只有一张嘴,是因为我们可以听得更多而说得更少。"

还有一次,一个青年人讲话滔滔不绝,芝诺说:"你的耳朵掉下来变成舌头了。"

我 来 了

芝诺正要离开学园时给绊倒了,折了一个脚趾,他一面用拳头砸着地面,一面从《尼俄伯》中引述诗句:"我来了,我来了,你为什么呼唤我?"然后,他停止了呼吸,死在了那个地方。

12　西塞罗

西塞罗（Ciceron，公元前106—公元前43年）是古罗马共和国时期的哲学家、政治家、演说家、律师和折中主义者，出生于富裕的骑士家庭，"西塞罗"是其家族的名字。他曾任财务官、大法官、执政官和西里西亚总督，甚至被誉为"国父"。后来处境逆转，曾被驱逐出境，最终因反对当时"三头联盟"的执政官安东尼而被杀。

在西方哲学史上，西塞罗以折中主义而闻名。他折中各种哲学派别，将柏拉图主义、斯多亚学派和怀疑论拼凑在一起，予以通俗化，借以宣扬"灵魂不死"等观点，其哲学著作主要有：《论目的》、《论命运》、《论国家》、《论法律》、《神学论》等。

神　童

西塞罗出生时，他的奶妈曾看到一个幽灵显形，并对她说，她所哺乳的这个孩子日后将为他的祖国做出重大贡献。上学时，他的聪颖和灵性就已经令他出类拔萃了。他的名气之大，很快吸引了这所学校的学生家长前来旁听学校的课程，以便亲眼看一看这个小神童，并在他做练习时见识见识。

演　讲

在一次演讲时，西塞罗的老师阿波罗尼斯要求他用希腊语。西塞罗非常不愿意这样做。他心想：这样一来，错误的地方将会被明确地指示出来。

当他演讲结束后，所有其他的听众都震惊了，只有阿波罗尼斯自始至终一点也没显出激动的样子。

当西塞罗为此深感不安时，阿波罗尼斯说道："西塞罗，你已经得到了我的称赞和敬佩，我为希腊感到伤心和遗憾，因为那些技艺和那种雄辩是她仍然存留的唯一荣耀了，而现在将被你带往罗马。"

幽　默

在一次演讲中，西塞罗竭力颂扬了罗马战将克拉苏。然而，几天之后他却在同样的场合公开批评了克拉苏。于是，克拉苏质问西塞罗道："两天前不是你自己在同一地方赞扬了我吗？""是的，我选了一个不好的题目来练习我的演讲术。"西塞罗回答说。

追　求

面对"哲学即使没有任何实用价值，是否还有必要研究"这一问题，西塞罗的回答是：带有意识的实践，作为思考与行动的完美体现，它是通向实现我们神圣天命的一条道路。即使我们不能最终穷极真理，但我们对它的追求却是我们幸福之基础。

人在剑身上

西塞罗的女婿身材矮小。有一天,他身佩一把很长的宝剑来拜访岳父,西塞罗见了高声大叫:"谁把我女婿绑在宝剑身上了?"

不为人瞩目

西塞罗在卸任西西里行省财政官归来途径波佐利时,一位上流社会的人问他何时离开罗马,他说:"我是从我的行省回来。""啊,对,是从海格利斯,那一定是从非洲回来的了,对吧?"那人说。对此,西塞罗愤怒之情无以复加,以一种轻蔑的口气说:"不,是从西西里!"此时,一个人摆出一副无所不知的样子,说:"怎么,你还不知道,他是锡拉库萨的财政官呀!"西塞罗抑制住怒火,混入前来洗温泉的人流之中。

伟大的选择

有个闲适的有钱人问西塞罗:"你是否愿意坐下来探讨真理?"

西塞罗回答说:"与其同一个普通人一起认识真理,倒不如和柏拉图一起犯错误。"

拥挤的位置

凯撒大帝当政时,总是设法将亲信安插进去,这使一些老资格的元老很不满意。

有一天,一位新安插进元老院的元老来剧场看竞技表演,找来找去,找到了西塞罗身边的座位。西塞罗想冷落这位新贵,便说:"要不是我已经觉得太拥挤了,我倒是很愿意请您坐在我旁边。"

这位新元老也不示弱,想到西塞罗在政治上一向反复无常,便反唇相讥:"既然你从来就是一个人占两个位子,怎么还会觉得太拥挤?"

"啊,看来你的眼睛很锐利,那就挤挤吧!"西塞罗乐呵呵地说。

中世纪时期哲学大师

　　中世纪哲学是基督教的哲学,《圣经》成为了基督教的最高经典。雅各布·约尔丹斯的《四使徒》形象地刻画了四个使徒全神贯注地阅读《圣经》时的表情,你看:兴奋的约克、沉思的马可、镇静的彼得和吃惊的保罗,栩栩如生,活灵活现。这幅画从一个侧面反映出了人们虔诚的宗教信仰。

中世纪一般被人们（尤其是文艺复兴时期的人文主义者）视为西欧"最黑暗的时代"，似乎在中世纪社会里，西方文明不仅乏善可陈，而且停滞不前。实际上，中世纪文明是近代西方理性主义的温床，中世纪与近代文明之间并不存在截然的断裂。

中世纪哲学是指从罗马帝国灭亡到欧洲文艺复兴时期的欧洲哲学。但考虑到思想发展的历史延续性，有时将奥古斯丁也视为中世纪哲学家。

中世纪哲学是封建社会的哲学。在中世纪社会里，基督教神学成为封建社会占统治地位的意识形态，然而，哲学并未泯灭，中世纪的西欧先后出现了教父哲学、基督教哲学与经院哲学。这些哲学主要探讨的是神与人、天国与世俗、理性与信仰、哲学与神学的关系问题，哲学成为基督教神学的婢女，许多哲学家甚至会为"一个针尖上能站多少位天使"而争论不休。因此，我们似乎可以说，中世纪哲学是基督教的哲学。

中世纪时期，哲学的发展演变大致可分为三个阶段：早期的教父哲学时期、中期的经院哲学的全盛时期、晚期的唯名论哲学。

中世纪哲学不是在哲学的基础上展开哲学论争，而是在神学的基础上，以正统神学和神学异端的争论的形式展开哲学论争。但是，在漫漫长夜里还依稀闪烁着一些理性的火花，延续着古代哲学的火种。她虽然具有神学化的倾向，但她上承古希腊罗马哲学，提出了许多以后哲学沿用的哲学概念与范畴，使西方哲学更系统化。中世纪哲学讨论的主要问题，如共相问题、本质与存在的关系问题，都具有重大的神学意义。

在中世纪时期，也不乏幽默风趣的哲学大师。

13 奥古斯丁

奥里留·奥古斯丁（Aurelius Augustinus，354—430年）是古罗马基督教思想家、拉丁教父的主要代表、早期基督教哲学体系的集大成者，生于罗马帝国北非努米底亚省的塔加斯特镇（今阿尔及利亚的苏克阿赫腊斯）。早年信奉摩尼教，386年皈依基督教。391年被教徒推选为省城希波教会执事，395年升任主教，在任终身。

奥古斯丁学说的主题是用柏拉图主义特别是新柏拉图主义哲学对基督教的基本教义和神学理论进行系统的阐述和论证。他的神学哲学体系反映了罗马帝国崩溃时期奴隶主阶级的意识形态，为中世纪经院哲学的形成提供了思想资料，对后来宗教哲学的发展产生了深刻影响，在基督教发展史上占有十分重要的地位。

奥古斯丁的著作堪称神学百科全书，共233部，最主要的代表作有《忏悔录》、《论三位一体》、《上帝之城》。他的著作同《圣经》一样被列入教会经典，其思想被中世纪封建教会奉为"真理的台柱"。

西方哲学大师的智慧

犯罪的乐趣

公元364年,奥古斯丁家附近的一棵梨树上结了果实,形色香味并不可人。一天深夜,10岁的奥古斯丁从树上爬下来,心中万分兴奋。他一边在地上摸索着拾梨,一边想象着这家主人发现满树鸭梨一夜之间不翼而飞的惊愕的情景,不禁开怀大笑。和小伙伴分手之后,在独自回家的路上,他把拾到的鸭梨都随手扔了,他并不想吃梨。数十年之后,奥古斯丁在《忏悔录》一书中写道:"我摘这些果子,纯粹是为了偷窃,因为我到手后便丢掉,仅仅饱餐我的罪恶,享受犯罪的乐趣。"

互　爱

一位担任官职的教徒克拉西安乌斯履行职责,到教堂搜寻一些寻求庇护的违法者。主教奥克西利乌斯不仅开除了克拉西安乌斯的教籍,还株连其全家,将他们都逐出教门。

奥古斯丁知道此事后致书年轻主教:"不要以为我们是主教,那种不义的结怨情绪就不会暗中腐蚀我们的良知;我们毋宁记住,我们是人,我们的生活中充满了各种诱惑和陷阱,因而我们是被极多可能的危险包围着。""请你取消可能受你反常冲动的影响而做出的判决;恢复自你成为基督徒时就把克拉西安乌斯与你连在一起的那种互爱;停止战斗,恢复和平!免得失去了你的这位朋友,免得让你的敌人幸灾乐祸。"

清脆的童声

有一天,奥古斯丁独自一人躺在一棵无花果树下为信仰而彷徨。这时,耳边响起清脆的童声:"拿着,读吧!拿着,读吧!"他抓起放在身边的《使徒书信录》,默默地读着最先看到的一章:"不可耽于酒食,不可溺于淫荡,不可趋于竞争嫉妒,应信服主耶稣,勿使纵恣于肉体的嗜欲。"

奥古斯丁感到这段话击中了要害,顿觉有一道恬静的光射到中心,驱散了阴霾笼罩的疑云。于是,他改变放荡的生活习俗,接受了安布罗斯洗礼,正式加入基督教。

最优秀的哲学家

有一次，奥古斯丁与朋友们正在讨论问题，他母亲进来了。她问他们讨论有何进展，奥古斯丁吩咐记录者记上她到场和她提出的问题。老太太反对这样做，说妇女按惯例不参加这类讨论。奥古斯丁说：如果哲学意味着"对智慧的热爱"——它也必定意味着这点——那么，她就是他们中最优秀的哲学家。

讽　　刺

有一次参加诗剧比赛，一个巫师问奥古斯丁如果赢得胜利，给他多少钱作为报酬。奥古斯丁回答说："即使能赢得一只不朽的金冠，我也不愿为我的胜利而杀一只苍蝇。"

冷　　静

有一次，一位不得人心的官员被暴动的市民杀死了。奥古斯丁前去布道说："你们或许准备说，'我们的行为已成事实，谁能惩罚我们众人？有谁给予这种惩罚？'你们难道忘记上帝了吗？上帝并不害怕一群暴徒。"他还说："你自己不参与这种暴行还不够，你对暴行痛心疾首也还不够，除非你尽你所能，阻止大家参与这类暴行。"

规　　劝

一个卑鄙的管家向租地佃户收取租金后携款逃跑了，拥有合法收租权的地主因而强迫佃户第二次交纳租金。因该地主自称是个基督徒，于是，奥古斯丁给他写了一封信，苦口婆心地规劝他说："但愿你加于穷人和不幸者的不仁不义对你的伤害不比对他们的伤害更多，他们只是暂时遭此不幸，而你是在造恶积怨，一直要积到显示天罚和上帝审判的那一天。"

14 安瑟尔谟

安瑟尔谟（Anselmus，约1033—1099年）又译安瑟伦或安塞姆，是中世纪基督教哲学家、神学家，经院奠基人之一，常被人称为"最后一个教父和第一位经院哲学家"。他生于意大利的一个贵族家庭，年轻时弃家到法国求学。1060年加入本笃会，先后任学校校长、修道院院长、英国坎特伯雷大主教。后因与英王发生争执而被放逐。1494年被教皇追认为圣徒。

在哲学上，安瑟尔谟最著名的学说是他在《宣讲》中提出的关于上帝存在的本体论证明，其神学的主要课题是研究创造物尤其是人类与上帝的关系，最主要的贡献是将辩证法推广应用于神学，与贝伦伽尔和阿伯拉尔等人共同创建了辩证神学的新形式。

安瑟尔谟在修院讲学30余年，主要著作有《宣讲》、《独白》、《论语法》、《论真理》、《上帝为什么变成人》、《论三位一体的信仰》等。

祈祷生病

安瑟尔谟 15 岁时就想进修道院，但他的父亲却极力反对。在这种情况下，安瑟尔谟想出了一个非常虔诚的计策：他向上帝祈祷，请求上帝让自己得场大病，这样就可以感化修道院院长，从而满足自己的愿望。安瑟尔谟真的得病了，但修道院院长却受到他父亲的怂恿，丝毫不愿让步。没有办法，他只好希望自己恢复健康，他的病还真的很快就好了。

上帝万能

安瑟尔谟认为上帝是万能的。对此，高尼罗曾提出了这样一个问题："上帝能否创造一块他自己举不起的石头？"

"当然能。上帝是万能的！"安瑟尔谟不假思索地回答。

"既然上帝有一块石头举不起来，怎么能说是万能的呢？"高尼罗反问。

安瑟尔谟强辩："上帝万能，它能举起所有的石头。"

高尼罗又问："既然上帝能举起所有的石头，那就证明它创造不出一块自己举不起来的石头；既然上帝创造不出一块自己举不起来的石头，又怎么能说是万能的呢？"高尼罗紧接着说，"或者上帝能创造出一块自己举不起来的石头，或者上帝不能创造一块自己举不起来的石头。总之，上帝不是万能的。"安瑟尔谟陷入了两难困境，无法回答。

15 托马斯

托马斯·阿奎那（Thomas Aquinas，约1225—1274年）又译托马斯·阿奎奈，是西欧中世纪最重要的经院哲学家、基督教神学家。他生于意大利的洛卡塞卡堡，1244年加入多明我会。1257年起先后在巴黎大学和意大利教廷讲授神学和哲学。1274年应罗马教皇格列高里十世之邀，前往里昂参加宗教会议时病死途中。

托马斯的著作卷帙浩繁，总字数在1500万字以上，其著作主要有《论存在与本质》、《论自然原理》、《论真理》、《反异教大全》、《神学大全》，其中《神学大全》被称为"百科全书"。

托马斯的神学和哲学体系后被称为托马斯主义。托马斯的神学和哲学观点在其在世时被传统神学家和哲学家所反对，但在13世纪以后，托马斯主义逐渐成为思想领域中占统治地位的学说。1323年，罗马教皇约翰二十二世封托马斯为"圣徒"；1567年，托马斯被教会称为"圣师"，并被赐予"天使博士"称号；1879年，教皇利奥十三世将托马斯的神学和哲学体系定为天主教和官方的神学和哲学。当代有些天主教哲学家又重新搬出托马斯主义，发展成为新托马斯主义。

不 说 谎

托马斯·阿奎那很小的时候就被送进一所著名的修道院学习，据说他喜欢一个人冥思苦想，从不与同学嬉笑打闹。有一次，一个同学逗他说："快看，天上飞着一头牛！"托马斯抬头朝天上张望引起了大家的一阵哄笑。托马斯却严肃地说："我并不相信牛能在天上飞，但是我更不相信一个献身上帝的人会说谎骗人。"

言 志

有一天，托马斯·阿奎那在海滨散步的时候见到了方济（基督教僧团"小兄弟会"又称"方济托钵修会"的创始人），回家后对他父亲说："爸爸，我想做一个托钵僧。"

"什么？一个衣衫褴褛、蓬头赤脚的托钵僧？"父亲几乎不相信自己的耳朵，诧异地问道。

"是的，爸爸。"

"去执行过贫困生活的誓约？去沿街乞讨？洛卡塞卡家族的一员？"这位父亲一连串的反问后斩钉截铁地说，"这绝对不可能！"

托马斯立刻说："可是，阿西西的方济已经做到了。"

"他是个疯子！"

"不，他是个圣人。"托马斯纠正道。

受 挫

托马斯·阿奎那因家庭干预他加入"托钵僧"而愤然离家出走。有一天，当他正在去巴黎的路边小憩时，兄长领着几个人向他疾驰而来。他往后退了几步，说道："以主的名义，你们想干什么？""以主的名义，我们想使你恢复理智，跟我们回去。我们要维护我们家族的荣誉。""我属于一个更大的家族。"托马斯反驳道，并拼命反抗，但终归徒劳无益，他被软禁了起来。

赞 美 诗

据传,乌尔班四世请托马斯·阿奎那为基督教的节日写祈祷诗和赞美诗。尽管托马斯·阿奎那毫无激情的性格与诗的韵味大相径庭,他还是把一种高度经院化的神学专门术语与简洁生动表达、学者化的《圣经》隐喻和宗教热情奇异地结合了起来,其中一节的大意是:

视觉、触觉、味觉尚且会使你受骗/哪有应予信任的真实听觉可言/上帝之子告诉我的/我就看作是真的/没有什么真理/除非是真理自己的语言

后来,这些赞美诗在罗马教士中一直很流行。

哑 牛

托马斯·阿奎那师从当时最有名的基督教哲学家阿尔贝特后,每天默默地坐在讲堂里听课。由于他那引人注目的公牛般庞大强壮的身躯和沉默寡言的态度,同学们送给了他一个绰号:"哑牛"。有一天,他尊敬的导师注意到了他,他们谈了很久。第二天,在课堂上,阿尔贝特对学生们说:你们说这位托马斯·阿奎那同学是"哑牛",但我要告诉你们,有一天这头公牛的吼叫会惊天动地,响彻全世界。

忘 我

有一次,托马斯·阿奎那同几百个人一道被邀请到法国皇宫赴宴。席间,当人们全神贯注地倾听国王圣路得维希口若悬河的演说时,独自沉思的托马斯突然将拳头猛砸在桌子上,喊道:"这一定会使异教徒信服!"客人都被惊呆了,所有的目光都投向托马斯。这时,国王从王座上注视着托马斯。"我刚才做了个梦,陛下。"托马斯以刚从睡梦中清醒过来的神态连忙回答国王,"我正在思考哪些论证支持我的哲学以反对怀疑论者。"国王和蔼地笑了,说道:"我要命令我的秘书们把你的论证记录下来,为了将来你一旦忘记了它们时备用。我相信它们是有价值的。"

不被诱惑

托马斯·阿奎那被幽禁起来后，母亲含着眼泪的请求丝毫也动摇不了他的意志。他的两个兄长想出了最后一招：一个寒冷的日子，托马斯·阿奎那穿着单薄的衣衫坐在暖暖的火堆旁。这时门开了，一个苗条的身影闪了进来。他定睛一看，原来是个美貌至极的姑娘。这个女人在房间里扭来扭去，故作姿态。他火冒三丈，从火炉里抽出炽热的拨火棍向那位美女刺去，姑娘尖叫一声，撒腿就跑。托马斯余怒未消，紧紧握住拨火棍，朝门上狠狠打去，给门上留下了几道深深的黑印。

秘密发现

在读大学时，托马斯·阿奎那就满腹经纶，肚子里装的知识比一个普通神学家外加一个哲学家还要多。这一点，只是一个偶然的机会才被人发现的。有一次，一位好心的同学觉得有必要给这个显得有点不知所措的学友补补课，而正是在补课时他发现了托马斯讲得比他自己，甚至比博学的教授还清楚。托马斯·阿奎那不断地请求这位同学一定要把这一发现当作自己的秘密，千万别张扬出去。

全是秕糠

有一次，托马斯·阿奎那去见一位红衣主教的使者时，不仅一路不言不语，等见了面也是一言不发，直到相随的人使劲拉他的衣服，他才觉悟过来。

有一次做弥撒时，托马斯·阿奎那入神忘形，笔直地站着，好像在同谁对话似的。有人说这是一种洞见；有人说这是精神超脱，沉醉于神秘的体验；有人说他是精神分裂。凡此种种，众说纷纭。不管怎样，这一经历宣告了他的一切学术活动的终结。当秘书提醒他《神学大全》尚未完成时，他回答说："我不能再写下去了。和我看到的相比，我觉得自己写出来的全是秕糠。"

大肚酒坛

托马斯·阿奎那在巴黎大学学习时极为勤俭，生活非常清苦，但他在饭量上是个大肚汉，他那体壮如牛的笨拙形象经常被无知的人视为笑柄。有一次，他听到有人在背后说他是"大肚酒坛"，他笑了笑说："你们见过黄瓜吗？它没有食物也能生长。"

圣洁腰带

据说，托马斯·阿奎那赶跑女郎的那天晚上做了一个梦，梦见天使用一根燃烧着的绳子捆住了他的腰，他疼痛难忍，大声呼喊。天使却和颜悦色地说："我是奉了上帝之命，来给你系上这条圣洁腰带，以免以后你遭受妖魔鬼怪的侵害。"从此，托马斯总是像避开毒蛇一样躲避女人，除非是出于某种必要和公务。

渴望春天

1274年的一天，西斯特西安修道院的修道士给火炉添着木材，虔诚、忧郁的人们围坐在他的身边，低声地吟唱着圣歌。

突然，托马斯·阿奎那大声喊道："什么时候我才会得到圣徒为我的炉子添材的特殊荣耀！"

"安静些，托马斯，太冷了。"

"不，上帝的仆人不应为我生火。看，太阳是多么光辉璀璨。"

"可笑啊，托马斯，现在还是冬天，外面一片白雪，除此之外什么都没有。"

他连连摆手，喃喃低语："春天！春天！来吧，让我们走进原野。"

冬夜之幕降临的时候，他闭上了双眼。

16　罗吉尔·培根

罗吉尔·培根（Roger Bacon，约 1214—1294 年）是英国经院哲学家、近代科学思想的先驱和积极倡导者。曾就读和任教于牛津大学和巴黎大学，1257 年入法兰西斯会，因被教会总会长疑为不合正统，长期被秘密监禁，出狱不久后谢世。直到 14 世纪末，他才获得应有的声誉。后人称他为"悲惨博士"，以表示对他受到不公正待遇的不满。

罗吉尔·培根的主要著作有《大著作》、《小著作》、《第三著作》、《哲学研究纲要》、《神学研究纲要》等。

罗吉尔·培根在《大著作》中提出了全面、系统改造经院学术现状的计划，主张发展科学知识，扫除知识发展的四种障碍，强调实验科学，阐述了实验科学的实证性、工具性和实用性。他的思想对弗兰西斯·培根具有直接影响。

魔法师

培根非常注重科学实验,但教会攻击他搞巫术、魔术,是与魔鬼打交道。当培根在牛津大学准备当众进行科学实验时,教会的神甫、修道院的僧侣们都惊恐万状,宣称他将把魔鬼释放出来,叫嚷"打倒魔法师"。当时阿拉伯人在自然科学方面做了不少研究,于是教会攻击培根,称他是"穆罕默德的门徒"。这等于控告他叛教、信奉异端,足以置他于死地。1257 年,红衣主教波那文都拉下令革除培根在大学的教职,将他幽禁在巴黎修道院中。这一监禁持续了 14 年之久。

抨击教会

培根在《哲学研究纲要》中猛烈抨击了当时社会的极端腐化,而各种罪恶的根源首先来自教会。因此,他说,我们需要用"物质的剑和精神的剑一起纯洁教会",否则,它将受到内忧外患的惩罚。

精神胜利法

培根被以"研究危险的事物"和"有巫术嫌疑"的罪名判处 14 年隔离监禁徒刑,而他则十分可怜那些将他放在"沉默地狱"的人们,因为这些人的灵魂才真正是监狱里的囚徒。他带着阿 Q 式的口吻说:"求上帝把他们从自身愚昧无知的镣铐中解救出来吧。"

墓志铭

培根为人类留下了丰富的科学遗产。但他的一生却充满了不幸。他的墓碑竖立在牛津大学的圣方济院里,上面刻着如下的墓志铭:"罗吉尔·培根,伟大的哲学家……他通过实验的方法,……他扩大了科学王国的领域。他孜孜不倦地工作了一生以后,于 1294 年安息了。"

文艺复兴时期哲学大师

　　1632年，伽利略出版《关于勒密和哥白尼两大体系的对话》，提出全新的宇宙论，进一步证实了哥白尼的学说。这可就激怒了宗教裁判所。罗马宗教裁判所对伽利略进行了审判，命令伽利略签字收回和否认自己的主张。可是，当他签完字，背过身去，依然悻悻地喃喃自语道："反正地球仍旧在转动！"上图为罗马宗教裁判所正在审判伽利略。

文艺复兴时期一般是指从14世纪到16世纪欧洲封建制度日趋瓦解、资本主义关系逐渐形成的时期，是中世纪向近代过渡的一个历史时期，是欧洲文化发展的一个转折点。文艺复兴时期的哲学，是近代西方哲学的萌芽时期，主要包含人文主义思想、自然哲学、宗教改革思想和社会政治观点等方面的内容。

人文主义是与当时教会人士所研究的经院哲学、神学和以神学为依据的其他学问相对立的世俗学问，其主要代表是但丁、薄伽丘、瓦拉、彭波那、皮科、蒙田等。

自然哲学以自然事物为研究对象，反对中世纪神学否定对自然事物的经验研究，反对神学中所包含的错误虚伪的科学假定，其中心问题是力求把握自然的普遍规律。这一时期，自然哲学的主要代表是哥白尼、达·芬奇、布鲁诺、伽利略等。

宗教改革思想实际上是在宗教外衣下的一种社会经济改革运动，而且也达到了社会经济改革的结果。这一时期，宗教改革思想的主要代表是马丁·路德、闵采尔、加尔文等。

社会政治观点可以分为政治理论和空想社会主义两个方面。前者的主要代表是马基雅弗利和博丹，后者的主要代表是莫尔和康帕内拉。

文艺复兴时期哲学摆脱经院哲学束缚，以人道主义与神学相对抗，重视人的世俗生活和个性解放，反映了近代社会的要求，在哲学、伦理学、社会思想与科学观点上均提出注重理性与经验的思想，对以后这些方面的发展产生了深远影响。

文艺复兴时期，是一个需要巨人而且产生巨人的时代。在短短的一百年间，西方哲学的夜空群星闪烁，耀眼争辉，上演了一出历史上绝无仅有的思想明星大合唱。

文艺复兴时期哲学大师

17 但丁

但丁（Dante，1265—1321年）是文艺复兴运动初期意大利人文主义者、诗人和政治思想家。他出生于佛罗伦萨的一个贵族家族。早年参加新兴市民阶级反对教皇干预共和国政治的斗争，曾当选佛罗伦萨市政机构的执行委员。后因反对教皇被判终身流放，死于拉文纳。其主要著作有《新生》、《神曲》、《论君主制》等。

但丁通过文学作品表达了他的人文主义思想。他在代表作《神曲》中大胆谴责了封建专制的教皇和教会，表达了个性解放的要求与对现实生活的肯定，主张人的高贵来源于天赋理性与自由意志，认为人的生活目的就是追求知识与至善。

但丁虽然尚未摆脱中世纪宗教神学的束缚，但他最早表达了人文主义的进步思想，促进了人文主义运动的发展。

但丁和铁匠

但丁对自己的作品非常珍视，不许别人有半点歪曲和篡改。

有一天，但丁途经一家铁匠作坊门口，意外地听到里面的铁匠一边在打铁，一边唱着他的诗歌。但丁没有因为自己的诗歌被传唱而高兴，相反，他为铁匠任意缩短和加长自己的诗句而感到恼怒。他二话没说，径自走进那家作坊，随手拿起铁匠的锤子等工具，一件又一件地扔到了街上。铁匠气坏了，向他扑去，粗暴地质问说："你干什么？你疯了吗？"

但丁反问道："你在干什么？"

"我在干活。"铁匠说，"你乱扔工具，使它们受到损坏。"

但丁说："我不毁坏你的东西，那你也不要毁坏我的东西。"

铁匠茫然地问："难道我破坏了你的什么吗？"

但丁答道："你唱我的诗歌，却不按我写的去唱，你把我的作品破坏了！"

物以类聚

有一次，一个贵族问但丁："人们对小丑比对你这样有名的诗人更为关心。这是为什么？"

但丁回答说："物以类聚嘛！"接着，但丁便斥责那个贵族说："别以为你有了点臭钱，就可以高人一等。其实你在智力和气质方面却一贫如洗。尽管我现在被人流放，家徒四壁，但我的财富比你的黄金宝石珍贵得多，因为我有一个充满灵感的头脑。"

贫穷和富有

但丁在其保护人坎·格朗德的宫廷里住过一段时间，不过他们的关系并不融洽。宫廷里另外一位官员狂妄无知，却能获得大量的金钱。

有一天，这位官员对世界名著《神曲》的作者但丁说："这到底是为什么？像我这样无知愚笨，却这么得宠而富有。而你学识渊博、聪明非凡，却穷得像乞丐？"

但丁回答说："原因很简单，你找到了一位与你类似的君主。要是我也找到一位像我这样的君主，就会和你一样富有。"

神　游

《神曲》记述了作者但丁一次奇趣的"神游"经历。有一天，35岁的但丁在一个幽暗的森林里迷了路。天亮时分，他来到一座小山脚下，就在他准备翻过此山时，忽然前面出现了三只猛兽：豹、狮子和母狼。它们虎视眈眈地挡住了他的去路。前有猛兽，后是幽谷，情急之下，但丁大声呼救。于是，一个人形之物——罗马诗人维吉尔的灵魂应声现身。这位代表着人类理性的古代诗人将他引进了"地狱"之门，穿过地球中心，通过与耶路撒冷对极的海面，攀上"净界"之山，维吉尔到此悄然隐去。接着，象征着天启神智的天使接他登上天国，游历天堂，直至与上帝面晤。

反守为攻

在一次参加教堂的仪式时，但丁陷入了深深的沉思，以至在举起圣餐时竟忘记跪下。他的几个对头立刻跑到主教那里告状，说但丁有意亵渎神圣，要求予以严惩。在宗教统治的中世纪这一罪名可非同小可，何况他还是个反教皇党人。

但丁被带到主教那里，他听过指控以后，辩解说："主教大人，我想他们是在诬蔑。那些指控我的人如果像我一样，把眼睛和心灵都朝着上帝的话，他们就不会有心神东张西望。很显然，在整个仪式中，他们都是心不在焉的。"

不愁没有面包吃

1302年，代表教会反动势力的黑党以贪污公款、反对教皇和扰乱共和国和平的罪名，判处但丁终身流放。

在但丁被流亡的第15年时，有人向他透露消息说，只要他肯付一笔罚金，并愿头上顶灰、颈下挂刀游街一周，便可回国。

但丁听到这个消息后，十分气愤，在给朋友的信中写道："要是损害我但丁的名誉，那么我决计不再踏上佛罗伦萨的土地！难道我在别处不能享受日月星辰的光明吗？难道不向佛罗伦萨市民躬身屈节，我便不能亲近宝贵的真理吗？事有可断言者，我不愁没有面包吃！"

18 蒙田

蒙田（Montaigne, Michel de, 1533—1592 年）又译蒙台涅，是文艺复兴时期法国文学家、评论家和人文主义者。他出生于波尔多市的一个商人家庭，曾任波尔多市法官达 13 年之久，1581—1585 年任波尔多市市长，曾因主张实行宗教宽容政策而被捕入狱，不久后被释放。后隐退，专事著述。主要著作有《随笔集》（也译《散文集》、《论文集》、《尝试集》）。

在哲学上，蒙田以怀疑论者而著称于世。他以怀疑论为思想武器，同当时的迷信、偏见、基督教神学和经院哲学做斗争，描写了人的理想生活即自然生活。

蒙田的哲学思想虽然带有怀疑主义和相对主义的特征，但其实际意义是积极的，对 17—18 世纪欧洲资产阶级哲学家和启蒙思想家都产生了重大影响。

改　名

蒙田出生在一个贵族家庭，他的父亲叫比尔·埃康，但是，蒙田对自己的贵族出身并不感到自豪，他将"埃康"这个姓氏抹去，以自己所继承的领地（即蒙田城堡）的名称——"蒙田"作为了自己的名字。

出卖官职

蒙田24岁时开始任波尔多市地方法院的法官。然而，法官生涯令他大失所望。各种法律的来源极不可靠，理性的成分远远不及风俗习惯的成分，而某些法官又常常滥用职权。"我亲眼看到，很多判决比罪犯的罪行还要罪恶！"所以，蒙田在当了13年法官后，卖掉了法院的官职（此类买卖官职的事在当时是很常见的），回到蒙田城堡定居。

我的喜悦

蒙田的藏书室是很著名的，这里面收藏着1000多种文学、哲学、宗教等方面的著作。蒙田称这些书为"我的喜悦"。在这些书中，他找到了他的同伴，和他们一起交谈。后来他说道："我熟悉这些书，在我年老时它们给我很大的帮助；这些书几乎成了我的战利品，使我与它们的荣誉共存。"

研究自己

在谈到《随笔集》的写作目的时，蒙田曾说：写这本书的目的是给亲朋好友图私下便利之用，"以便当他们失去我时，仍可以从这儿发掘到我境遇和脾性的一些特色，由此来保存他们对我的较为完整、较为生动的认识"。因此，"我自己就是我这部书的内容"，"我研究自己甚于研究任何其他课题，这就是我的形而上学，这就是我的物理学"。

箴　言

蒙田在藏书室的柱梁上贴了57条摘自希腊文和拉丁文的格言,其中有一句引自罗马作家泰伦修的作品,这句话高屋建瓴,可以作为一切人文主义者的一条箴言:"我是人,我认为人类的一切都与我血肉相关。"

良　心

在一次学术会议上,蒙田对一位朋友说:"你看,这世界上只有良心是分配得最公平的。"

"你有什么根据这样说呢?"友人不解地问。

"人们抱怨自己缺少金钱,缺少权势,"蒙田回答说,"但你听说过一个人抱怨自己缺少良心吗?"

19　达·芬奇

达·芬奇（Da Vinci, Leonardo, 1452—1519 年）是意大利自然科学家、艺术家、哲学家和激进的人文主义者。出生于佛罗伦萨与比萨之间的芬奇镇。14 岁时随全家迁往佛罗伦萨，并开始学习绘画。1482—1513 年两次生活在米兰，1513 年来到罗马，1516 年迁居法国，在安布瓦斯的克鲁庄园逝世。

达·芬奇是文艺复兴时期多才多艺和学识渊博的巨人之一。他在绘画、雕刻、建筑、诗歌和音乐等方面成就惊人，在数学、物理学和工程技术领域造诣颇深，在哲学上也做出了卓越的贡献。他在哲学上的贡献主要是：在总结和概括当时自然科学和技术成果的基础上，提出了具有唯物主义倾向的哲学认识论和科学方法论，有力地推动了近代自然哲学的形成与发展。

画　蛋

达·芬奇 14 岁时拜著名艺术家弗罗基俄为师。老师给达·芬奇上的第一堂课就是画鸡蛋。达·芬奇每天拿着鸡蛋，一丝不苟地照着画。时间一天天过去，达·芬奇每天还是画鸡蛋。有一天，他终于忍不住问老师："我什么时候才能画完啊？"

弗罗基俄告诉达·芬奇："这小小的鸡蛋可不简单。在千个鸡蛋里面，从来没有两只形状完全相同的。即使是同一个鸡蛋，只要观察的角度不同，照射的光线不同，它的形状也不同。我让你多画蛋，就是为了训练你的观察和把握形象的能力，使你能随心所欲地表现一切事物，手脑并用，这样才能把画学好。"达·芬奇茅塞顿开，继续勤奋地苦练基本功。通过画鸡蛋的练习，达·芬奇创造了一种被人称之为"薄雾法"的绘画技巧。

壁画竞赛

佛罗伦萨元老院委托达·芬奇在市佛基奥宫"五百人"会议厅画一幅"安加利之战"，同时委托 23 岁的米开朗基罗在达·芬奇壁画的对面墙壁上画"卡西那之战"。

达·芬奇和米开朗基罗壁画竞赛发展的结果，竟导致有人在夜间拿石头去掷米开朗基罗的"大卫像"。而米开朗基罗则一口咬定这些流氓的所为是达·芬奇收买并指使他们干的。

有一天，达·芬奇在替佐贡多夫人画像时，谈到了米开朗基罗，便向丽莎夫人辩白道："我相信，我若能同他当面谈一次话，一切误会就会自然消除，这个完全无聊的争吵就可以消失得无影无踪。那时他可以明白，我并不是他的仇敌，而且世界上也没有人能比我更加爱他……"

丽莎夫人摇摇头："果真是这样吗？达·芬奇先生，他果真可以明白吗？"

"他可以明白的，"艺术家很活泼地喊起来，"像他这样的人一定可以明白的！不幸的是：他如此胆怯，如此缺乏自信心。他心里着急，嫉妒，又害怕，因为他不认识他自己。那一切都是幻想出来的，都是发昏！我要告诉他一切，他就可以放心了。我有什么令他害怕呢？夫人，您知道，最近我看见了他的《战士沐浴图》画稿，我几乎不敢相信我的眼睛！没有人想象得到他的艺术到了什么地步,将来又能达到什么地步。我知道,他今天不仅已经同我相匹敌,甚至强过于我。是的,我觉得他是强过于我的……"

城市规划

1484—1486年间,米兰发生了瘟疫,很多人染疾毙命,一时人心惶惶,朝不保夕。有一天,达·芬奇见到公爵,他送上一张草图,公爵见上面画着一个具有双层街道的城市图案。房屋的下边,还有好多管子和沟渠流着污秽的水。

"这不错,"公爵说,"你认为真能够建筑这样一个城市么?"

"能够的,"达·芬奇说,"我好久以来就梦想着,殿下也许会来尝试一下,至少在米兰郊外建筑这样一个城市,5000个房屋给3万人居住。现在人群拥挤在一起,吸的是污浊的空气,饮的是污秽的水,传播着瘟疫和死亡的一切种子。这样的城市时常要受到瘟疫和死亡的威胁。可是新城就会疏散一点,舒适一点,也更清洁一点。殿下有意实现我的计划吗?那将是世界上最美丽的城市……"

公爵脸上浮现出一丝微笑:"你是个怪人,列奥纳多先生!我相信,若是让你放开手去做,你不知道会把这个国家变成什么样子。"

青出于蓝又胜于蓝

1476年的一天,弗罗基俄在画"基督受洗"的祭坛画时特别高兴,并对达·芬奇说:"你能在我这画上画一个天使吗?"达·芬奇便接过画笔,在画稿的左边画了一个天使。弗罗基俄发现,自己正在暗中摸索的模糊感觉到的东西,已经被达·芬奇在画上表现出来了。他把天使画得神态活泼、自然、生动而又典雅,脸部表情柔和逼真,蓬松垂下的卷发,宛如阳光射透一般。弗罗基俄见了,惊赞不已。据说,从此以后,弗罗基俄便搁笔不画,专门从事雕刻艺术。但师徒之间从未产生过敌意,终生维护着他们建立起来的友谊。

时间的女儿

有人说,达·芬奇有一双天使般灵巧的手、科学家的智慧和浪漫主义的灵魂。这三者的完美结合,使他成为了人类历史上罕见的艺术家、科学家。而达·芬奇则说:"太阳底下藏不住秘密","真理是时间的女儿"。

神圣的比例

达·芬奇认为人是最神圣的。人体是自然界中最美的形象。他曾反复多次地测量证明,人体各部分之间的比例都是整数比,因此人体呈现出最为和谐的美,称之为"神圣的比例"。他说:"谁不尊重生命,谁就不配享有生命。"

钟爱小恶魔

1490年,10岁的尚·乔克蒙·卡普洛提以学徒的身份住进了达·芬奇在米兰的画坊。这个少年是一个"爱说谎、顽固又贪心的小偷"。虽然达·芬奇用含有"恶魔"之意的名字——"萨赖"来称呼他,却一直把他带在身边做助手,长达30年之久,临终前甚至将包括《蒙娜丽莎》在内的数件画作馈赠给他。

忍耐侮辱

教皇利奥十世让达·芬奇画一幅画。达·芬奇着手准备,迟迟没有动手画。利奥十世得知后,假装绝望生气地说:"这个怪人永远做不成一件事情!他一心只想着结局,却永远不去动手做。"宫廷中人抓住教皇这句话在罗马城里到处散播。达·芬奇在笔记内写道:"忍耐之于被侮辱的人,正如衣服之于挨冷的人。天气越寒冷,你就越加要穿暖和些,那时,你就不觉得冷了。同样,你受的侮辱越重,你也越加要忍耐,那时侮辱就不会损伤你的灵魂!"

20 布鲁诺

布鲁诺（Giordano Bruno，1548—1600年）是文艺复兴时期意大利天文学家、哲学家、自然主义泛神论哲学的主要代表。出生于那不勒斯附近的诺拉镇。1565年进入修道院攻读神学、古代语言和哲学，后接受神父职位，成为神学博士。1576年因与天主教会发生冲突，北上罗马。1578年开始了16年流亡国外的生活。1591年返回意大利，翌年5月落入宗教裁判所魔掌。8年监禁后于1600年被焚毙于罗马鲜花广场。主要著作有《论原因、本原与太一》、《论无限、宇宙和众多世界》、《驱逐趾高气扬的野兽》、《论单子、数和形》等。

布鲁诺汲取古代唯物主义者德谟克利特等人的积极成果，在当代自然科学尤其是哥白尼的日心说的影响下，建立了自己的自然主义泛神论哲学。布鲁诺哲学是文艺复兴时期哲学思想的最高成果，在唯物主义发展史上具有承上启下的重要地位。他的思想和风范对哲学家、科学家以至文学家和革命家都产生了深远的影响。

西方哲学大师的智慧

见习修士

有一天，布鲁诺参加了圣多米尼克修道院的学术辩论会。在会上，一些名教授展开了学术论战，他们能言善辩，口若悬河，其思辨达到了令人叹为观止的高度；他们对原著的娴熟，论证的严谨，辩术的高超，使青年布鲁诺瞠目结舌，五体投地。

这次内容丰富的哲学辩论给他留下了深刻的印象，迷人的难于攀登的学术世界对这位求知若渴的青年产生了巨大的吸引力。

1565年6月15日，17岁的布鲁诺成为那不勒斯最大的多米尼克修道院的见习修士，并起了道名乔尔丹诺。布鲁诺在这所修道院度过了10年埋头苦读的生活。

异端的色彩

有一次，布鲁诺将圣徒像从僧房中扔了出去，只留下刻有耶稣受难像的十字架。因为在他看来，敬拜圣徒像是神教的残余。

还有一回，他见一个见习修道士在读一本没有意思的关于圣母七喜的小书，便劝他扔下这种胡说八道的书，并建议他读点别的什么，如《圣者传》。

布鲁诺的不轨行为被添枝加叶地暗暗报告上去。修道院长把他叫去，并把别人密告他的材料拿给他看。老院长既没有惩罚他，也没有恐吓他，而是耐心地规劝他，称赞他在学业中取得的成绩，并当着他的面把告密材料撕得粉碎。

崇拜哥白尼

在修道院时，布鲁诺常常足不出户，彻夜不眠，熟读了古今许多哲学家、科学家、喜剧家和诗人的著作，哥白尼的"天体运行说"使他大开眼界。后来，他在一首诗中写道："啊，光明正大的哥白尼，你才华横溢，令人五体投地；时代昏黑，令人不齿，焉能遮住你才智的光芒；乌鸦喧嚣，鸱鹊号泣，岂会淹没你的豪言壮语；你的宏伟巨著，当我还是翩翩少年的时候，便激荡着我柔嫩的心扉……"

叛 逆 者

有一次，布鲁诺走在大街上，看见有不少人向圣像做祈祷，还有一些人在敬拜干尸、"驴尾巴"等。崇拜圣像、干尸、圣物等在当时是非常普遍的现象，那些愚昧的偶像崇拜者想从僵死的东西中寻找上帝的圣物。布鲁诺讥讽那些敬拜"驴尾巴"的人说："敬拜狗骨头不是比敬拜驴尾巴更好吗？"布鲁诺回到修道院以后，便把敬奉的基督像从房间里扔了出去，结果遭到了修道院管家的毒打。

被 出 卖

布鲁诺到处流浪，孑然一身，内心里无限思念着他的故乡。1591年夏天，布鲁诺收到威尼斯贵族莫钦尼柯的邀请，请他去教记忆法。莫钦尼柯凶狠贪婪，妄想靠魔法取得权力、荣誉和财富。他要求苛刻，而又头脑笨拙，总觉得布鲁诺向他隐瞒了最主要的秘密知识。当布鲁诺忍无可忍，要求离开的时候，莫钦尼柯采纳了一位神甫的主意，把自己的客人出卖给了宗教裁判所。

布鲁诺回到了离别多年的祖国，但在祖国等待他的却是火刑架。

重型炮弹

有一天，修道院组织辩论会。僧团的知名神学家阿·达·蒙塔尔齐诺又在会上抓住亚历山大的阿里安的只言片语，大肆歪曲，在场的僧侣们有的叫好，有的称奇。

谁知，就在僧侣们一片赞叹声中，传来了布鲁诺为阿里安辩护的声音："三位一体的教义是历史地产生的，圣子、圣灵并不是古已有之，上帝与自然等同。"布鲁诺的发言像一发重型炮弹，在辩论场上炸开了。

大大小小的僧侣们狂怒了，有的破口大骂，有的朝布鲁诺身上吐唾液，还有的在他面前挥舞拳头。蒙塔尔齐诺更是气急败坏，扬言要给他点颜色看看。

在朋友们的劝说下，布鲁诺连夜逃到了罗马，才避免了一场灾难。

怀疑一切

"谁想要从事哲学工作,那就得首先怀疑一切。"布鲁诺针对基督教神学指出,在科学事业中,"任何一位大师,不管多么出类拔萃,多么名闻遐迩,他的威望也不能用作论据"。所以,哲学家们应该抛弃信仰的习惯,抛弃那些永恒的规章教条。

判 决

1600年2月8日,在红衣主教与德鲁契的宫殿里,衣衫褴褛、消瘦不堪的布鲁诺被强制跪在一群趾高气扬的高级主教面前,公证人阿德里亚诺大声宣读判决书:"乔尔丹诺·布鲁诺系怙恶不悛、顽固不化的异端犯,拒绝承认其观点是异端邪说,兹判决褫夺其神职,革出教门,交给世俗政权,治应得之罪;其一切作品应在圣彼得广场当众焚毁并列入禁书目录。"布鲁诺站了起来,朝向审判他的人,神情决绝而严峻地说道:"你们向我宣读判决比我听宣判更感到恐惧!"

遭受火刑

1600年2月17日凌晨2点,布鲁诺被带到火刑场上,刽子手把他的囚衣剥去,然后给他披上一块浸满硫黄、画满火舌的粗布片,并将他绑到了火刑柱上。布鲁诺轻蔑地看了一眼反动的僧侣们,对他们说:"你们以为火刑会把我征服吗?你们打错了算盘。"这时,一位教士走到他的面前,假惺惺地说:"可怜的人,再过一会你就要下地狱了,快忏悔吧,现在还来得及。"布鲁诺厉声喝道:"收起你那一套吧!我热爱真理胜于我的生命!"刽子手吓坏了,恼羞成怒地用力撬开他的嘴,拉出他的舌头,用特制木夹钳住,防止他再向人们发出真理的呼喊。

干树枝被点燃了,刽子手朝布鲁诺的面前伸过来一个刻有耶稣受难像的十字架,这是对死者例行的最后一次考验。如果将被处死的人吻了它,便意味着和解、忏悔、投降。刽子手拿着十字架,号叫着:"放弃你的异端邪说,忏悔吧!"布鲁诺愤怒地瞪了他一眼,转过头去。布鲁诺的著作,也堆在他的脚下跟他一起被烧掉。

布鲁诺为真理献出了他宝贵的生命，实践了他生前的誓言："如果只有火才能唤醒沉睡的欧洲，那么，我宁愿自己被烧死。让从我的火刑堆上发出的光照亮漫长的黑夜，打开那些紧闭的眼睛，将人类引进光明的真理的殿堂。"

上帝发怒了

布鲁诺被烧死的那一天，恰巧赶上由于维苏威火山爆发而引起的强烈地震。大地的震撼传到了罗马。当时在纳沃纳广场上有一大群牛，受惊了的牛群挣脱绳索，沿街四处奔跑，对迎面来的人连挤带撞，以致死了150人之多。这场地震是令教会大伤脑筋的事，教会点燃起来的迷信现在把矛头指向它自身。群众中间传开了这样的流言：上帝对罗马教皇发怒了。

发现了世纪

布鲁诺被活活烧死后连墓地也没有。过了289年之后，意大利人民为了纪念布鲁诺这位不屈的真理捍卫者，在他当年遇难的鲜花广场上竖立了一座庄严的铜像纪念碑，纪念碑大理石基座上刻着这样的铭文："献给在此被活焚的布鲁诺，是他发现了世纪。1889年6月9日"

21 伽利略

伽利略（Galileo, 1564—1642年）是意大利天文学家、物理学家和哲学家，近代自然科学的奠基人，被称为"自然科学之父"。出生于意大利比萨，1581年入比萨大学学习，1589—1610年间任比萨大学和帕多瓦大学教授，后任佛罗伦萨托斯康大公科西摩二世的首席哲学和数学教授。1611年到罗马，成为意大利院士。1633年被罗马宗教裁判所以"反对教皇，宣传邪说"的罪名判处终身监禁，直至350年后的1982年，他的沉冤才得以彻底平反昭雪。其主要著作有《关于托勒密和哥白尼两大体系的对话》、《星际使者》、《论太阳的黑子》、《科学的谈话和数学证明》等。

伽利略对近代哲学思想产生了重大影响。他使物理学与哲学相分离，抛弃了传统的判断真理的标准，将经验和怀疑的要素引入哲学研究，承认了世界的无限性、物质的永恒性和运动的相对性，尤其是他所创立的科学方法，不仅为近代自然科学提供了有效的理论研究工具，而且具有重大的哲学意义。

怀　　疑

有一次，老师讲胚胎学时说："母亲生男孩还是女孩，是由父亲身体的强弱决定的。父亲身体壮，母亲生男孩，反之则生女孩。"正在读中学的伽利略反问道："我的邻居，男的身体非常强壮，从没见他生过什么病，可他老婆一连生了五个女儿。怎么解释？"老师搬出了理论根据："我是根据亚里士多德的观点讲的，不会错。"从这时起，伽利略便开始注意对亚里士多德的观点进行研究。

劝　　父

意大利科学家伽利略青年时立志学习哲学，可是他父亲不同意。

有一次，伽利略对父亲说："爸爸，我想问你一件事，是什么促成了你同母亲的婚事？"

"我看上她了。"

"那你没娶过别的女人？"

"没有的事，孩子！老天在上，家里的人要我讨一位富有的太太，可我只对阿纳蒂姑娘钟情，我追求她就像一个梦游者。要知道你母亲从前是一位姿色动人的姑娘……"

"这倒确实，现在还看得出来。"伽利略话锋一转，"你知道，我现在也面临同样的处境。除了哲学以外，我不可能选择别的职业。哲学是我唯一的需要，我对它的爱有如对一位美貌女子的倾慕。"

父亲终于同意了他的要求。

黑点在哪里

为了揭露中世纪时期人们把《圣经》奉为真理的现象，伽利略曾在写给别人的信中讲到了这样一个故事：

一名学生对经院哲学的教师说，他看到了太阳上的黑点。然而这位教师却板起面孔对学生说道："孩子，回家吧，无论是《圣经》还是先哲的学说都没有说到过太阳有黑点，这黑点只在你的眼睛里，而不在太阳身上啊！"

西方哲学大师的智慧

意外发现

有一天,年轻的伽利略漫不经心地走进了比萨大教堂。他坐在大厅的长凳上,默默地祈祷。除了某种链条的擦碰声以外,大厅里一片寂静。一个教堂司事刚注满一盏从大厅顶悬挂下来的油灯,并随意地让它在空中来回摆动。摆动着的吊灯链条的嘀嗒声引起了伽利略的注意,他觉得链条的节奏似乎是有规律的,那盏吊灯每往返摆动一次用的时间似乎是一样长,尽管往返的距离越来越小。伽利略为自己的发现惊呆了。他立即跑回家做起了实验。就这样,在教堂吊灯摆动的启示下,他发现了自然的节奏规律,而他的这种研究方法,也成为打开近代实验科学大门的"金钥匙"。

不穿长袍的教授

意大利比萨大学有一条规定:教授不论在教室内还是在街上,都必须穿长袍。

年轻的数学教授伽利略就不肯遵守,他说,穿长袍妨碍走路,传统的服装,如同传统的思想一样,是束缚人的魔鬼。伽利略一再违反这条校规,宁肯从微薄的薪水里付出罚金,也不穿这种服装。大学当局对这个敢于反抗"校规"的青年学者无可奈何,只好找机会将他赶走。

正巧,科西摩一世的私生子发明了一种渡河的机器,送给伽利略,让他检验并汇报上去。伽利略看后,写出报告,毫不客气地说:"这玩意儿根本不行,不堪使用!"那位有权有势的"发明家"立即要求大学撤掉伽利略的职务。学校当局早就巴望着,马上照办了。

伽利略被赶出了校门,但是这并没有妨碍他成为伟大的科学家。

信　念

伽利略改进了在荷兰刚刚发明的望远镜,并用来观察到了大量新的事实,进一步证实了哥白尼的日心说。这可就激怒了宗教裁判所,他们迫使伽利略签字收回和否认自己的主张。可是,当伽利略签完字,背过身去,依然悻悻地喃喃自语道:"反正地球仍旧在转动!"表面的屈服,掩饰不了内心的真实信念。

自由落体实验

1590年,26岁的伽利略在比萨大学任数学教授时,发表了《论重力》的论文,第一个提出了自由落体定律,否定了亚里士多德提出的"重的物体落地快、轻的物体落地慢"的观点。伽利略遭到了教授们的猛烈攻击。于是,伽利略在大学里贴出一张布告:"明天正午,凡是愿意到斜塔上去观看我证明下落物体定律的人,将一律受到欢迎。"

第二天,比萨斜塔下面围满了大学的教授、学生和看热闹的人,他们中的许多人是要等着看伽利略出洋相:难道亚里士多德说过的话还有错吗?实验开始了,伽利略把两个不同重量的铅球同时从塔顶上抛下来,它们越过空中,同时落在地上。

极端痛苦的果实

伽利略在监禁中凄凉痛苦地度过了他的晚年,写出了他的最后一本著作《关于两门新科学的讨论和数学证明》。

伽利略的学生把书稿偷偷带到荷兰出版。1642年临终时,他怀抱着这本书,感到莫大的安慰。他以模糊不清的声音说:"我认为,这是我一切著作中最有价值的,因为它是我极端痛苦的果实。"

22　闵采尔

闵采尔（Münzer, Thomas, 1490—1525年）是16世纪德国农民革命战争领袖、欧洲宗教改革运动中的激进思想家和改革家、早期空想社会主义者。出生于哈茨的施托尔堡。1506年入莱比锡大学研习哲学与神学。1512年入法兰克福大学，后在该校获文学和神学硕士学位。1520年任神父，支持马丁·路德的宗教改革，后与之分道扬镳。1522—1524年参加图林根、米尔豪森等地的农民战争。1525年在米尔豪森城建立革命政权"永久议会"，被选为主席，并组织革命军队，号召全德起义。同年农民战争失败后被杀害。主要著作有《向诸侯说教》和《致曼斯菲尔德地方矿工的信》。闵采尔的神学哲学是一种"在基督教外形之下"的泛神论，它接近无神论。他以此为依据，提出了"接近于共产主义"的社会政治理想和纲领，虽然它超越了当时的社会条件而无法实现，但它是人类进步思想的宝贵财富，对当时和以后劳动人民的革命斗争起了巨大的鼓舞作用。

手指头都掉了

有一次，在一个贫民区传教时，闵采尔发现了一个奇怪的现象，许多人没有手指头。他便向人打听："为什么你们的手指头都掉了？"

"掉了？"被问的人满脸怒气地说，"是当局给砍掉的。"

看着这些痛苦不堪的百姓，闵采尔没有办法使自己激愤的心情平静下来。

从此，他决定不再去宣传上帝和来世的报应，而要正视现实，改造社会腐败，救民众于苦海。

没有想标新立异

1522年底，闵采尔应邀到阿尔斯特德城做了神父。走马上任后，他就在传教和举行礼拜仪式时改拉丁语为德语。

有人不明白他为什么要这样做，他说："我没有想标新立异，只是要用人人能听懂的语言传授'真正的信仰'。"

闵采尔将一些拉丁文圣诗译成易懂的德语，加配乐谱。他还编写了几首新圣诗，供信徒们诵唱。

每当布道要结束时，他总是带领全礼拜堂的人用德语齐唱圣诗："上帝命令要推翻亵渎上帝的统治者。"这位天主教领主的布道像催战的号角，震撼着人们的心。

十足的恶棍

闵采尔的传教引起了信徒们的共鸣，但气坏了封建统治者和城市贵族。黑尔德隆根城的天主教领主恩斯特更是气急败坏，他指责闵采尔是在当局的庇护下胡作非为，应受到严厉的惩处。闵采尔毫不退让，驳斥道："真正胡作非为的并不是我，而是你这个主教大人。你掠夺民财、欺压百姓，是个十足的恶棍。"

恶魔和笨蛋

恩斯特曾下令禁止自己领地的居民去阿尔斯特德听闵采尔布道。闵采尔获得这一消息后,立即给恩斯特写了一封措辞严厉的信,他在信中说:"如果你一意孤行,继续坚持你那不明智的禁令,那么,只要我的心脏还跳动,我将永远咒骂你这个恶魔和笨蛋。"

视死如归

1525年5月25日,闵采尔因率领农民起义失败而被捕。被捕后,他被关押在黑尔德隆根的地牢里,受尽了严刑拷打,却始终没有低下高贵的头。他怒斥恩斯特们说:"我干的是伟大的事业,就是死,也不会向你们这些龌龊小人低头的。"27日凌晨,刽子手从地牢里提出闵采尔,准备对他下毒手。一位神甫假惺惺地走过来劝他说:"忏悔吧!现在还来得及。"闵采尔昂起头,斩钉截铁地对神甫说:"忏悔?我没什么可以忏悔的,需要忏悔的是恩斯特等人。"

23 马基雅维利

马基雅维利（Machiavelli, Niccolò, 1469—1527 年）是文艺复兴时期意大利政治学家、思想家。出生于佛罗伦萨一个破落的贵族家庭。曾参与推翻美第奇家族统治的武装起义，1498 年出任佛罗伦萨共和国第二国务厅长官，后兼任共和国执政委员会秘书。1506 年共和国国民军成立，他任国民军十人委员会秘书。1512 年，美第奇家族统治复辟，他被免除一切职务，次年被投入监狱，最后获释。此后隐退乡间专事著述。其主要著作有《君主论》（又译为《霸术》、《战争的艺术》）、《佛罗伦萨史》、《论蒂托·李维的罗马史前十卷》等。

马基雅维利的政治理论以人性论为基础，认为政治活动主要是玩弄权术，在政治活动中可以不讲道德，"只问目的不择手段"，其理论在政治上对建立资产阶级政权起过积极的历史作用，在伦理学上为摆脱基督教的道德传统做出了重大贡献。

狐狸与狮子

马基雅维利在《君主论》中写下了如下一段名言:"为君主者既必须了解人的斗争方式,也必须懂得野兽的斗争方式。由于君主应该知道如何利用野兽的方法,他就应该同时效仿狮子与狐狸的性格。但是,狮子无法使自己不落入陷阱中,狐狸则一遇上狼群就无以自卫。因此君主既必须是一头狐狸以辨识陷阱,又必须是一头狮子以镇骇狼群。"

命运之神

马基雅维利在写作《君主论》时,对自己的前途充满信心,认为人的命运是可以自己主宰的。他说:"命运是我们半个行动的主宰,但是她留下其余一半或者几乎一半归我们支配。……命运之神是一个女子,你要想压倒她,就必须打她、冲击她。"

旗　帜

在隐居期间,马基雅维利曾在一家小客栈住过一段时间,他常同客栈里的酒客争论,对意大利的分裂和腐败状况大发议论。

有一次,一位酒客向马基雅维利发问:"那您的旗帜是什么呢?"

马基雅维利用手指蘸了杯子里的葡萄酒,在桌子上划了一面旗帜,并在旗帜上写了这样一句名言:"统一、武装和非教士化的意大利。"

24　莫尔

莫尔（More, Sir Thomas, 1478—1535年）是文艺复兴时期英国人文主义者、思想家、空想社会主义创始人之一。出生于法官家庭，就学于牛津大学和林肯律师学院，后成为正式律师。1504年被选为国会议员，因与国王亨利七世意见不合而去职。1509年亨利八世即位后，再次被选入国会，后任伦敦市副执行官、下议院议长、英国大法官。1532年，因对国王离婚案持异议，而且在宗教政策等问题上与国王发生冲突而辞职。1534年被国王逮捕入狱，次年被判处死刑。其主要著作有《乌托邦》、《舒适反对困苦的对话》。

莫尔在空想社会主义的第一本著作《乌托邦》中，以文艺复兴时期的人文主义思想为指导，批判了当时欧洲的封建社会制度和新兴的资本主义关系，描述了最理想的共产主义社会制度。莫尔的政治理论虽然具有历史局限性，但其历史功绩也是不可磨灭的。

出类拔萃

13岁时,莫尔被送到坎特伯雷大主教莫顿家里当少年侍卫。莫尔不仅乐意参加莫顿家里的活动,而且常常以精湛的表演艺术和即兴的妙语连珠使得在场的人精叹不已。有一次,大主教向宾客推举这位少年侍卫并预言:"在我们桌子旁服侍的这个孩子,将来会对每一位能看到他成长的人表明他是一位出类拔萃的人物。"

受宠之时

亨利八世执政时,莫尔接连加官晋爵,先后当过枢密顾问官、副财政大臣、下议院议长以及兰加斯德公国首相等要职。一时间,他声名显赫。当有人祝贺莫尔受到国王的宠爱时,他回答说:"假使我莫尔的人头真会让他得到一座法国城池,这颗头准得落地。"

癖　好

有一次,莫尔想去餐馆美餐一顿,但他路过书店时,连吃饭也忘了。当他把书买下时,才想起没吃饭呢,可是吃饭钱已经买书了,他只好饿着肚子回到学校。莫尔的大学生活十分俭朴,有一段时间鞋子破了,他都舍不得花钱去补,但他买书决不犹豫。

绝不在少数

1534年,议院通过《至尊法案》,宣布亨利八世为英国教会的最高首领,全国臣民都要宣誓承认,莫尔却拒绝宣誓,亨利八世恼羞成怒,遂把莫尔关进了伦敦塔。莫尔在狱中仍坚持己见,毫不退让。他女儿告诉他说:"绝大多数人都宣誓承认国王为教会首领了。"莫尔回答说:"我不怀疑这一点,但在整个基督世界里,在有学识、有德性的人中,同意我想法的人绝不在少数。"

预　言

1529年，英国大法官乌尔士因得罪国王而被判为国事犯，莫尔继任此职，成为国王手下第一要人，也是英国第一个非贵族出身的大法官。在一片恭贺声中，莫尔说道："我所承担的是充满困难和危险并且谈不到真实荣誉的职务，而且地位升得越高，跌得就越重。我的前任就是前车之鉴。……这个职位对我来说并不亚于达摩克利斯头上悬挂的利剑。"不久，莫尔的预言就应验了。

免受恩宠

1535年7月1日，经过一个特别委员会的草草审讯，根据一个假证人的证词，莫尔因"叛国罪"而被判处死刑。

特别委员会的判词称：把莫尔"从伦敦塔拖出，通过伦敦城解往泰本法场实行绞刑，绞至半死之时，不等其气绝加以凌迟，将其阴茎割下，将其腹部豁开，将其脏腑撕出烧毁，然后再将其四肢剁下，在城的四门各挂一肢，头颅应高挂在伦敦桥上"。也许亨利八世觉得这种刑罚是过于残酷了，便从轻改判为斩刑。

当莫尔听了这一消息后大声说："求天主保佑我的亲朋，免受此种恩宠。"

胡子没有叛国罪

在断头台前，莫尔要求人们在这个世界上为他祈祷，也为国王祈祷，以使上帝乐于给他以忠告，抗议他杀死了"国王的善良仆从，而首先是上帝的仆从"。

莫尔幽默地对典狱长说："请帮我上去，至于下来，我自己安排好了。"接着他又对刽子手说："打起精神来，不要对你所尽的公职畏缩。因为我的颈子很短，请注意别出错，以免出丑。"他躺在砧板上，又说："等我把胡子挪开再动手，至少胡子没有叛国罪。"

英国经验论哲学大师

英国经验论哲学家认为,一个人的认识不可能超出他的经验,经验是一切知识的基础和源泉。巴托洛姆·埃斯特班·牟利罗的《神圣家庭》中的小孩与一个物体对视,最终,他辨别出这是一条狗。小孩对狗的认识就是来自于感觉,来自于经验。

英国经验论是指17—18世纪出现于英国的经验主义哲学流派,他们对感觉经验在认识中的地位、作用和意义,从哲学认识方法的高度进行了系统而深入地研究和论证,将经验论确定为认识论原则,开始了从古代本体论哲学向近代认识论哲学的转向。

英国经验论按其发展的历史时期,可分为早期经验论哲学和晚期经验论哲学。

早期经验论哲学是指产生于17世纪的英国经验论哲学,它主要是指英国革命前和革命中的哲学。这一时期的经验论深入地研究和论证了经验是知识的源泉和基础,有力地批判了当时盛行的天赋观念论。这是它最大的功绩。但是,早期经验论在理论上存在着不彻底性。英国早期经验论哲学的主要代表为弗兰西斯·培根、托马斯·霍布斯、约翰·洛克。

晚期经验论哲学是指产生于18世纪的英国经验论哲学,它主要是指英国革命后的哲学,它是英国经验论的继续发展。这一时期,英国经验论的性质已经发生了变化,即由唯物主义的经验论转变为唯心主义的经验论。晚期经验论是经验论发展到极端的产物,其结果是走向了主观唯心主义(贝克莱)和不可知论(休谟)的道路,这是经验论的自我否定。英国晚期经验论哲学的主要代表为乔治·贝克莱和大卫·休谟。

英国经验论与大陆唯理论是近代认识论哲学的两大流派。一般地说,前者重感觉经验,后者重理性思维;前者与自然科学,特别是物理学、天文学关系密切,后者则与数学有不解之缘;前者在方法上重分析轻综合,重归纳轻演绎,后者则主张综合与演绎的方法,忽视分析与归纳。它们的对立斗争推进了哲学认识论的向前发展。

25 弗兰西斯·培根

弗兰西斯·培根（Francis Bacon，1561—1626 年）是西方近代哲学和英国经验论哲学的创始人。生于伦敦，就读于剑桥大学，毕业后从政，历任国会议员、检察长、宫廷法学顾问、掌玺大臣、大法官等要职。1621 年，他被国会指控犯有受贿罪而结束仕宦生涯，专心著书。主要著作有《论说文集》、《伟大的复兴》（包括《论学术的进展》和《新工具》）、《论事物的本性》、《新大西岛》等。

培根以改造人类知识、实现伟大的复兴为己任，批判了经院哲学的科学观和传统逻辑思维方式，坚持了唯物主义的自然观，最重大的贡献是提出了以经验为基础的认识论原则和科学的实验方法——归纳法，成为了英国唯物主义和现代实验科学的始祖。

西方哲学大师的智慧

少年老成

小时候,培根常跟父亲到宫廷里去,伊丽莎白女王很喜欢他回答问题时所表现的那种少年老成的智慧。

据说,有一次女王问他的年纪有多大了,他很聪明地回答说:"我比女王陛下幸福朝代还少两岁。"

女王听了很高兴,赏给他好多玩具。

承受重压

虽然培根的哲学为贵族们抹上了一层迷人的光辉,但他本人并未因此而谋到一官半职。他撰写演讲稿,对伊丽莎白女王极力阿谀奉承,发表政论文,满纸是讴歌女王统治的颂词。女王对他的评价是:"培根先生开始学会讨我们的欢心了。"

可是,当档案官的职位空缺时,女王却不顾埃塞克斯勋爵的力荐,起用了他人。这位哲学家叹息道:"我只好承受这枷锁的重压。"

政敌与情敌

培根曾觊觎过一位富有的贵族寡妇,在她面前还吐露了衷曲,并恳请埃塞克斯勋爵玉成这一良缘。但她拒绝了培根的求婚,而接受了曾在争夺王家检察官职位的角逐中打败了培根的爱德华·科克的求爱。于是,培根只好自嘲地耸耸肩以表示轻蔑。他无法理解那位贵妇为什么愿接受这位年长者的求爱,而拒绝他的一片痴情。

金钱与肥料

培根为统治者出谋划策时指出,财富的平均分配是防止人民起来革命的好办法。他说:"金钱犹如肥料,撒匀了才最有效。"

效　　忠

苏格兰国王詹姆士继承英国王位后，培根立即呈文新王，恭贺其登基执政，并在信中表明心迹："为了陛下的基业，微臣愿赴汤蹈火，万死不辞。"他甚至毫不害臊地说："只要能高升，要我爬着走路都成。"最后他完全奴颜婢膝地拜倒在国王的脚下。"愿陛下龙颜大开，上下的臣民都沐浴着皇恩……愿上帝护佑陛下……""啊！陛下，我愿近在您的身旁，永远为您祝福"，"我的恩主，我恨不能报答您的恩宠……""我多么渴望现在就能报效陛下的知遇之恩"，"我愿做陛下的一只马前卒，随时听从您的差遣……"这些仅是他对詹姆士王摇尾乞怜时发出的部分哀求。于是，詹姆士王扶起了俯首帖耳的弗兰西斯爵士，提拔他当上了总检察长这个薪俸丰厚的职务。

想象的皇恩浩荡

当埃塞克斯勋爵被以忤君之罪带到法庭受审时，培根以曾是被告的密友而出庭作证，将他最知心的朋友打发到阴间去了。

这种无情无义的有悖人伦的行为使他从国家那里得到了 1200 英镑的报酬。"唉，"他一边将这笔钱往口袋里塞，一边悲伤地说，"女王终于为我开了点恩，但并不是我所想象中的那样皇恩浩荡。"

难成亲戚

有一次，弗兰西斯·培根家里来了一位不速之客，此人名叫荷克，是一名惯匪。法院正在对他进行侦讯起诉，看来非判处死刑不可，他请培根救他一命。他的理由是："荷克"（hog，意为"猪"）和"培根"（bacon，意为"熏肉"）有亲属关系！

培根笑着回答说："朋友，你若不被吊死，我们是没法成为亲戚的，因为猪要死后才能变成熏肉。"

相形见绌

有一次,伊丽莎白女王巡查到培根的府邸。当她看到简朴的大法官的宅第时,不禁惊叹道:"你的住宅大小了啊!"

"陛下,我的住宅其实并不错,只是因为陛下光临寒舍,才使它显得小了。"培根耸了耸肩,平静地说。

低头认罪

培根被控受贿后,法官们对他所采取的装聋作哑的态度不肯善罢甘休,要求他签字画押,彻底招认自己所犯下的一切罪行。弗兰西斯·培根最后只好认罪了。

12名法官去探望他,并接受了他的自白书。他们问:"这是你亲笔书写的吗?"

"大人,这正是我的行动。我的手,也就是我的心……"

"那么你把掌管的国玺交给我们。"

他低下了头说:"由于国王的宠爱,我得到了它;由于我的过失,又失去了它。"

剽 窃 罪

1599年,约翰·海沃德爵士出版了著名的传记小说《亨利四世》。然而,这几乎招来杀身之祸,因为当时的伊丽莎白女王认为作者是借古讽今,含沙射影地抨击她的现行政策。

培根读过此书并了解作者的良苦用心。他为作者开脱说:"我不敢说书里有谋反证据,但毫无疑问,该书确有不少重罪的证据。"

"何以见得?在什么地方?"女王急切地问。

"在他从泰西塔斯(古罗马历史学家)那儿窃来的好多段落中,便可找到这类罪证。"培根认真地回答说。

婚　　姻

培根出名后，同一名市政议员的女儿结了婚。

有人祝贺他结下百年之好，他却冷淡地说："这一婚姻只是改善了经济状况而已。"至于说到爱情，他的感情与之无缘。

培根在《随笔集》中写道："伟人总是远离这种懦弱的情感。"

临终前的实验

有一天，在从伦敦到海格特的大路上，弗兰西斯·培根一路信马由缰地走着，当来到一座小房子前面时，他匆匆下马，朝门口走去。培根向房主人买了一只小公鸡。将鸡杀了后，他从地上抓了一把雪，塞进鸡肚子，想看看能否用雪防止尸体腐烂。突然，他浑身一颤，仿佛受了什么击打似的，风中之烛般摇摇欲坠，鸡也掉到了地上。由于受了风寒，几天以后，他就辞世了。他一生著述的最后一句是："这次实验……相当成功。"

最公正的宣判

大法官培根因被控受贿成了一名卑微低下的囚犯，但他理直气壮地说："我从未因为无视法律而做出过错误的判决，我是近50年来英格兰最公正的法官。对我的判决也是近200年来议会最公正的宣判。"

26 霍布斯

托马斯·霍布斯（Thomas Hobbes，1588—1679 年）是英国人，17 世纪唯物主义哲学家和政治思想家，从牛津大学毕业后曾任贵族卡文迪什的家庭教师，后任弗兰西斯·培根的秘书和英王查理二世的数学教师。因发表《利维坦》受到教会和王党的迫害，晚年丧失发表言论的自由。他的主要著作有《论公民》、《利维坦》、《论物体》、《论人性》等。

霍布斯克服了培根哲学的不彻底性，建立起了近代第一个机械唯物主义哲学体系，他的无神论思想在当时思想界引起了极大的震动，其社会契约论对西方政治学说和实践具有划时代的意义。

心灵手巧的秘书

弗兰西斯·培根有一个嗜好,就是一边在花园里散步,一边口授自己著作的内容。无疑,这需要有一位心灵手巧的秘书才行。霍布斯曾担任这一角色。培根称赞霍布斯说:"没有谁能比他更好地理解我的思想了,因为他懂得我说的是什么。"

打开哲学之门

在一次集会上,有人提出了"什么是意识"的问题,却没有人能够回答。然而,这一问题却引起了霍布斯长时间的思考。此后,霍布斯的头脑里总是萦绕着一个问题:意识的原因和性质到底是什么?事物是如何被区分的呢?他坚信,这个问题的解决,将会为他打开哲学之门。长时间的观察和思考使他得出结论:万事万物不同的原因存在于运动的多样性中。尔后,他写出了他的第一部哲学名著《简论第一原理》,完全用几何学的方法对意识做出了全新的解释。

恋上几何学

霍布斯去一位绅士家做客,发现主人书房的桌上放着一本欧几里得的《几何学原理》。在好奇心的驱使下,他阅读了这本书。此后,霍布斯开始迷恋上了几何学。

墓 志 铭

1679年12月4日,霍布斯由于迁居过度劳累,心脏病发作而逝世,终年92岁。在他的墓碑上刻着:

"这里躺着的是使举国震惊的托马斯·霍布斯,他的逝世使无神论失去了所占据的地盘。"

27　洛克

约翰·洛克（John Locke，1632—1704 年）是唯物主义哲学家、英国经验论的主要代表，从牛津大学毕业后留校任教。他精通医学、化学，1668 年成为皇家学会会员，并兼任实验考察指导委员会委员。1682 年流亡荷兰，1688 年光荣革命胜利后返回英国，任政府部长等职。主要著作有《人类理智论》、《政府论》、《教育漫话》、《论宗教宽容的书信》等。

洛克哲学最主要的贡献是提出了经验论的认识论和自由主义的政治哲学。它既是法国启蒙学者和 18 世纪唯物主义者的思想来源，又是贝克莱和休谟的思想来源，对莱布尼茨和康德也产生了重大影响。

银币铸造法案

当时，英国的银币不断贬值，因而经常被不法分子藏匿后自行铸造成银两，许多假币鱼目混珠，趁机进入流通领域。对此，洛克在一家报纸上发表文章，提出了改革主张，后被收集到《论降低利息和提高货币的价值的后果》一书中。新的银币铸造法案的提出，促使英国政府决定收回所有贬值的银币，根据新指定的标准重量重新铸造，银币币值由财政部决定。

妙手回春

许多人都知道洛克是著名的哲学家，但未必知道洛克还是"著名"的医生，有妙手回春的医术。1677年的一天，英国当时最著名的政治活动家阿希莱勋爵的怪病又发作了，他痛苦万分，危在旦夕。洛克为他切除了胸口的一个瘤子，挽救了他的生命。这使阿希莱全家都非常感激。就连当时第一流的医生西登汉姆博士在给朋友的信中也说："你知道，约翰·洛克使我医治热病的方法得到了多么全面的提高。"

谁看得更清楚

在《人类理智论》中，洛克写道：有些眼睛需要配戴眼镜才能看清楚物体，但是戴眼镜的人们不能够因此就断言说，如果不戴眼镜就没有人能看得清楚。

求　爱

洛克是基督教研究员，终身未娶，但并没有忘记自己是一个凡夫俗子。50岁时，他曾向24岁的玛歇姆求爱，被委婉拒绝。洛克写信给玛歇姆时说："生活就是与他喜欢的人在舒心的地方相处。"

西方哲学大师的智慧

老实本分的傻男孩

克拉克的女儿是洛克最亲密的朋友,洛克总是把她作为妻子或情人来描写,这是他情感世界的真诚流露。克拉克夫人评价洛克时说:"他是个老实本分的傻男孩。"

墓 志 铭

洛克逝世后,被埋葬在奥提斯教堂,墓前立了一块墓碑,上面刻着洛克生前自己用拉丁文写好的碑文:"约翰·洛克长眠于此。你们如果问他是何人,回答是:他是一位满足于小康命运的人,他是一位受过训练的学者,专心追求过真理的人。对此,你们可从著作得知。他的著作,比之于碑文上的令人生疑的颂扬之词,将更忠实可信地告诉你们有关他的其他一切评说。他的德行,虽然有一些,但是既不足于说明他的声望,也不配作为你们的典范。让他的罪恶随他一起埋葬吧!德行的范例,福音书中已经有了;罪恶的范例,仍以没有为好;必死的范例,所在皆是。他生于1632年8月29日,死于1704年10月28日。这块本身即将蚀灭的石碑就是一个证明。"

28　贝克莱

乔治·贝克莱（George Berkeley，1685—1753 年）是 18 世纪英国经验主义哲学家，西方近代主观唯心主义哲学的主要代表。生于爱尔兰，从都柏林大学毕业后留校任教。1710 年被任命为爱尔兰国教会的牧师。1713—1720 年，他以随从牧师等身份两次到意大利和法国旅行，后到美洲殖民地百慕大岛创办学院并任校长。因政府拨款落空，于 1731 年返回英国。1734 年任爱尔兰克罗因教区主教。1752 年因健康原因移居牛津。他的著作主要有《视觉新论》、《人类知识原理》、《希勒斯和斐勒斯的三篇对话》等。

贝克莱哲学以感觉经验论为基础，反对唯物主义，维护宗教神学，集中攻击唯物主义关于物质第一性等命题，同时论证精神实体乃至上帝存在的必然性，其唯心主义经验论对现代西方各种主观主义哲学流派具有重要影响。

石头存在的依据

有一次,贝克莱与友人约翰逊博士在花园里散步,约翰逊博士不小心踢在一块石头上,他马上对贝克莱的"存在就是被感知"的观点提出了疑问:"我刚才没有注意到这块石头,那么这块被我踢了一脚的石头是否存在呢?"贝克莱略加思索后说道:"当你的脚感觉到痛了,石头就是存在的;而如果你的脚没有感觉到痛,石头当然就不存在。"

真 话

有一天,一位学生在课堂上问贝克莱:"先生,您认为谁是当代最杰出的哲学家?"

贝克莱迟疑片刻,面带难色地回答道:"我是一位很谦虚的人,所以我很难说出这位哲学家的名字,但作为真理的追求者,我又不能不说真话。这回你应当知道他是谁了吧?"

好人与歹徒

贝克莱在其《关于爱国主义的格言》中这样说道:"谁若说世间无好人,你可以断定他本人就是个歹徒。"

29 休谟

大卫·休谟（David Hume，1711—1776年）是英国经验主义哲学家、温和的怀疑论或不可知论者。1722年进入爱丁堡大学学习法律，后中途辍学，在家自学文学和哲学。1734—1737年旅居法国，完成第一部哲学著作《人性论》。1763—1766年先后任英国驻法国大使馆秘书、代理公使。1767年任国务大臣助理，1769年退休后回爱丁堡。

休谟的主要哲学著作有《人性论》、《人类理智研究》、《道德原理研究》、《宗教的自然史》、《自然宗教对话录》等。

休谟以怀疑论著称于世，建立了近代欧洲哲学史上第一个不可知论的哲学体系，这一哲学体系产生了多方面的重大影响。

西方哲学大师的智慧

疯子才懂

有一次,米奇尔博士问休谟:"什么是真理,我的孩子?"

"这个真理就是:不存在任何真理。"休谟回答道。

"我不懂你的意思。"

"没有几个人能懂得我的意思,米奇尔,你瞧,这儿有封安伦代尔侯爵的来信。他要我担任他的哲学顾问,年俸三百镑。"

"这可是件大好事,大卫!"

"他很喜欢我论述道德和政治的文章,是唯一支持我的人。但是,他已经精神错乱,无可救药。"

无人能容忍

休谟的《斯图亚特王朝史》是一本离经叛道的书,它激怒了可能读这本书的各阶层的人:辉格党人和托利党人,保皇派和革命派,头脑清醒的人,精神错乱的和狂妄自大的人。"我决心不理会流行的偏见的喧嚣。""的确,我几乎没有听说过,在英格兰、苏格兰和爱尔兰三个王国中有任何人能够容忍这本书。"他高兴地写道。

信　　仰

休谟自认为是那个时代信仰最深邃的人,他怀着宁静的心情说:"存在这种信仰的原因是什么?我不在乎,我不知道,那与我无关。不过,我确实知道,有一个上帝。"

声誉上升的征兆

《斯图亚特王朝史》发表后,休谟遭到了一大批人的围攻。"我不能帮他成为纯粹的英国人,"一个善意的人抱怨道,"他干吗要在公众面前挥舞战旗?整个学术界都反感他。"休谟却欣喜地说:"这是我在学术界声誉上升的征兆。"

敌 人

休谟是不信教的人。有一次，他去一个虔诚信仰上帝的朋友家吃饭。突然，他从桌边站起来，固执地说他不想吃饭，因为有个敌人在场。"敌人？""对，"他指着桌上的《圣经》说道，"把它拿开。"

"休谟，你向来是个杰出、态度豁达的苏格兰人，是个温和的、有节制的人。怎么会……？"

"我现在仍然是个温和的、有节制的人，"休谟答道，"是个清醒、谨慎、有德行、节俭、守规矩、文静、敦厚但脾气很坏的人。"

没有任何私敌

在一次宴会上，一位客人抱怨世界充满了敌意，人与人之间积怨太深，对立太多。休谟却不以为然："我认为并非如此。我以前写过有关道德、政治、经济、宗教等方面引起敌意的文章，然而，除了辉格党人、托利党人和基督教徒外，我却没有任何私敌。"

坠入爱河

休谟轻率地爱上了一位法国最有权势的贵族夫人。"你可以把我五马分尸，剁成肉泥，"他向她号啕大哭，炽烈之情犹如学童，"但是，即使我死了，仍然爱恋着你。"

无须再写

休谟晚年退休后，每年还能拿到1000英镑的退休金和印书稿费。他在爱丁堡图书馆做管理员时写的《大不列颠史》是一本重印多次的畅销书。周围的人劝他再写续集，一直写到当代。

哲学家摊开两手说："你们已经给了我太多的荣誉，先生们，我不想再写了，理由有四点：我太老了，太胖了，太懒了，太富了。"

大陆唯理论哲学大师

面对"七巧板"玩具游戏,理性主义认为拼板玩具在未拼成之前,各块拼板不具有任何意义;经验主义则认为拼板玩具在未拼成之前,各块拼板都各具有本身的意义。对此,你思考过吗?你赞同谁的说法?你有何感想?

大陆唯理论是17—18世纪出现于欧洲大陆的一个哲学流派,其主要代表是法国的勒内·笛卡尔、荷兰的巴赫鲁·斯宾诺莎和德国的威廉·莱布尼茨以及笛卡尔学派的马勒布朗士、莱布尼茨哲学的继承者沃尔夫。这些哲学家都活动在欧洲大陆,因而哲学史家往往将近代唯理论称之为"大陆唯理论"。

大陆唯理论是与英国经验论相对立的哲学。他们在知识的来源可靠性和真理标准问题上,坚持唯理论,反对经验论,并长期同英国经验论展开论争。

勒内·笛卡尔是大陆唯理论的创始人,他崇尚理性权威,宣称要将一切放在理性的尺度上校正,主张用数学的理性演绎法来寻找最根本的真理。

巴赫鲁·斯宾诺莎曾受到笛卡尔的影响,在认识论上继承和发展了其唯理论思想。他认为,认识的目的与任务是取得真观念,而要得到真观念,不能依靠感官,只有依靠直观。只有通过直观直接把握事物本质的直观知识和通过推理得来的理性知识才是真的。

威廉·莱布尼茨在回答洛克的批判时,从与斯宾诺莎相反的方向维护了唯理论。沃尔夫将莱布尼茨的唯理论系统化,对德国哲学的发展产生过很大影响。

大陆唯理论哲学大师是一个个无法被理性穷尽的无理数,且具有自身的殊异。我们每一个人也可以做出不同的选择。

大陆唯理论哲学大师

30 笛卡尔

勒内·笛卡尔（Descartes，1596—1650年）是法国哲学家、数学家、自然科学家、近代理性主义创始人、法国启蒙运动先驱者之一，也是近代西方哲学的创始人。生于法国图朗郡拉·阿耶林，1604年进入拉·弗来施耶稣教会学校学习。离开学校后，他游历欧洲各国，并先后参加过法国、德国和匈牙利军队。1629年侨居荷兰，完成了自己的大部分著作。1649年应瑞典女王邀请移居瑞典，次年因患肺病卒于斯德哥尔摩。主要著作有《方法谈》、《形而上学的沉思》、《哲学原理》、《论心灵的各种感情》等。

笛卡尔以毕生精力探索一种适用人类一切研究领域的方法，提出了许多具有现代科学精神的概念、命题、原理和学说，其普遍怀疑原则、本体论二元论、唯理论的认识论和形而上学的物理学对以后哲学和科学的发展产生了广泛影响。

因祸得福

笛卡尔从小体质就很差,在拉菲来卡的耶稣会学校时,一清早,别的孩子必须到教室里去背诵课文,老师却因笛卡尔身体欠佳而特许他晚起床,让他在床上"冥思"功课。

由于这额外的优待,他不仅学完了规定的课程,而且还吸收了大量别的知识。他特别喜欢阅读古典著作,诚如他所说的那样:"让神思驰骋到往昔,同历史上的圣人先哲们交谈。"

一见如故

1618年11月10日,正在当兵的笛卡尔在街头散步,发现告示牌前围了许多人,他过去一看,原来是当地省长贴出的求贤告示。

笛卡尔不大懂荷兰语,他就请身边的一位小伙子帮忙翻译。翻译的人正是刚从卡昂大学取得医学博士的爱萨克·毕克曼。

当笛卡尔知道毕克曼的真实身份后,心里也很激动,他跑回家,全神贯注地解决这个问题。

不久,问题有了结果,笛卡尔把解题步骤工工整整地抄写了一遍,亲自送到毕克曼的住所。两人一见如故,对数学问题进行了更深的探讨。

梦　　境

据说,有一天,笛卡尔坐卧不安,心如刀绞,思想斗争非常激烈,陷入了不可思议的狂想。晚上入睡后,连续做了三个梦。

第一个是他被巨大的风暴从教堂吹到学校,又从学校吹到另外一个风力所不及的地方。

第二个梦是神向他启示并赠给了他打开自然宝库的魔匙。

第三个是他梦到自己在背诵奥生尼的诗句:"我应该遵从哪条人生之路?"

日有所思,夜有所梦。它从另一个侧面表明,把代数的解析方法运用于几何学,的确是笛卡尔在这个时期思考的主要问题之一。

不　自　由

笛卡尔的第一部著作《世界》中提出了地球处于运动中的革命性理论。他清楚地记得，那些哲学家、科学家——布鲁诺、坎帕内拉、凡尼尼和伽利略——正是由于敢于提出类似革命性理论而横遭迫害的。因此，笛卡尔为了遏止自己想发表这本著作的冲动，将原稿送到了遥远的地方。此书直至他死后才得以发表，而且只发表了其中的一部分。真理使笛卡尔获得了智慧，却没有使他获得自由。

我受苦，故我在

笛卡尔遇到的生平第一次真正的打击，是他的私生女费郎西妮的逝世。笛卡尔喜欢她胜过喜欢世上的一切，打算把她带到法国，培养成"高贵的妇人"。但她猝然去世了。面对着女儿的死，笛卡尔真可以给自我存在的真实性增添一个新的论据。"我受苦，故我在。"他的传记作者比里特告诉我们："他心慈地为那孩子哀哭，这表明永恒的思想有时会被一时的悲伤毁灭。"

与恩师决裂

《论代数》是显示笛卡尔学识和才气的一部学术专著。当笛卡尔把这本书交给毕克曼后，毕克曼为这位年轻人的数学造诣所震惊，于是归还笛卡尔底稿前，他又悄悄地誊写了一份。后来当笛卡尔的数学成就引起数学界的注意时，毕克曼利用自己的年龄优势和学术头衔，对外声称笛卡尔的《论代数》是在自己指导下写成的，并俨然以笛卡尔的导师自居。这种行为引起了笛卡尔的不悦和反感，笛卡尔甚至写信警告毕克曼，如果他再这样违背事实、夸夸其谈，就会当众抛弃他。1630年10月17日，笛卡尔给毕克曼写了一封长达13页的信件，狠狠地把毕克曼痛骂了一顿："我绝没有想到你会变得这么愚蠢，这么可恶地傲慢无礼！你竟认为我向你请教过，而且什么事情都向你学习，这倒不如说我常常向自然界所有的东西，甚至向最微末的蚂蚁和蠕虫学习……"

西方哲学大师的智慧

划时代之作

在一次罗马教皇使节巴格诺亲自主持的讨论会上,一位炼金术士声称亚里士多德和经院哲学已经过时,应该用现代方法将它们抛弃,并滔滔不绝地介绍了他已经发现的新基本原则和方法。凭他三寸不烂之舌,使在座的听众大为倾倒。当时在一旁就座的笛卡尔,听后一言未发。主教看到他如此沉默,便想听听他的意见。

在各方的劝说下,笛卡尔只好表态。他首先赞扬这位炼金术士勇于探索的精神,至于他所提出的新原则和方法,笛卡尔则明确表示不敢苟同,……笛卡尔充满理性的陈述,给教皇使节留下了深刻的印象。教皇使节用亲切的口吻劝笛卡尔将他的想法写出来,公之于众。后来,笛卡尔写出了在思想领域中的划时代之作《谈方法》。

文人相轻

1640年年底,英国哲学家霍布斯看到了笛卡尔的书稿,他毫不费力也毫不客气地写了自己的批评意见,并用匿名信的形式把16条反对意见寄往荷兰的笛卡尔住处。笛卡尔在莱顿陆续收到了霍布斯的批评信,最初他是怀着感激的心情来对待这些信的,但是读过几封后,笛卡尔就觉得有些不对劲,他发现霍布斯的主要意图并不在于批评他的哲学,而在于表述自己的思想。特别让笛卡尔不能容忍的是,霍布斯总是摆出一副居高临下的姿态,似乎要把自己的思想强加给笛卡尔。笛卡尔感到自尊心受到了伤害,他不愿再看这些空洞、无益的批评性文章,自然也不愿意与这样的人发展友谊。

真理更美

大约是在1652年,笛卡尔曾听家人的劝告,动过成家的念头,而且他的确对一个女孩有了好感。当笛卡尔终于下定决心、鼓足勇气向意中人正式求婚时,那女子大吃一惊,认为他俩的关系远没有发展到谈婚论嫁的地步。真是落花有意,流水无情,就这么让人家给甩了。尽管如此,我们的笛卡尔先生还是留下了富有哲学性的名言:"没有任何美丽的东西能够比真理更美!"

感叹自己无知

笛卡尔曾经说过,知识越是渊博越是深感自己知识之不足。有人曾对此大感不解,问他:"您具有如此广博的知识,为什么总是感叹自己无知呢?"

笛卡尔答道:"哲学家芝诺用圆圈来表示知识的范围,圆圈里是已知的知识,圆圈外是未知的知识。知识越多,圆圈越大,圆周也越长,圆圈的边沿与外界空白的接触面也就越大,因而未知部分当然也就更多了。"

评价甚高

笛卡尔与瑞典女王讨论过关于"至善"的问题。这也是从宫中传出来的话题,女王对宫廷学者们的迂腐观点大为不满,就求教于笛卡尔,笛卡尔的回答博得了满堂彩。女王感慨地对法国驻瑞典大使夏纽说:"我十分羡慕他的生活。请告诉他,我对他评价甚高。"

愿　　望

笛卡尔写完《世界》这本书后,听说伽利略已经对同一问题发表了类似的看法并且因此受到教会的谴责。于是,他便担惊受怕,竭力不想让他的著作问世。他写信给一位朋友说:"我的愿望是安静。……世界将在我死后一百年看到这本书。在此之前是不可能的。"这位朋友的回答也很有趣:"如果人们要读哲学家的书的话,看来没有别的办法,只有尽可能早早地把哲学家打死。"

顺应自然

1629年冬天,为了探索使人长生不老的秘方,笛卡尔几乎每天都到一家商店去找他需要研究的动物器官。不过,一段时间后,他就不再热衷于这类活动,对死亡看得比过去更为超脱。他曾表示:"不要去寻找延年益寿的方法,这就是不要畏惧死亡。"这大概就是斯多葛主义顺应自然的思想。

现身说法

笛卡尔与瑞典女王的第一次对话是以"爱"开始的。为了让女王对爱有更明白的认识,他在给女王的信中现身说法,说自己曾爱上一个女孩,尽管理智告诉他,他俩的结合是个错误,但每每相见总是恋恋不舍,欲爱不能、欲罢不忍,就这样爱了许多年,最后无果而终。因此,真正的爱是精神的,也是肉体的,是二者相互结合。

前往瑞典

瑞典女王克里斯娜蒂多次邀请笛卡尔担任她的哲学教师,笛卡尔一次又一次地谢绝了。他在回信中恭维地说:"陛下是按上帝的形象创造出来的,比起其他人来,更酷似上帝。"他乞求免去"沐浴女王那宽厚仁慈阳光"的特权。但是,女王陛下始终没有放弃,最后终于成功了,笛卡尔于1649年启程前往瑞典。

半个上帝

1649年8月30日,瑞典的一艘军舰载着笛卡尔驶向瑞典。导航员走过来与笛卡尔搭讪,双方你一言我一语,很快就熟悉了。笛卡尔渊博的知识,特别是有关海员、海风和航海的知识,让这个航海多年的老海员感到瞠目结舌。后来,导航员见到了国王,不无神秘地告诉国王:"陛下,我给你带来的不是一个人,简直就是半个上帝。"这话听起来有些夸张,但也反映人们对笛卡尔的崇拜。

写诗与编剧

在一次舞会上,瑞典女王邀请笛卡尔跳舞。笛卡尔不会跳这种芭蕾舞,一时觉得很尴尬。于是,女王就让他为芭蕾舞剧《和平的诞生》写法文诗。笛卡尔居然还真写出了一些有声有色的诗歌,还编出了一部法国式的轻喜剧,颇受女王和大家的喜爱,当然也让那些对手们在自愧弗如的同时,更心生妒意和怨恨。

打败海盗

在一次海上旅程中，笛卡尔曾经历了一次风险。两名装扮成船手的海盗，以为笛卡尔不懂他们的语言，竟当着他的面商量如何谋杀他。笛卡尔听到后，跳起来"唰"的一声从腰间拔出剑来，向海盗逼了过去。两个海盗被这突如其来的举动吓蒙了，一时不知如何是好。笛卡尔趁其不备，带着仆人离开小船，脱离了险境。

婉拒邀请

有一次，有位朋友想让笛卡尔写一本有关上帝的大众读物，题目是《上帝与人类自由》。这样的书在当时自然是很好发行的，而且也能得到大众的青睐。对朋友的好意，笛卡尔并未给予明确的回答，他只是说自己近来身体状况不佳，正在悉心调养，不想被其他的事物所打扰，就这样婉言谢绝了朋友的邀请。

心灵起床

1650年2月11日，笛卡尔睁开了双眼，他用几乎使人无法听见的声音问道："现在是什么时候了？"

"清晨四点。"

笛卡尔挣扎着想撑起来："该起床了，女王等着我呢。"接着，他一边倒下去，一边悄声说道："是心灵起床的时候。"现在，这个活着的心灵升起来了，要和真理会面去了！

别想放一滴法国人的血

1650年1月，笛卡尔正在发着高烧，浑身不断抽搐，神志也有些不清。笛卡尔的病惊动了女王，她派御医过来诊治。女王有两个御医，一个是法国人里埃，与笛卡尔一向友善；一个是荷兰人凡维勒，是笛卡尔的论敌，更是皇宫里反对笛卡尔的主力军。笛卡尔发烧那天，恰巧里埃不在，宫里就剩凡维勒一个医生。他一听是为笛卡尔看病，先是拒绝，后来勉强

去了,笛卡尔又不合作。听说凡维勒要放血治疗,笛卡尔吼道:"你别想放一滴法国人的血。"他坦率地告诉这位医生:"如果你不在这,我将幸福地死去。"医生只好悻悻离去。

最后一个暗示

笛卡尔弥留之际,他的密友、法国驻瑞典大使夏纽弯下腰,嘴贴着笛卡尔的耳边,轻轻地问:"笛卡尔,你希望得到最后的祝福吗?如果你愿意,就跟我们打个手势。牧师就在身边。"

笛卡尔睁开眼睛,仰着头向天上看了看,这是他向我们做的最后一个暗示。牧师走过来为笛卡尔做起了祷告,其他的人也站在牧师后边一起向自己的朋友祷告。

这时,门外还下着雪……

31　斯宾诺莎

巴鲁赫·斯宾诺莎（Bauch Spinoza，1632—1677年）是17世纪荷兰哲学家、近代西方唯理论和无神论的主要代表。他出生于荷兰的一个犹太商人家庭，24岁被犹太教会以思想异端的罪名革除教籍后移居阿姆斯特丹等地，一边以磨制光学镜片为生，一边从事哲学和科学研究。主要著作有《笛卡尔的哲学原理》、《神学政治论》、《伦理学》、《知性改进论》等。

斯宾诺莎哲学是他早年异端思想特别是"神即自然"思想的发展。总体而言，斯宾诺莎在本体论上宣扬泛神论，在认识论上坚持唯理论，在伦理学上追求精神幸福，在方法论上主张理性演绎，为后世留下了一座端正庄严的哲学丰碑，对随后的莱布尼茨、18世纪法国的唯物主义和19世纪德国哲学大师黑格尔的唯心主义辩证法都产生了直接影响。

初恋失败

斯宾诺莎曾师从荷兰语言学家凡登恩德学习拉丁语。几年后,这位学者因开罪于路易十四,被赐予公开绞刑。凡登恩德的女儿接替乃父继续教授斯宾诺莎。斯宾诺莎一时忘记了自己是一个贫穷的犹太人,竟向她求婚。但她嫁给了她的另一名学生克尔克林。在她的眼里,克尔克林比起斯宾诺莎具有双倍的优势:既非犹太人,又是个富翁。

包　　装

有一次,一位极有名望的高官前来看望斯宾诺莎。这位大官见他穿着一身皱皱巴巴的睡袍,不禁大惊小怪,并提出要送他一身新睡袍。斯宾诺莎平静地说:一个人并不会因为有了一件好睡袍而变得更有价值,同样,"给一钱不值的东西加个昂贵的包装是极不合理的"。

被开除教籍

1656年7月27日,荷兰阿姆斯特丹的犹太人公会发布了一份公告,宣布把年仅24岁的斯宾诺莎永远开除教籍,并施以最严厉的诅咒。然而,斯宾诺莎对犹太的诅咒漫骂却毫不在意,当通知他被逐出教会时,他说:"很好,这样我就不必强迫自己去做我本意所不愿去做的任何事情了,假如我无须担心某种丑闻的话。"

自由的极限

1673年,海德堡大学邀请斯宾诺莎担任哲学教授。校方尽量给哲学家以尊重,保证给他"充分的自由讲授哲学",但后面带了个小尾巴:"深信你不会滥用这种自由去唤起民众对本国国教的怀疑。"斯宾诺莎回信谢绝了这次邀请,他写道:"巴拉丁亲王殿下通过您发来的邀请将使我获得极大的满足,而且这一邀请由于保证了思想自由,使我觉得更加珍贵……但是,我不知道这种自由具体的极限在什么地方,所以难以确保不触犯贵国既定的国教。……"就这样,他沉浸于一贯的宁静之中,继续沉思、写作。

唇枪舌剑

有一天，斯宾诺莎被召到犹太教会的议事厅。斯宾诺莎轻蔑地看了看在场的拉比，准备和他们进行一番唇枪舌剑的战斗。

一位拉比说："斯宾诺莎，如果你现在就宣誓效忠犹太教，从此不再发表离经叛道的讲话，我们就既往不咎，每年还发给你一千盾金币，直至终生。"

斯宾诺莎说："你以为一千盾金币就可以改变一个人的信念了吗？金钱并不是万能的！"

"那你想怎么样？"另一位拉比气势汹汹地说，"你要是不同意的话，我们就永远开除你的教籍，让你永远得不到上帝的宽恕！"

斯宾诺莎哈哈大笑道："拉比先生，你错了，因为我根本就不相信你们所说的上帝！"

拉比们被斯宾诺莎的态度激怒了，他们气急败坏地威胁道："你若是再不悬崖勒马，我们就把你送上断头台！"

斯宾诺莎瞅了瞅那几位恼羞成怒的家伙，冷笑着说："你们以为我怕死吗？正直的人并不怕人把自己当作一个罪犯处死，不怕受惩罚；他的心中没有因做了丢脸的事而起的那种后悔。他认为，为正义而死不是惩罚，而是一种光荣；为自由而死，是一种荣耀。"

拉比们气得目瞪口呆，号叫着说："那咱们就走着瞧！"

确立公正

斯宾诺莎被革出教门导致父亲与他断绝了父子关系。后来，当父亲去世时，斯宾诺莎的妹妹企图剥夺他的继承权。斯宾诺莎在法庭上据理力争，终于打赢了这场官司。然后，他把这笔钱重新交给了他的妹妹。他所追求的并不是财产，而是要确立公正。

战争与灵魂

斯宾诺莎认为,憎恨只能引得被憎恨,伤害别人会招来受伤害的报应,用剑的人注定要死于剑下。每一个军事上的胜利都会播下复仇的种子,引来另一场战争。斯宾诺莎写道:"我们最伟大的胜利并不是靠战争赢得的,而是靠灵魂的伟大赢得的。"

独身的解释

斯宾诺莎终身未娶。有一次,他在路上遇到一位朋友。朋友问他:"你不为你的独身主义后悔吗?"

斯宾诺莎愉快地答道:"人应该满意自己所做出的决定。我为自己的决定感到满意。我常常这样宽慰我自己:在这个世界上的某个地方有个女人,因为没有做我的妻子而获得了幸福。"

献给真理

1673年,有人对斯宾诺莎说:"如果你肯在出版你的著作时,声明是献给法国国王路易十四的,你就可以得到终生的养老金。"

斯宾诺莎说:"收起你的那一套吧!我只将我的著作献给真理。"

爱因斯坦曾评价说:"他不仅清楚地说明了自己的推理,并且以自己的全部生活作为例子来证明自己的信念是有充分理由的。"

焚　稿

1677年2月,斯宾诺莎的肺病开始恶化。他翻看着即将成为遗物的手稿并没有悲伤。对教会的迫害,他做了不屈不挠的斗争,并且赢得了极大的荣誉。这时,他突然翻到了几年前曾受人之托翻译为荷兰文的《圣经》手稿,已完成了《摩西五经》。他说:"这本书将来是不会有人来读的!"于是便将这本没有出版的荷兰文《圣经》手稿烧掉了。手稿烧毁后,他愉快地笑了。

最真实的上帝形象

斯宾诺莎不仅是现代最有影响的思想家之一,而且是一名极富同情心的人。1882年在海牙市举行了他的塑像揭幕典礼,19世纪法国哲学家、历史学家和神学家欧内斯特·勒南以这样一句献词结束了典礼:"这里有着有史以来也许是最真实的上帝的形象。"

拒收礼物

当商人德·弗里斯赠送给斯宾诺莎1000美元时,他却拒收这份礼物。后来,当德·弗里斯提出把他的全部财产遗赠给斯宾诺莎时,"这位愚蒙的智者"再一次谢绝了他的好意。最后,这位商人临终之际,在遗嘱中言明每年赠给斯宾诺莎250美元,但斯宾诺莎坚持将这笔遗赠减少为每年150美元。

嘲笑世人

1677年的冬天,斯宾诺莎那已经毁坏的肺部不堪严寒。他死于2月22日——那天是个礼拜天,房东夫妇到教堂做礼拜去了,当时只有他的医生在他身边。医生拿走了桌上的钱和一把银柄餐刀,并不近情理地离开了他。倘若斯宾诺莎亲眼看见这一情景,他将会怎样嘲笑世人的无耻呢!

32 莱布尼茨

威廉·莱布尼茨（Wilhelm Leibniz, 1646—1716年）是德国自然科学家、数学家和哲学家，17世纪欧洲唯理论哲学的主要代表人物之一。他生于莱比锡，从莱比锡大学毕业后在德国贵族宫廷中任职多年，曾奉命出使巴黎，访问过伦敦。1676年返回德国后长期任汉诺威的不伦瑞克公爵府参议和图书馆馆长。1700年创办柏林科学院并任第一任院长。

莱布尼茨在数学、逻辑学、力学、地质学、法学、历史学、语言学、哲学乃至神学等方面都有很深的造诣，并卓有建树，是当时最博学的学者，但他最大的贡献还是在哲学方面。他提出了一个唯理论的形而上学的思想体系——单子论。他在17世纪晚期和18世纪初叶的德国知识界占有主导地位，其科学和哲学思想对后来的思想界也产生了巨大影响。他的主要著作有《形而上学论》、《人类理智新论》、《神正论》、《单子论》等。

万物莫不相异

有一次，德国哲学家莱布尼茨在宫廷中讲学说："万物莫不相异，天地间没有两个彼此完全相同的东西。"宫女们听了这番话，纷纷走入御花园，去寻找两片完全没有区别的树叶，想以此推翻这位哲学家的论断。结果，她们大失所望，谁也没能找到这样的树叶。因为粗粗看来，树上的叶子好像完全一样，可是仔细一比较，却是大小不等、厚薄不同、色调不一、形态各异，都有其特殊性。人们不得不在哲学家面前折服。

结婚礼物

莱布尼茨在汉诺威宫廷任职期间，每当年轻的贵族小姐结婚时，一般人都送比较贵重的礼物，而莱布尼茨总是送人家一些有益的格言来作为结婚礼物。因此，有些人讥讽莱布尼茨有些吝啬。莱布尼茨与人相处如何，已不得而知，但从他送给新娘的一些格言看，他似乎很随和。据说，他给每个新娘都有一句忠告：既然得到了丈夫，就不要停止洗东西。这可能是一句玩笑话。莱布尼茨本人终身未娶，对待一生中的重要关口——结婚，表现出一种大智者的风度。至于新娘们的看法，历史上没有记载，只能由人们去猜测了。

"微积分之父"之争

英国大科学家牛顿振振有词地宣称自己是微积分之父，因为，虽然自己记载微积分理论的《自然哲学的数学原理》一书迟至 1687 年才出版，但有关它的理论几年以前就已经完成了。

对擂的另一方是德国哲学家莱布尼茨，他对牛顿的申辩不屑一顾，而义正词严地指出：口说无凭，白纸黑字为据，本人关于微分和积分的著作早已分别发表于 1684 年和 1686 年。谁先谁后，一清二楚，莫非我还能剽窃你牛顿藏于脑中的思想不成？

双方唇枪舌剑、互不相让，事实之辩也演变为意气之争，不仅伤了两人的和气，也影响了英德两国的关系。

逻辑推理

皇家根据莱布尼茨的建议,曾委托他撰写一部威尔弗家族史。然而,在动笔时,他下笔千言,离题万里。诸侯殿下三番五次、颇不耐烦地询问写作的进展情况,莱布尼茨则振振有词地说:威尔弗家族的历史必须和皇室统治的这块土地联系起来,因而在研究家族史之前,有必要先研究研究地理;威尔弗这块地带又只是地球的一部分,所以有必要先考察考察地球的形成。因此,他便开始着手撰写地球发展史的古代部分,迟迟不写威尔弗家族的历史事实。

制造计算机的理想

1671年,莱布尼茨有感于繁重计算的简单性重复劳动,做了一个勇敢的预言:"让一些杰出人才像奴隶般地把时间浪费在计算工作上,是不值得的。如果利用计算机,这件工作便可以放心交给其他任何人去做。"这是一个关于制造计算机的理想。然而,在连纺织机和蒸汽机都没有发明的时代,是不可能制造出计算机的。直到科学和工业发达的20世纪,莱布尼茨关于制造计算机的理想才变为现实。

申请加入中国籍

莱布尼茨发明微积分之后,学术地位如日中天。他志得意满,不可一世。无意之中,他读到了中国古籍《河图洛书》的拉丁文译本。这本书讲述了阴阳八卦,还以最简单的方式涉及了二进制的有关思想。莱布尼茨读罢此书,一气之下,将自己的著作随手扔进了垃圾筒,因为自己殚精竭虑想出的东西,中国人已经在几千年前就以得法的方式悟到了。因为向往中国文化,他竟然给康熙皇帝写信,建议在中国成立科学院,还托朋友转告康熙皇帝,希望加入中国籍。当这一要求被康熙皇帝拒绝后,他将一生中最大的遗憾写入了日记。

法国启蒙哲学大师

1751年,《百科全书》第一版面市。随着岁月的流逝,一卷卷《百科全书》在狄德罗的主持下相继付梓,最终达35卷之巨,堪称当时全球最为浩大的出版工程,《百科全书》成为了当时法国几乎所有重要作家的思想陈列柜。为了编辑出版《百科全书》,一批哲学大师聚集在一起,形成了百科全书派。他们在谈到自己时往往自豪地说:"我们是百科全书共和国的人。"这些大师以《百科全书》为工具,宣传理性主义和民主主义,传播唯物主义,批判封建专制和宗教神学,在西方哲学史上写下了辉煌的篇章。

法国启蒙哲学是指18世纪法国哲学思想、理论的统称，其代表人物主要由两部分人组成：一部分是（狭义）启蒙思想家，如伏尔泰、孟德斯鸠、卢梭，其哲学主要是怀疑论和自然神论；另一部分人是唯物主义哲学家，也称"百科全书派"，如拉美特利、狄德罗、爱尔维修和霍尔巴赫，其哲学主要是唯物主义和无神论。

这一时期的哲学主要表现为认识论学说与社会生活的联系，因而它不是纯哲学，而是以某种政治哲学的形式出现的，其哲学成为了论证他们的社会政治思想和理论的基础。在社会政治思想方面，他们从唯物主义观点出发，批判君权神授论，用人的眼光考察社会和国家，提出自然状态说和社会契约论，批判封建专制制度，论证资产阶级理想王国。

法国启蒙哲学特别是法国唯物主义哲学是与无神论结合起来的战斗唯物主义。它是继承和发展古希腊罗马德谟克利特、伊壁鸠鲁和卢克莱修等的唯物主义思想，以及17世纪英国经验论者和笛卡尔、斯宾诺莎等哲学家的唯物主义思想，从批判封建专制制度、宗教神学和形而上学的斗争中发展起来的。

法国启蒙哲学，是站在当时自然科学发展前沿、与自然科学发展相一致的哲学。但是，由于受到当时自然科学发展水平和社会政治经济条件的制约，法国哲学形成了它的两大历史局限性，即旧唯物主义的机械性或形而上学和历史观上的唯心论。

法国启蒙哲学在反对封建制度、推动社会进步方面起到了积极作用，在实践上促进了1789年的法国资产阶级革命，在理论上使唯物主义获得进一步发展，并对空想社会主义和马克思主义的形成起过积极作用。

33　伏尔泰

伏尔泰（Voltaire，1694—1778年）是法国启蒙主义思想家、文学家、哲学家和史学家，原名为弗朗索瓦－玛丽·阿鲁埃。1718年首次以"伏尔泰"为笔名发表并上演悲剧《俄狄浦斯王》。年轻时两次入狱，并被流放到英国。回国后因发表《哲学通信》遭禁再次流亡，逃往西雷。后曾去柏林、日内瓦，最后定居在瑞士边境的凡尔内。1778年回到巴黎，同年逝世。

法国作家雨果曾说："伏尔泰不仅是一个人，而且是整整一个时代。"伏尔泰博学多才，被人们誉为"欧洲思想界的泰斗"、启蒙运动的领袖和导师。18世纪是伏尔泰时代，即法国启蒙运动的时代。

伏尔泰著述宏富，最有代表性的哲学著作为《哲学通信》、《哲学辞典》、《无知的哲学家》、《形而上学论》等。

在哲学上，伏尔泰的主要贡献是：极力推崇和宣传英国唯物主义经验论，系统阐发了自然神论，首创历史哲学，为启蒙运动和即将来临的大革命提供理论依据。

怀疑地狱

有一次,身为中学生的伏尔泰与一名同学发生了激烈的争论,伏尔泰大声喊道:"走开,否则我就把你送到'普鲁通'(可能相当于中国神话中的阎罗殿)那儿去取暖!"另一位同学插嘴说:"为什么不送他到地狱里去呢?那儿肯定要更暖和。"伏尔泰却一本正经地说:"谁见过这些,它们是不是真的存在啊!"

这事传到老师耳中,那位坚信地狱绝对存在的老师上课时狠狠批评了伏尔泰。但伏尔泰拒不承认自己的过错,还反唇相讥道:"您说地狱是存在的,那请您去地狱吧!"老师被伏尔泰的讥讽激怒了,发疯似的冲下讲台,抓住他的衣领大声吼道:"坏家伙,你早晚要在法国变成自然神教的宣传者!"这个诅咒竟成了灵验的预言。

要做诗人

伏尔泰16岁从中学毕业时,向父亲表示他要做诗人。据说他3岁时就能背诵拉封登的《寓言》,12岁就开始练习写诗。但是父亲对他的这个愿望坚决反对。

父亲对他说:"你想成为一个对社会无益的人,先是依靠父母艰难度日,继而冻饿而死?"

迫于父命,伏尔泰进了一所法科学校。父亲希望他将来成为法官,但是,伏尔泰对这一行丝毫不感兴趣。他说:"买来的荣誉我不要,我自己会得到荣誉。有了金钱,就可以买得法官的职位,但却不能够做诗人,而我是一定要做诗人的。"

诗的价值

有一天,一位老兵来到圣路易中学请求教士给他写一首恳求上帝之爱的诗,以献给自己服役部队的王爷。学校的卜莱神甫把这件差事交给了小伏尔泰。伏尔泰沉吟片刻后,挥笔写下了几行优美动听的诗句。那位王爷读到这首诗后深受感动,破例发给了这位老兵一笔可观的年金。

舒服与不舒服

1715年路易十四驾崩后,摄政王奥尔良公爵因经济不景气而卖掉了王室马厩中半数的马匹。伏尔泰听说后,在一篇杂文中提出了自己的"建议":更明智的办法是解雇宫廷中半数的蠢驴。他因这话得到了相应的"报酬":11个月的巴士底狱的"休养"生活。

出狱之后,伏尔泰被逐出巴黎,流放一年。流放期间,他写的第一部悲剧《俄狄浦斯王》连续上演了45场,创造了当时的最高纪录。当朝者授予了伏尔泰一枚奖章和一笔赏金,以嘉奖他的戏剧才华。伏尔泰感谢当朝者的恩泽,同时庆幸他从此不必为居所发愁。他说:"宁愿在家里不舒服,也不愿到巴士底狱去舒服。"

无法送达

有人问伏尔泰对《致后代》一诗有何感想,伏尔泰说:"我想它永远也到不了收信人手中。"

必须着魔

有一次,伏尔泰在排练他的剧本《梅罗珀》时,试图启发女演员迅速进入角色。"要达到你的要求,"她抱怨道,"我也许会着魔的。""你说的完全正确,"伏尔泰反驳道,"任何艺术要获得成功都必须着魔。"这正是伏尔泰本人成功的秘诀。正如圣伯夫认为的那样,"伏尔泰已经魔鬼附身"。

购买彩票

继《俄狄浦斯王》之后,伏尔泰又写出了几部悲剧。这些剧作使他赚到一笔相当可观的收入。他以华尔街股票经纪人的手腕和冒险精神来运用他手中的钱财。有一次,政府发放彩票,他比所有的经纪人都技高一筹,买进了全部彩票,囊括了所有奖金。一阵下来,他居然不费吹灰之力赚了50万法郎。

都搞错了

有一次,当一位朋友向伏尔泰提起一位他虽有耳闻但并不十分熟悉的人时,伏尔泰随口称赞说:"那是一个很能干的人,有很好的品格。"

"是吗?"朋友笑了起来,说,"但他却说你是一个不学无术、无聊透顶的老家伙呢。"

"肯定我们两个人都搞错了!"伏尔泰平静地说。

姓氏的贵贱

一天晚上,在歌剧院,伏尔泰正在机智地接待着他的朋友们。一个贵族走过来,慢吞吞地、侮辱性地问道:"阿鲁埃·伏尔泰,你的真名叫什么?"说话人罗昂男爵是一个虽攫取到法国贵族称号却从未做过任何体面事情的人。"大人,"伏尔泰略微思忖后答道,"我的老爷,我的姓氏是卑微的,但我至少已给它带来了荣誉。"就为这话,伏尔泰在翌日晚上便受到了一伙恶棍的棒击。不过,这位贵族还有保护知识产权人的品德,他躲在对面一家商店里暗中指挥,大声叫道:"不要打他脑袋,那里边还会出好东西呢!"

不必再费心

伏尔泰从巴士底狱出狱后,知道摄政王奥尔良公爵冒犯不得,便去感谢他的宽宏大量。伏尔泰表示感激说:"陛下,您真是助人为乐,为我解决了这么长时间的食宿问题,我衷心地再次向您表示感谢。不过今后,您就不必再为我的食宿问题费心了。"

经 商

伏尔泰在巴黎结识了银行家巴利斯兄弟,在巴利斯兄弟的帮助下,他钻政府机构办事拖拉、法令不严的空子,投机做军粮生意和对美通商贸易,结果又发了一笔横财,据说至少有60万法郎落入他的腰包。他的财富增加到一个文人从未有过的地步。

没有自由

有一天，伏尔泰在泰晤士河边散步时偶尔碰上一位水手，那位水手自豪地赞叹英国的"自由"。可是第二天，这位水手却被戴上了手铐。后来这位水手再次遇见伏尔泰时，气愤地说："这个可恶的政府要招募我到挪威国王舰队去当水兵，使我抛妻别子。为了使我无法逃跑，他们给我戴上了镣铐，并把我关进监狱，一直关到出发的那一天。"伏尔泰怀着痛苦的心情发出感叹："大地上完全没有自由，在英国有权有势的投机商和骗子占了统治地位。"

追求自由

1726年，伏尔泰刚从巴士底狱出来，便前往英国避难。他特别赞赏盛行于英国的自由思想。在给巴黎一位朋友的信中，他写道："在这个国家，这是可能的：用自己的头脑去自由思想，而不用害怕惩罚。如果我能随心所欲，哪怕仅仅是为了学会怎样思想，我也该留在此地。"后来，他在回忆录中还写道："在自由的国家有一百金币比在专制国家有一千金币更有价值。"

再次入狱

伏尔泰遭到了罗昂雇佣的一伙暴徒的毒打后，邀罗昂进行决斗，罗昂害怕了，他请求警察总监的保护，而这位警察总监正好是他的表兄。于是，伏尔泰再次被送到了巴士底狱，罪名是有谋反言论和妨碍社会治安的行为。

捏造一个上帝

伏尔泰认为，上帝虽并不真正存在，但它可以具有实践意义，因为上帝可以约束人们的行为。因此，他说出了一句广为人们引用的名言："即使没有上帝，也必须捏造一个！"

西方哲学大师的智慧

不敬上帝

1722年，在前往欧洲各国旅行途中，伏尔泰为女友德·吕贝勒蒙德夫人写了一首哲理诗《赞成和反对》。这首诗猛烈抨击了上帝和教会，完全否定上帝是至善至美的圣人：

　　他糊里糊涂地施恩，
　　他糊里糊涂地逞凶；
　　他费尽全力创造人，
　　他又马上给他们送终。

七年后，伏尔泰匿名发表了这首诗，当局以"不敬上帝"为由将他拘捕。伏尔泰借口这首诗是亡友所作，迫使当局只得将他无罪释放。当时有位官员恶狠狠地说："必须把伏尔泰关在一个永远没有笔，没有墨水，没有纸张的地方。"

因祸得福

伏尔泰曾被迫流亡英国三年，流亡生活进一步开阔了他的眼界，使他结识了英国知识界的许多著名人物，了解了这个国家在科学、思想方面的成就，特别是洛克和牛顿的学说给他留下了深刻的印象。他写了一本向法国人介绍英国的著作《哲学通信》。伏尔泰说："我最先敢于用明白的语言向我国人民解释了牛顿的发现。当我称赞洛克时，掀起了一片既反对我也反对他的嚎叫声。"

这本书一出版，便以"违反宗教、妨害淳良风俗、不敬权威"的罪名被查禁和当众焚毁，巴黎最高法院下令逮捕作者。

向往巴黎

尽管伏尔泰羡慕英国，但是，当他得知法国方面已取消了他的放逐令并允许他重返家园时，他内心仍充满了喜悦。因为伦敦的浓雾穿心透骨，他渴望在巴黎的阳光下再次伸展他那"蜷曲着的翅膀"。他说："我热爱英国，但我终究希望住在巴黎。"

请您快来

伏尔泰出名后,一个边远省份的读者给他写了一封洋洋洒洒的长信,表示仰慕之情。伏尔泰回了信,感谢他的深情厚意。从那以后,每隔10天,此人就给伏尔泰写封信。伏尔泰回信越来越短,终于有一天,这位哲学家再也忍不住,回了一封仅一行字的信:"读者阁下,我已经死了。"

不料几天后,回信又到,信封上写着:"谨呈在九泉之下的、伟大的伏尔泰先生。"

伏尔泰赶忙回信:"望眼欲穿,请您快来。"

天使降临

一天晚上,伏尔泰的情妇圣皮埃尔公爵夫人将夏特莱侯爵夫人爱米莉带到了伏尔泰的住宅。伏尔泰把爱米莉带到窗前,指着对面的圣热尔韦教堂大门激动地说:"那就是《趣味的圣堂》使我结交的唯一的朋友。"他转过头来温和地看了一眼新来的女友,轻轻地说:"不过现在好了,天使已经降临到亚伯拉罕的面前。"爱米莉被伏尔泰诗一般的俏皮话逗乐了。他们一起谈诗歌,谈戏剧,谈历史……爱米莉发现自己完全被他征服了,在离开伏尔泰之前,居然情不自禁地扑入这位成熟男人的怀抱,紧紧搂住他的脖子,热烈地亲吻他。她已顾不得尚在眼前的圣皮埃尔公爵夫人的愠怒脸色了。

讨好罗马教皇

1740年,伏尔泰的《穆罕默德》在巴黎只演了三场,便有人指责他丑化伊斯兰教创始人和对基督教不敬。于是,伏尔泰委托托利扬神甫把自己的剧本转交给了教皇,还附有一封长信,说明自己非常尊重高贵的教皇陛下,并渴望得到镶有教皇肖像的奖章。教皇当然很清楚这位作者的真实意图,但为了给外界留下自己宽厚儒雅的美名,故意装聋作哑,同意接受《穆罕默德》的题献,并欣然颁发给伏尔泰两枚奖章。伏尔泰千方百计讨好罗马教皇,是因为他需要教皇为他披上能保护自己的圣衣,堵住可恶的教会人士的嘴。

西方哲学大师的智慧

像栗子一样

由于伏尔泰的思想和主张对法国革命产生了极大的影响，因而他的书被当时的法国政府查禁并焚毁，然而伏尔泰却为此感到荣幸，说道："太棒了，我的书就像栗子一样，越烧卖得越快！"

成功之道

伏尔泰从英国返回法国后，在他的情妇杜·夏特莱侯爵夫人那座古老而幽静的西雷城堡中长期居住下来。伏尔泰在这里一住就是15年，有了相对稳定的生活环境，写了大量的作品，在哲学、科学和文学领域都取得了丰硕的成果。他开玩笑地说："我爱所有9个缪斯女神，并尽力在每一位女神那里取得成功。"

舍己救人

1733年冬天，在爱米莉的斡旋下，伏尔泰亲自做媒，将夏特莱侯爵的亲戚玛丽·伊丽莎白·吉斯小姐介绍给同窗好友里舍利厄公爵。婚礼过后才几天，里舍利厄就奔赴前线，参加了法国军队。在一次战斗中，里舍利厄身负重伤。为了不让刚做新娘的公爵夫人担惊受怕，伏尔泰毅然赶赴战场。由于他走得匆忙，没有办理有关的身份证明，竟被法军士兵当作奸细抓了起来。法军正准备将他吊死时，一个军官认出了他，问清原委后还好好款待了他一番。伏尔泰终于将里舍利厄公爵从战场上运回蒙热家中，新娘感激涕零。

拒绝接受荣誉

普鲁士王子腓特烈为了讨好伏尔泰，曾给他寄来了一只镶有苏格拉底胸像的手杖柄，意在把伏尔泰比作苏格拉底。因为在18世纪人们都喜欢把启蒙思想家比作苏格拉底。然而，伏尔泰宣称自己不是苏格拉底，苏格拉底只不过是一个胡言乱语的雅典人。伏尔泰拒绝接受普鲁士王子给他的荣誉，王子心里很不快活。

笑　星

伏尔泰可以说是一位"笑星",他将"自己笑,也使别人笑"视为自己的座右铭,"让那些不会用大笑抹去脸上皱纹的哲学家倒霉去吧。我一向把严肃看成是一种疾病"。

捐　款

1770年,伏尔泰的朋友们为塑造他的半身铜像而募捐。普鲁士国王腓特烈二世写信问伏尔泰他该捐多少钱。伏尔泰回答说:只要出"一个有王冠图案的银币和殿下您的名字"。

大胆表态

1746年,法兰西学院空出了一个院士席位。伏尔泰尽管几次申请获得院士头衔受挫,但他决不言弃。为了防止教会人士的再次反对,他一边大肆渲染教皇与自己的友好关系和对《穆罕默德》的支持,一边四处散发一封信,阐明自己宗教思想的正统性,他声称"如果在有我名字的一页纸上发现诽谤哪怕是教堂司事的文字,我也愿把它销毁"。他敢于如此大胆表态,是因为他早就为自己留了一条后路:他的自然神论和反教权主义的作品都是匿名发表的。

奢望幸福

一天晚上,伏尔泰发现自己的情人爱米莉与圣朗贝私通,而且圣朗贝毫不在意,冷冷地说:"如果伏尔泰先生觉得难堪的话,可以离开这间房子,离开科摩尔西,用你选择的武器到任何地方与我会面。"

伏尔泰虽然忍无可忍,但经过爱米莉的劝说后,第二天就能坦然对待了,他宽厚地对前来道歉的圣朗贝说:"不,我的孩子,是我的错误。你仍然处于能够爱和被爱的幸福年龄,尽力而为吧。像我这样一个老弱多病的人,不能奢望这些幸福了。"

他们重新和好,一场不小的风波就这样过去了。

西方哲学大师的智慧

生　产

爱米莉生下了一个女孩。伏尔泰用开玩笑的方式将婴儿诞生的消息通知给各位亲友。在一封信中,他写道:"先生,夏特莱夫人通知您,昨天晚上,她在写字台前抄录牛顿的某个公式时,感到要小解,小解时便生下一个女儿,然后人们把这个女儿放在四开本的几何书上了。而我,生产《卡蒂利娜》这部悲剧比这位幸福的母亲要困难百倍……"

失去了半个自己

当情人爱米莉分娩后死亡时,伏尔泰绝望了,恍恍惚惚地离开城堡,跑到郊外,跌跌撞撞地倒在了路边。圣朗贝尾追而来,一把将他扶起。伏尔泰一边啜泣,一边怒吼:"就是你杀死了她……你怎么敢给她一个孩子!"连续几晚伏尔泰都不能入睡,凄凉地不停呼唤着爱米莉的名字。他说:"我失去的不是一个情人。我失去了半个自己,失去了构成我灵魂的那个灵魂,失去了20年的朋友。"

慢性毒药

伏尔泰的咖啡瘾很大,一生中喝了数量惊人的咖啡。有个好心人曾告诫他说:"别再喝这种饮料了,这是一种慢性毒药,你是在慢性自杀!""你说得很对,我想它一定是慢性的。"这位年迈的哲学家说,"要不然,为什么我已经喝了65年还没有死呢。"

爱情悲剧

伏尔泰早已是享有盛名的悲剧诗人,可是有些饶舌的批评家却指责他所描写的戏剧冲突枯燥无味。伏尔泰听到这些批评后拍案而起,愤然起誓:"这一次准有爱情了,但不会是风流旖旎的爱情。"在极为激动的情绪下,他仅用20天的时间就创作出了一部情节曲折离奇、矛盾冲突扣人心弦、感情真挚动人的爱情悲剧——《查伊尔》。

面对诱捕

伏尔泰拜访普鲁士国王腓特烈二世时,普王唯恐伏尔泰达到促进普法联盟的目的,赢得法国宫廷的宠爱,使他将伏尔泰据为己有的希望落空,听从谋臣的计策,伪造了一封伏尔泰的信件交给法国大臣布瓦埃。在这封信中,伏尔泰对路易十五和他的大臣们不屑一顾,公然攻击法国朝廷。后来,伏尔泰察觉了腓特烈二世的卑劣行为,怒不可遏地说:"我宁愿在瑞士的一个小村庄生活,也决不在用如此卑鄙手段诱捕我的那个人的宫廷中生活。"

灵前烛火

伏尔泰在临终时看到卧榻旁的灯光时隐时现,他问:"怎么?灵前烛火已点燃了吗?"说完他就与世长辞了。

把橘皮保护好

伏尔泰应普王腓特烈二世的邀请,成了国王的正式文学秘书和私人教师。有一天,一位朝臣告诉伏尔泰,国王曾打趣说:"我最多需要伏尔泰一年,一旦我榨干了橘子的汁,就得扔掉它的皮。"

伏尔泰对此一笑置之,并且始终不给腓特烈二世机会来榨干他的汁。"在橘汁被榨干之前,我最好把橘皮保护好。"伏尔泰回应道。

上帝与小麻雀

伏尔泰在书中曾经记述了这样一件事:我在一个修道院门口听见修女甲对修女乙说:"上帝在我身上显了灵,你知道我多爱那只小麻雀,如果不是我念了九遍圣母玛利亚保佑治好它的伤,它早就死掉了。"

一位路过的哲学家对她说:"嬷嬷,再也没有比圣母玛利亚保佑更动听的话了,特别是当一位女子在巴黎郊外用拉丁语念叨它时。不过,我不相信上帝有太多的时间去管您的小麻雀……请您相信,上帝有很多别的事要做……"

年　　龄

一位年届六旬的女富豪和一名 40 余岁的男子坠入情网。一天，忧心忡忡的女富豪找到伏尔泰，对他说："我想跟他结婚，但我怕把真实年龄告诉他之后，会令他失望。所以，我想对他说，我还不到 50 岁。"

"那不行，"伏尔泰回答说，"您应该告诉他，您已经 70 岁了。"

江湖骗子

伏尔泰最终摒弃了一切体系，他怀疑"每一种派别的头目都多少是一个哲学的骗子"。他说："我走得越远，就越确信：形而上学的体系之于哲学家，正如小说之于女人一样。""只有江湖骗子才信心十足。我们对于事物的本原一无所知。当我们连为什么胳膊会随意转动都说不清楚时，偏偏要去给上帝、天使和心灵下定义……"

违　禁　品

1778 年 2 月初，伏尔泰从凡尔内返回巴黎。当他到达入城关卡时，稽查人员询问他是否携带了违反国王命令的东西，这位老人幽默地说："这里除了伏尔泰之外，没有其他违禁品。"

中国文化的赞美者

为了宣扬中国的传统道德，反驳卢梭的"文明不是幸福"的主张，伏尔泰在科尔马逗留期间，完成了一部别具一格的悲剧《中国孤儿》，他还给其加上了一个含蕴深刻的副标题——"五幕孔子伦理学"。

这个剧本以我国元朝剧作家纪君祥所作的元曲《赵氏孤儿》为蓝本。伏尔泰按照古典主义的三一律原则，把该剧时间跨度由 20 多年缩短为一昼夜，改编成了一部标准的古典主义悲剧。这在中法文化交流史上，无疑是前所未有的一项创举。

发泄仇恨

伏尔泰在家中喂养了四只猴子,他特意用论敌的名字给它们起名,称它们为:佛勒龙、博麦尔、农诺特和蓬皮尼昂。

伏尔泰每天亲手喂它们,当它们吃饱喝足之后,常常再赏它们一顿拳脚,拧一下它们的耳朵,用针刺一下它们的鼻子,踩一下它们的尾巴,甚至还给他们带神甫的高筒帽,用最难以想象的卑劣方式来对待它们。他用这种幽默狠毒的方式发泄着对"败类"的仇恨。

挖苦与支持卢梭

当伏尔泰收到卢梭反对文明与科学、主张回到自然状态的《论人类不平等的起源和基础》一书时,他以其挖苦的笔风写道:"在试图把人变成兽方面,谁也赶不上您的机智。人们读了您的大作,一定会巴不得用四条腿爬行。我改变这种习惯已经六十多年了,而且不幸得很,我感到我已经不能重新恢复这种姿势了。"不过当瑞士当局焚烧卢梭的著作时,伏尔泰则勇敢地站出来给了卢梭以有力的支持。他坚持的是这样一条原则:"您说的话我至死也不同意一个字,但我要誓死捍卫您说每一个字的权利。"

区　　别

受人尊敬的大哲学家伏尔泰竟参加了一个为人不齿的团伙的狂欢,并为自己找了一个很有说服力的理由。可是,第二天晚上,这个团伙又邀请伏尔泰参加他们的狂欢。"噢,伙计,"伏尔泰神秘地说,"去一次,不失为一个哲学家;去两次,就跟你们同流合污啦!"

不同寻常

有一次,伏尔泰被国王腓特烈二世无故关了好几个星期。一位书商认为这正是让伏尔泰付清账单的好机会,便趁机到关押伏尔泰之处逼债。伏尔泰一气之下给了他一记耳光。为了安慰书商,伏尔泰神秘地对他说:"先生,您收到的是世界伟人之一给予的耳光。"

赞誉孔子

在《哲学辞典》的"中国"栏目中,伏尔泰称"儒家宗教令人赞叹,没有迷信,没有荒诞传说,没有那些违背理智与自然的教条",他们的圣人孔夫子,"从不说谎,从不做预言家,从不说自己受到了神的启示",他有弟子数千人,足以成为一个党派的领袖,但"他宁愿教育人,不愿统治人"。伏尔泰还专门为孔子画像创作了一首四行诗:"济世之理代言人,开蒙何须惑人心。圣贤从未夸预言,邦中他国人人信。"

相互忏悔

伏尔泰为了揭露宗教的虚伪,运用幽默的笔触写出了一系列令人发笑的文学作品。

在《天真汉》中他塑造了一个加入基督教的印第安人形象。这个印第安人得知宗教信徒必须忏悔自己的罪过,便问《福音书》什么地方说到忏悔。当别人告诉他使徒雅各的书中写道:"你们相互忏悔各自的罪过。"他便虔诚地向神父作了忏悔。

他刚刚忏悔完便把神父从椅子上拽起来,自己坐在椅子上说:"来吧,我的朋友,书上说'你们相互忏悔各自的罪过',我已经把我的罪过告诉了您,您也得把您的罪过告诉我才行。"

跪下祈祷

伏尔泰家中有一个特殊的成员——亚当神甫。这位神甫爱上了厨房女仆。有一天,他冷不防跪到女仆面前向她求爱,女仆大为感动。伏尔泰碰巧看到了这一戏剧性的场面。

吃晚饭时,伏尔泰把他看到的情景编故事般地告诉了新来的客人。他说:"今天在别墅里发生了一件离奇的事件,亚当神甫冷不防地被人看到,……对,冷不防地被人看到,他跪下……为我向上帝祈祷。"

正恨不得地面有个洞好快钻进去的亚当神甫,听到伏尔泰最后讥诮的嘲弄才慢慢松了一口气。

从此,他再也不敢给主人留下任何口实。

景慕的四件东西

1764年9月，伏尔泰接待了两位英国客人约翰·摩尔根和撒缪尔·鲍威尔。当晚宴正在进行时，一只小狗来到餐厅，在主人面前摇尾乞怜。

突然，伏尔泰问鲍威尔："你认为这个小狗怎样，它有灵魂吗？英格兰人现在对灵魂怎么看？"

鲍威尔不敢贸然作答，以外交辞令搪塞道："在这个问题上英国人有许多不同的观点。"

伏尔泰仍不停谈论着英国人，还说了一段使人难以忘怀的话："如果我能死而复活，或者说能够第二次来到地球上，我祈求上帝让我降生在英格兰那块自由的土地上。我所景慕的有四件东西，它们都是英国人引以为豪的，即自由、财产所有权、牛顿和洛克。"

一手的王

1770年，俄罗斯女皇叶卡特琳娜、普鲁士国王腓特烈二世、波兰前国王斯坦尼斯瓦夫和丹麦国王先后加入了为伏尔泰雕像捐款的行列。伏尔泰得知这一消息后，幽默而又不无遗憾地说："我有了一手的王，我应当胜这一局。这个荣辱交错、黑白相映的生涯，你不觉得敬佩吗？但在我的四王之中没有一个南方之王，你不觉得遗憾吗？"

请上帝帮忙

伏尔泰出名之后，来访者络绎不绝。他自嘲说，他快变成全欧洲的旅店大老板了。

一位熟悉的朋友想在他府上住上六周，伏尔泰不禁脱口而出："您和堂吉诃德有什么两样？他把客栈当成了城堡，您却把城堡当成了客栈。"

伏尔泰无奈地说道："请上帝来管管我的朋友们吧，我的敌人则由我自己来对付。"

托钵僧的习惯

1770年2月,伏尔泰突然收到罗马方济各会托钵僧会长的几封信,会长决定吸收他为该团体成员,并授予他"圣方济各会精神的儿子和人世间的教父"的荣誉称号。伏尔泰得到这一荣誉,尽管出乎意外,但也非常高兴。他给朋友写信,兴奋地告诉他们这一消息,并且宣称他一直有自己独特的托钵僧习惯。

不会再有丝毫挑逗

雕塑家皮加尔为伏尔泰设计了一座一丝不挂、半坐着的形销骨立的坐像,它栩栩如生地刻画出了伏尔泰的相貌气质,成功地展示了一代哲人的风采。伏尔泰看到塑像后,自我解嘲地说:"不论穿衣还是裸体,我那干瘪的身体对夫人、太太都不会再有丝毫挑逗了。"

临刑的时候

伏尔泰在赴法兰西喜剧院观看《伊莱娜》时,受到了崇高的礼遇。不过,这位古稀老人对荣誉则保持着清醒的头脑,他表示,如果早知道有这么多为他发狂的人,他是不会去剧院的。有人对他说:"成千上万的人对您喝彩啊。"他答道:"嗳!我临刑的时候,也会有成千上万的人来观看呢!"

验明正身

当伏尔泰卧床不起等待死神降临的时候,一位牧师自作多情,走到他的床边,为他祈祷忏悔。但是,这位老顽固非但不领情,反而追根究底,盘问起人家的身份来:"牧师先生,是谁叫您来的?"

"伏尔泰先生,是上帝派我来的。"

"那么,您拿证件给我看看,我要验明正身,以防假冒。"

34　孟德斯鸠

孟德斯鸠（Montesquieu，1689—1755 年）是 18 世纪法国启蒙主义思想家、社会学家、法哲学的奠基人。他出身于贵族家庭，原名为查理·路易·德·斯贡达。1716 年，他继承伯父波尔多高等法院副院长、议会议长和"孟德斯鸠"男爵封号。1721 年，他因化名在荷兰发表《波斯人信札》而名声大振。1726 年，他卖掉世袭的议长职位，获得巨款后移居巴黎。1728 年起周游西欧列国，并先后成为法国、柏林科学院院士和英国皇家学会会员。1731 年回国后专事著述。1755 年 2 月病逝于巴黎。

"法"是孟德斯鸠的全部学说，其主要著作有：《波斯人信札》、《罗马盛衰原因论》、《论法的精神》等。1748 年出版的《论法的精神》被伏尔泰誉为"理性和自由的法典"。

西方哲学大师的智慧

人人争购之物

1721年，孟德斯鸠以彼尔·马多的化名出版了一部篇幅不长的为城市淑女而写的假东方小说——《波斯人信札》。这部书籍不仅成为贵族沙龙中的读物，也成为小书摊上的读物，甚至在巴黎的街头也有人读它。"它就像块面包一样，成了人人争购之物。"

怒斥书商

《波斯人信札》出版后，在巴黎的街头竟然出现了购书狂潮。书上虽然没署作者的真名，但人们很快就知道了是孟德斯鸠所著。有一天，孟德斯鸠在街上遇见了出版商，后者对孟德斯鸠说："先生，请您替我们再写一部像《波斯人信札》这样的书吧！我们会付给您大价钱的！"孟德斯鸠冷笑道："如果你以为我是为钱才写这部书的，那你就大错特错了。我讨厌这个黑暗的社会，我憎恨这里的腐朽习俗，我反对那没落法制。因而，我要拿起批判的武器，同这种旧的封建专制制度和习俗传统做斗争！"书商讨了个没趣，灰溜溜地走了。

笨拙的英语发音

孟德斯鸠笨拙的英语发音曾使他出了一回丑：当他与一个大人物用早已背熟的英语客气地交谈了一个小时后，客人最后不得不礼貌地对哲学家说："先生，请您还是讲英语吧，因为我听不懂法语。"

风流韵事

《波斯人信札》获得成功后，孟德斯鸠成为朗贝尔夫人沙龙的常客。在这里，他结识了一位花容月貌的贵族小姐，在爱慕之情的促使下，他将这段风流韵事写成了一篇散文诗——《尼德的神殿》。这篇在讽喻的幌子下写了许多下流东西的诗，故意让人相信是从希腊文翻译出来的，致使许多女人都想学希腊文，因为她们觉得"只有在希腊文里才可以找到这么有趣的东西"。

那位院士

孟德斯鸠是法兰西学院院士,但在巴黎的社交活动中,他显得相当腼腆,局促不安。由于眼疾造成的视力衰退,他有时根本无法弄清谁在与他说话。他还有丢三落四、不记人名的毛病,与人交谈时,一会儿一个"那位",因而他得到了一个"那位院士"的诨名。

理性与自由的法典

1743 年,《论法的精神》在瑞士匿名出版,一向与孟德斯鸠作对的伏尔泰称誉此书为"理性与自由的法典"。虚怀若谷的孟德斯鸠从朋友们的反映中获得了自信。他说:"因为有了这部书,使得英国人今后再也不能说法国人从来未写出一部独具特色的书了。"

怀疑宗教的原因

孟德斯鸠在临终之时,神甫鲁思询问他:"你以前曾亲自表述过一些观点,公然对宗教表示怀疑。这样做究竟有何原则作为根据?"孟德斯鸠巧妙地回答说:"这是由于我喜欢标新立异,追求超越成见与已被公认的至理名言,以赢得那些左右公众舆论并对摆脱束缚而争得自由和独立极表赞同的人的承认。"

上帝与人

在孟德斯鸠弥留之际,一位神甫对他说:"先生,你比别人更懂得上帝多么伟大。"孟德斯鸠回答说:"是的,先生,人是多么渺小啊!"他还说:"我始终尊重宗教,《福音书》中伦理道德是无与伦比的,这是上帝赐给人们最美好的礼物。"

35 卢梭

让·雅克·卢梭（Jean Jacques Rousseau，1712—1778年）是法国启蒙主义思想家、哲学家、教育家和文学家。出生于日内瓦，幼年失去父母，到处流浪。1742年来到巴黎，后因出版《社会契约论》和《爱弥尔》遭禁，被迫流亡瑞士等国，后应休谟之邀移居英国。晚年返回法国定居。主要著作有《社会契约论》、《爱弥尔》、《忏悔录》等。

在哲学上，卢梭倾向于自然神论，主张感觉主义，他对哲学的贡献则主要是历史哲学与政治哲学，其哲学思想深刻影响了德国古典哲学。

烤　肉

一天晚上，还是儿童的卢梭因为淘气，被父亲惩罚不吃晚饭就上床睡觉。当他经过厨房时，看见铁叉子上正烤着一大块肉，香味扑鼻。他向每个人道声晚安后，眼巴巴地看着那块肉，垂涎三尺。突然，他灵机一动，向烤肉鞠了一躬，用悲戚的语调说："再见吧，烤肉！"这句玩笑话把大家都逗乐了。他们免除了对他的惩罚，让他一道共享美味。

面对暴力和不公正

有一天，卢梭在厨房做功课，女佣不小心把梳子放在铁板上烤，当她回来取梳子时，其中有一把梳子一边的齿全断了。只有卢梭进过那间房子，大家规劝、逼迫、吓唬他，要他承认做了坏事。

这种暴力和不公正第一次深深地铭刻在童年时期的卢梭心上，后来，他说："当我读到一个暴君的残暴行径，读到一个邪恶僧侣的卑鄙伎俩时，我真想去亲手捅死他们，万死不辞。"

观察星座

在沙尔麦特村时，卢梭对天文很感兴趣，由于是近视眼，无法观察天空的星座。为此，他买了一张平面天体图，晚上在园内点灯，对照着天体图，用望远镜观测天上的星座。这种举动引起邻居们误解，他们还以为园内闹鬼呢！

谦　逊

第戎科学院宣布卢梭应征的作品《论科学与艺术》荣获首奖，卢梭顿时轰动法国文坛，声誉大震。

后来，卢梭在《忏悔录》中仍谦逊地自我分析说："这篇作品虽然热情洋溢，气魄雄伟，却完全缺乏逻辑和层次。在出自我的手笔的一切作品之中，要数它最弱于推理，最缺乏匀称与谐和了。"

参赛获奖

1750年的一天下午,卢梭去看被囚于狱中的狄德罗。为了避免过于疲劳,边走边从口袋里掏出《法国信使报》浏览着。突然,他的目光落到第戎学院为了来年伦理奖金而悬赏征求的一个问题:科学和艺术的进步,是使道德改善,抑或道德败坏?顿时,他好像"被千百道光线刺射着,许多有生气的思想"对他攻击。他转身躺倒在一棵树下,失魂落魄足足半个小时。他不自觉地在灵感的启示下,写出了假托古人法布里修斯的论述。这篇论文《论科学与艺术》寄给第戎学院以后,果然中了奖。此后,卢梭便在法国学术界崭露头角,渐渐有了名气。

杯弓蛇影

卢梭晚年受赦免回到法国后,对周围的一切总是怀疑。一闻到玫瑰花的香味,他就感到那是人们企图杀他的毒药。到他那里去的咖啡商人、理发师、成衣师,统统被他认为是不怀好意的人。

奇　迹

某一个星期日,卢梭回到华伦夫人家时,邻居的房屋失火了。华伦夫人家的住宅已被风吹过来的火苗盖住,大家都忙着把抢救出来的东西放到花园里。恰好大主教来访,他和夫人一起跪在花园里祈祷,卢梭和其他的人也同时跪下。忽然间,风向变了,大火没有烧到华伦夫人住宅这边来。后来,卢梭说:"这件事真是一个奇迹。"

对牛弹琴

有一天,卢梭怀疑有人正在搜捕他,便用一个银勺子付清了旅馆的账单,把行李和钱交给旅馆保管,只身逃向海边。在逃跑的时候,他弄不清方向,还以为自己已经落入了陷阱。他非常绝望,在一个小山岗上,向因好奇而聚拢过来的人用怪声怪气的英语说起话来。人们完全不了解这是怎么一回事,茫然地望着他。卢梭却相信听讲的人确实受到了感动。

迂回手段

为了生活和成名，卢梭什么样的路子都闯过。来到巴黎后，他的音乐天赋没有被人重视，就又到棋场上去当棋手。

卢梭和作家狄德罗就是在巴黎人头攒动的棋场上相识的。当时，他向狄德罗自我介绍说："我出生微寒，受过许多苦。现在，我决意采取'迂回手段'取得荣誉，成为当代最佳棋手，以此来引起人们的重视，承认我的音乐、文学才能。"这种稚气的直言不讳，使狄德罗大为感动。

与纯朴的农民

有一天，卢梭为了参观一个风景秀丽的地方，特意离开原路，绕了几个圈，结果迷了路。他又累又饿，于是走进一个农民家里，请主人按价计算给一顿饭吃。主人拿来了牛奶和粗糙的大麦面包，卢梭如狼似虎地一会儿就把那点食物消灭了，主人见他不像坏人，就又到地窖里拿出一块好面包、一块火腿和一瓶美酒，还添了一盘炒蛋，卢梭饱餐了一顿。当他付钱时，那位农民却不肯收。他战战兢兢地对卢梭说，由于官吏横行乡里，所以他不得不将酒食面包藏起来，以免被征税。如果这事被人发现，他就得上绞刑架。听完这番话，卢梭心里产生了对人民遭受痛苦的同情和对贪官污吏的痛恨。

吃　　药

有一次，卢梭见华伦夫人正在药炉边忙来忙去，就对她说："妈妈，这里有一支非常有趣的二部合唱曲，我看，你准会因它而把药熬糊了的。"

"真的吗？要是你让我把药熬糊了的话，我就叫你吃了它。"

卢梭就这样一边斗着嘴，一边把她拉到她的羽管键琴那里。一到那儿，他们就把什么都忘了。

最后，杜松子和茵陈都变成黑炭了，华伦夫人拿起来抹了卢梭一脸炭末。

西方哲学大师的智慧

占 卜

卢梭常读一些宗教书籍,并被书中描述的令人恐怖的地狱扰乱了内心的宁静。他常常问自己:"如果我立刻死去的话,会不会被贬下地狱呢?"有一天,他一面想着这个令人苦恼的问题,一面漫不经心地对着几棵树的树干练习扔石头,忽然,他想借此来占卜一下,以便消除他的忧虑,就对自己说:"我要用这块石头投击我对面的那棵树。如果打中了,说明我可以升天堂;如果打不中,说明我要下地狱。"然后,他紧张兮兮地用颤抖的手把石块投了出去,石头正好击中树干。此后,他对自己的灵魂能够得救再也不怀疑了。

尊 严

有一次,卢梭拜访伯藏瓦尔夫人和她的女儿布洛伊夫人。当卢梭告辞时,伯藏瓦尔夫人留卢梭在她家吃饭。但当卢梭发现伯藏瓦尔夫人有意安排他同仆人一起吃饭时,便站起身说:"对不起!我有一件急事要办,必须离开。"布洛伊夫人看出了卢梭的心思,就走到母亲身边,俯耳说了几句话。伯藏瓦尔夫人站起身来拦住卢梭,客气地说:"我想请你赏光跟我们一起用餐。"布洛伊夫人也热情挽留,卢梭不好意思再推辞,就留了下来。饭后,卢梭想在他们面前露一手,就朗诵了一首自己写的诗,大家都感动得流泪了。布洛伊夫人对母亲说:"妈妈,我早就说过他有才华,没有说错吧!"听到这样的话,卢梭心里痛快多了。

童贞与健康

卢梭结识了戴莱丝·勒·瓦瑟小姐,两人心心相印,相互之间产生了爱情。经过接触,卢梭发现她在以身相许之前心神不宁,惶恐不安,想有所诉说而又不敢明言。卢梭想不出缘由来,就作无谓的瞎猜。二人一谈到这个问题,便都是含糊其词。最后,卢梭弄清了原委——原来戴莱丝刚成年时由于无知曾被人诱奸,失去了童贞。"童贞吗?"卢梭叫道,"在巴黎,过了20岁,哪还有什么童贞女啊!我的戴莱丝啊,我不寻找根本不存在的东西。拥有笃实而健康的你,我太幸福了。"

求爱失败

在巴黎，卢梭拜访了杜宾夫人，她是萨米埃尔·贝尔纳和高丹夫人的第三个女儿，长得最漂亮。她接待卢梭时正在梳妆，胳臂赤裸，头发蓬松，梳妆衣也随便披在身上。卢梭简直受宠若惊，不知所措，深深爱上了杜宾夫人。她欣然接受了卢梭的著作，便和他一起唱歌弹琴，并留他吃饭。从那以后，卢梭天天都往她家跑，但却鼓不起勇气向她表白自己的爱慕之情。后来，他大胆地给她写起信来，但杜宾夫人无动于衷。到了第三天，她把信都退还卢梭，并当面责备了他，语调冷淡得让卢梭心寒。从此，卢梭连秋波也不敢向她送了。

阻止了一场革命

1753年的狂欢节，《乡村卜师》在巴黎演出了。这时，根据对音乐的不同观点形成了两大派别，这两个派别即有名的"国王之角"和"王后之角"。争论的结果是引发出一些小册子，其中格里姆写的《小先知》和卢梭的《法国音乐书简》引人注目。不同的是，《小先知》的作者没受到任何委屈，而《法国音乐书简》却引得人们认真起来。法国人认为法国音乐受了侮辱，一致反对卢梭。当时，议院和教会正在大闹纠纷，议会刚被解散，群情激愤达到了顶点，武装起义大有一触即发之势。但卢梭的小册子一出来，顿时一切争论都给忘记了，大家都只想到法国音乐的危机，马上联合起来对付卢梭。这本小册子在全国范围内阻止了一场革命，这是卢梭万万不曾想到的。

散发宣言

卢梭写了一篇《致所有爱好正义与真理的法国人》的宣言，并在街上散发给行人。过路人对卢梭这篇宣言并不感兴趣，并没有人愿意拿，因为他们觉得宣言中所讲的人并不是指他们。虽然卢梭内心一直保持着对人类的爱，但民众对真理和正义却毫不关心，只有少数几位理性主义者除外。他希望能唤醒大众去关心别人，去追求正义与真理，然而民众却不理睬。

创作歌剧

一天晚上,卢梭与缪沙尔先生在就寝前畅谈意大利音乐,特别是谈他们俩在意大利看过并且十分喜欢的喜剧。那一夜,卢梭满脑子里都是创作歌剧的念头。

第二天早晨,他边散步边喝矿泉水,并随意写了几句似诗非诗的歌词,并配上了曲。喝早茶时,他把这些歌曲拿给缪沙尔看。卢梭只是信笔写来,没料到却受到缪沙尔先生的喝彩和鼓励。顿时,卢梭激情满怀,六天就完成了全剧,剧名为《乡村卜师》。然后,他又花了三个星期,为全剧谱曲。1752年3月1日,这出戏正式公演,受到了人们的普遍欢迎。

猜 疑

卢梭到英国不久,有人写了一篇短文讽刺他,而他认为这是休谟干的,到处写信和文章指责休谟居心不良,甚至写信给休谟,怒骂他不怀好意。尽管卢梭有时有所醒悟,并拥抱着休谟,大声呼喊:"休谟,请你原谅我,我相信你绝不是出卖朋友的人!"一时间,人们对此事议论纷纷,有人主张把事实公布于众,也有人认为还是顺其自然为好。休谟忍无可忍,将他和卢梭来往的信件及其交往的过程说明寄给了达朗贝尔,并允许他随便使用。不久,达朗贝尔把这些材料汇编成册,公之于众。

道 歉 信

1762年12月,卢梭在普鲁士时,想到自己曾在《爱弥儿》里用多尼安人的国王阿德拉斯特来影射过当今普鲁士国王。于是,他给普鲁士国王弗里德里希写了一封信,表明自己的心意:"君主!我曾在您背后说过您的坏话,我有可能还会这样做。但是,我被法国、日内瓦、伯尔尼驱逐后,到了贵地接受您的庇护。君主!我并无权接受您的恩典,而且我也不想要求任何恩典。但是,现在我有责任向您声明我在您的管辖之下,您可随意地处置我。"

我是高贵的

卢梭曾任法国驻威尼斯大使的秘书。

有一次，大使准备招待摩德纳公爵一家人吃晚饭，通知卢梭说宴会上没有他的席位。

卢梭不快地回答说，既然他天天都和大使在一起吃饭，那么，就是摩德纳公爵亲自要求他不要去同桌进餐。为了大使阁下的尊严和他本人的尊严，公爵的要求也应该拒绝。

"怎么？"大使气势汹汹地说，"我的秘书，连起码的贵族都不是，竟想与一国元首同席？"

卢梭反驳说："是呀，先生，阁下给我的职位本身就使我是高贵的，只要我在职一天，我比你的随员，无论是贵族或自称贵族的随员都要高一级。"

这次冲突深深伤害了卢梭的感情，他辞职离开了大使。

出尔反尔

1776年1月，卢梭随休谟来到了英国。休谟通过他的一些朋友向国王乔治三世申请给卢梭一笔每年一百英镑的年金。

岂料，卢梭提出条件说："这事要严格保密，如果透露了半点风声，我就不碰这笔钱。"乔治三世同意了他提出的条件。

过了没两天，卢梭又找到休谟说："请你让人去告诉国王，这年金的事要公布于众。如果不公布，我就不领。"休谟只好求朋友去向国王说情。

被狗践踏

1776年10月，卢梭正在美里蒙特镇附近一边散步，一边思考自己的作品。突然，一辆马车驶来，虽然卢梭及时躲闪，但路边的狗却扑了过来，他受惊吓而跌倒，浑身疼痛，嘴里流着血，在地上躺了很久，才挣扎着爬起来。

当地报纸披露了这条消息，报纸编辑竟用了一个带有侮辱性的标题：《卢梭被狗践踏》。这件事深深地刺痛了卢梭。

我就是要去那里

1778年7月2日,卢梭外出散步,在回来的路上,忽然发生中风,跌倒在一块大石头上,撞破了头。当夫人戴莱丝发现他血流满面时,急忙去扶他。卢梭紧紧地握着她的手说:"可别太伤心,你看,那天空有多透明,我就是要去那里。"说完,便失去知觉,与世长辞了,终年66岁。

自撰墓志铭

卢梭逝世后,他的遗体被安葬在爱尔梅隆维尔园中美丽的杨树岛上。法国革命后,政府将他和同年去世的伏尔泰一起改葬在巴黎的派台奥,洁白的墓石上刻着他生前为自己撰写的墓志铭:"长眠在这里的是一个热爱自然和真理的人。"

36 狄德罗

德尼·狄德罗（Denis Diderot，1713—1784年）是法国唯物主义哲学家、坚持反对宗教的无神论者、勇敢冲击封建制度的民主主义者、长于创新的文学戏剧家、宣传进步思想的启蒙运动者、辛勤编撰百科全书的著述家。1746年因出版《哲学思想录》被法院查禁，1749年因发表《供明眼人参考的谈盲人的信》而被捕入狱。出狱后，他历时25年主编出版了划时代的巨著《百科全书》，并成为百科全书派首领。1773年，他应俄国女皇叶卡特琳娜二世之邀访问俄国，企图说服女皇改革政治，实现其政治理想。其主要著作除《百科全书》外，还有《哲学思想录》、《对自然的解释》、《拉摩的侄子》、《达朗贝尔与狄德罗的谈话》、《关于物质与运动的哲学原理》等。恩格斯称赞狄德罗为真理和正义而献出了整个生命。狄德罗的唯物主义哲学的基石是关于物质和运动的学说，而且他的唯物主义充满了辩证因素，从而成为了辩证唯物主义的一个理论来源。

 西方哲学大师的智慧

图书管理员

俄国女皇叶卡特琳娜了解到狄德罗多次想变卖自己近 3000 册藏书以便给自己心爱的女儿昂热丽克置办嫁妆时,当即以 1.5 万利弗尔之价购下这批图书。唯一条件是只要这位名作家还健在,他的这批善本书就不离开他的屋子。女皇认为,"让一位学者同他的藏书分开是残忍的"。这样,狄德罗足不出户就成了女皇的图书管理员,他除得到女皇的购书款项外,每年还另外可领到 1 万利弗尔的薪俸。为了避免在支付中的拖欠,叶卡特琳娜提前 50 年付完了这笔钱。

朋友之爱

狄德罗因出版《供明眼人参考的谈盲人的信》而得罪了迪普雷·德·圣摩尔夫人和雷奥米尔先生,从而被关进了范塞纳监狱。卢梭给路易十四的宠姬蓬巴杜尔夫人写信,求她在国王面前说情,希望把狄德罗放出来。卢梭听说狄德罗已经从城堡里出来了,可以在范塞纳监狱的房间和园子里活动,只要不出这个范围,还准许他接见朋友,便马上飞奔到狄德罗那里。一进门,卢梭就把脸贴在狄德罗的脸上,紧紧把他抱住,只有眼泪和呜咽,什么话也没有了。过了一会儿,狄德罗向同室的教士说:"你看,先生,我的朋友是多么爱我啊!"

畏惧三分

1776 年,罗马教皇派弗朗索瓦·马丽·彭赛为伏尔泰制作了一尊雕像。这尊雕像是以白色大理石为材料、以真人同等尺寸塑制的,它的胸部和肩部裸露,其他部位缠着衣饰,体现的是另外一种古典风格。狄德罗非常敬仰伏尔泰这位启蒙大师,晚年曾在自己的写字台边放着伏尔泰雕像的复制品。可能是心理作用,每当他把眼光转向这位故人时,都禁不住感到伟人正在嘲笑自己写作的东西。后来,他不得不让人把这尊雕像请到了别的房间。伏尔泰的嬉笑怒骂、冷嘲热讽,甚至让狄德罗也畏惧三分。

初识伏尔泰

有一天,无所事事的狄德罗带着情人巴布蒂小姐一路溜达钻进了繁华的奥古斯坦街上的一家书店。在琳琅满目的书架上,他随手取下一本书——伏尔泰的《哲学通信》翻阅起来。一下子,他被书中的内容深深吸引了,忘记了时间,忘记了身边的女郎,忘记了吃饭,一口气看了两个多小时,从此他记住了伏尔泰的名字。

打抱不平

11岁时,狄德罗进入郎格里天主教耶稣会中学读书。有一天,他看见一位高个子的同学欺负一个矮个的同学,便上前劝架。"你少管闲事,不然的话,连你也没有好果子吃!"那高个子说着,还恶狠狠地瞪了他一眼,随后揪着矮个同学的衣领,给了矮个同学一巴掌。狄德罗气坏了,不顾一切地冲上前去,握紧了拳头,朝他的脸上挥去,顿时高个子同学血流满面。结果,狄德罗被罚停学几天。

考试得奖

在狄德罗因跟伙伴们打架而被勒令停学时,正好有一天学校要举行公开考试,颁发年度奖。狄德罗早早地来到了学校门口,但手持长柄斧的校卫拦住了他。开始时,狄德罗还给他解释,请他放行。后来,狄德罗见校卫一点通融的余地都没有,就用力推开拦阻他的长柄斧,不顾一切地冲进礼堂,参加了公开考试,结果他还得了奖。

德国古典哲学大师

莱茵河源于瑞士境内的阿尔卑斯山,流经奥地利、法国、德国及荷兰等地,哺育出了一批又一批时代骄子。其中,德国古典哲学大师无疑是最引人瞩目的。图为流经德国的莱茵河及德国的古城堡。

  德国古典哲学是18世纪末至19世纪中叶,从康德、费希特、谢林、黑格尔到费尔巴哈的德国哲学思想、理论的统称。

  "德国古典哲学"一词首先由恩格斯提出。这一哲学的特点为:以哲学上的辩证发展思想为社会革命作理论论证;体系完整,理论严密,内容丰富,思想深刻;思辨性强,抽象、晦涩、艰深。

  德国古典哲学并不是一个统一的流派,它基本上可分为德国古典唯心主义与德国古典唯物主义两个阵营。康德哲学是具有二元论特点的先验唯心主义,费希特哲学主要是主观唯心主义,谢林和黑格尔哲学是客观唯心主义,而费尔巴哈哲学则是以人本学为特征的唯物主义。

  德国古典哲学是人类认识世界的结晶,是马克思主义的来源之一。马克思在总结当时无产阶级运动经验的基础上,批判地吸收了德国古典哲学中的辩证法、唯物主义和人本主义原则,实现了哲学史上的重大变革。同时,德国古典哲学对现代资产阶级哲学思想的发展产生了重大影响。对待德国古典哲学,特别是它的理性主义所采取的继承、修正或讨伐等不同态度,形成和演变为19世纪末以来的现代西方哲学的各个主要流派。

  在19世纪的哲学界,康德、费希特、谢林、黑格尔和费尔巴哈无疑是一颗颗闪亮的明星,是他们使德国这个经济落后的国家,在哲学思辨领域坐上了第一提琴手的位置。从哲学发展历史来看,如果说18世纪是法国人的世纪,那么,可以说19世纪是德国人的世纪。

37 康德

伊曼努尔·康德（Immanuel Kant，1724—1804年）是德国启蒙思想的最后一个代表、德国古典唯心主义哲学的奠基人、自然科学家。生于东普鲁士的哥尼斯堡。1746年从哥尼斯堡大学毕业后任家庭教师9年。1755年任母校编外讲师，1770年才升为教授，后来担任了两届哥尼斯堡大学校长。1792年起兼任柏林科学院哲学部主席。1797年退休。

1770年以前他主要研究自然科学，一般称为"前批判时期"。从1770年开始，以其教授就职论文《论感觉界和理智界的形式和原则》为标志，康德提出了他的先验唯心主义哲学体系，进入"批判时期"，构成批判哲学体系的《纯粹理性批判》、《实践理性批判》和《判断力批判》相继出版。

康德的批判哲学体系是近代理性主义和经验主义矛盾的结合，具有鲜明的二元论特征。他的哲学对德国古典哲学和西方哲学具有深远影响，对马克思主义哲学的诞生也具有深刻影响。

迟　到

有一次,康德的一个朋友约他去郊外旅行,他们说好第二天早晨八点乘朋友的马车出发。

第二天八点差十五分时,那位朋友就已准备好,八点的钟声一响,就乘上马车飞驰而去。马车走到一座桥时,才遇到气喘吁吁的康德,那位朋友不顾康德的大声呼喊,扬长而去。

从此以后,康德养成了准时的习惯。

初为人师

康德被授予讲师职称后,由于学校教室不够用,许多教师都只好在家中授课。康德当时住在基波克教授家中,教授有一所房子可供授课用,康德就在这里第一次登上了哥尼斯堡大学的讲坛。听课的人很多,房子里坐不下,不少学生就站在阶梯和走廊上。

康德当时的学生,也是他的传记作者博罗夫斯基对这次讲演有过记载:"当时康德颇露惊惶之色,不知所措。他从来没有经历过这种场面,颇为急促不安,说话的声音比平时低了些,有时说错了又自己更正。"后来才"渐渐稳定了,从容地继续讲演,不仅议论透彻,而且深入浅出,颇为易懂。听过他的课的人无不为他渊博的学识、深刻的分析、严密的逻辑推理与新颖独到的见解所折服"。

康德后来延续了41年之久的教学活动就这样开始了。

注　意　力

1755年,康德在哥尼斯堡取得编外讲师的职位。在讲课时,康德通常总是从最靠近自己的听众中选择一个对象,从这个人的表情来判断自己讲课的效果。在他与他的听众之间一旦形成一种稳定的联系之后,教室中任何微小的紊乱,都会打断他的思路。有一次,他的精力非常不集中,课讲得不如平时。事后他说,这是由于他的注意力受到前排正对着他坐的一个学生的干扰,因为这个学生的上衣掉了一颗纽扣。

崇拜卢梭

1762年夏天,康德得到了卢梭的《爱弥尔》,并深深为书中表达的新鲜思想所吸引。他打破了平时每天都要到户外散步的习惯,一连好几天整天埋头阅读《爱弥尔》。这部书的内容引起了他的共鸣,对他产生了很大的影响。他曾一再表示:"我要将卢梭的著作好好加以研究,直到完全领会它!"从此,他在自己的工作室里贴上了一张这位日内瓦公民的肖像,这也是他房间中张贴的唯一一张肖像。

第一读者的意见

康德完成《纯粹理性批判》的手稿后,将它送交他的朋友马尔可斯·赫尔茨,以征求意见。赫尔茨看了一半便送回了手稿,他解释说:"如果要我读完这部巨著,我担心会变成疯子。"

学习卢梭

在1764年的笔记上,康德写着他对卢梭敏锐的思想和富于感性的思维以及高尚卓越的天才感到很惊讶。他说:"我生来是一位研究的人,我自觉求知欲很大,时时企求进步;或有分寸之效,便自高兴得很,那时候我以为这是人类很荣誉的事。我鄙视一般俗人,因为他们无一点知识……但是卢梭将我引入正轨了,这个炫耀特长的心情消灭无遗了!我学得尊敬人类。若是我不把这个观察看作对于一切有回复人权的价值,那么我还不如一个寻常的工人呢!"

随机应变

康德才思敏捷,谈吐生动、机智、高雅,是社交场合的灵魂。有一次,在一个晚餐会上,一位年轻的军官因不小心当着老军官的面将红酒洒到桌上而羞愧难当。这时,正在与老军官谈论一次战役的康德对此毫不介意,趁机将洒到桌上的酒比作向前冲杀的军队。

西方哲学大师的智慧

哲学之路

康德午饭后就要去散步。散步时间到了,哥尼斯堡人总是看到康德一个人低着由于高龄和冥思苦想而垂下来的头,沿着同一条路线——"哲学之路"缓慢地走着。

早年他常偕同一位朋友或同事,或与一个他很亲近的学生同行。晚年便一个人独自来去,一半是为了构思,据说1770年以来他的《纯粹理性批判》的重要思想即在这种散步过程中形成;一半是他觉得在途中呼吸,用鼻子比用嘴要卫生。

到了晚年,散步时康德总是尽量不思考问题,可是,一旦有了想法,他就在板凳上坐下来,把它们记下来。

决斗武器

1776年7月,大不列颠的美利坚领地宣布自己为独立国家。康德凭他敏锐的政治目光,早已看到了北美已酝酿成熟的民族解放和独立运动的趋势。一次聊天时,他明确谈到了自己的态度,没想到惹怒了在场的一位朋友——英国商人格林。格林认为康德赞成、支持美国独立,因而侮辱了他,为此竟两度要求与康德决斗。哲学家虽然平时也配利剑,但剑法并不高明,他的武器是理性,是思想和语言。康德耐心地与他说理,致使格林终于承认自己是错误的,并伸出手来以示和解。从此,他更加佩服康德。

沉　默

有一次,康德的一个学生在哥廷根对当地一群教授们声称,在他老师的办公室里有一本写好的著作,它将使在场的教授先生们"心惊胆战"。这话虽然不够准确,因当时康德的书尚未完成,但意思却是对的。不过,这番话在当时却引起了一场哄笑。在场的人认为,指望康德这样一个初涉哲学殿堂的人搞出点什么名堂,那是徒劳妄想。康德不理会人们的怀疑甚至诋毁,而是继续写作。一直到1781年的春天,一部55个印张的著作终于写完。这就是著名的《纯粹理性批判》。海涅说:"就是这一部著作,足以使康德的英名永在人间。"

给我物质

康德的第一部著作是《论对活力的正确评价》。尽管康德本人竭力要同古代唯物主义划清界限,但实际上他是一个把自然科学的唯物主义原则应用于天文学的人。"给我物质,我将用它造出一个宇宙来。也就是说,给我物质,我将向你们指出,宇宙是怎样由此而形成的!"康德的这句名言,也就是康德这部著作的基本思想。

探究我的族系

一名叫卡尔·弗里德里希·康德的人曾致信康德说,他的父亲的兄弟拉尔斯·康德就是哲学家的父亲。他因想当海关检查员要用一笔钱,希望堂兄康德能借给他 8000 塔勒或 10000 塔勒。此后,他再一次提出了请求。可能是由于他的无理,连瑞典主教林德布格姆也过问其事了。

康德不得不给林德布格姆写了一封彬彬有礼而又不无讥讽的信:"有劳尊驾探究我的族系,并把结果通知我,这是完全值得感谢的。尽管从各方面来看,不论对我还是对别的什么人,都不能由此产生任何好处。"

怪　癖

1775 年,康德调换了住宅。因为邻居家那只啼叫不止的公鸡使他无法专心致志。本来康德表示,只要主人把鸡杀掉,要多少钱他都可以付。可是,主人却不愿意:家禽怎么会妨碍人呢?何况还是一位大名鼎鼎的哲学家。邻居不肯纵容教授的怪癖,最后康德只好搬家。

面对虚荣

1786 年 12 月 7 日,康德被任命为科学院院士。该院秘书用一封法文信将此事通知了他。但是,康德在自传中并没有提到此事,他后来的所有著作在署名时仅用教授头衔和他的名字。很显然,康德对虚荣丝毫不感兴趣,他的内在的丰富与强大,早已不需要任何外在的东西来为自己撑门面。康德这个名字本身,就是深刻,就是崇高,就是伟大!

面对囚徒

1784年，康德购置了一座私人住宅，但花园面对的是一座监狱。每当夏天开窗的时候，便从里面传出高唱教会赞美歌的声音，这妨碍了他注意力的集中。康德不得不去找警察，要求囚徒们在唱歌时关上窗子。后来，他为此亲自给崇拜自己的市长希佩尔写了一封信，对"监狱中的虚伪言行""感到气愤"："我不相信，如果让这帮人关上窗户、低声咏唱的话，他们就有理由抱怨，好像他们的灵魂就会因此而得不到拯救似的。"市长出面干预，问题才终于解决。

让 步

康德购得的一幢私人住宅坐落在城市中心，连带一个开满鲜花、树荫如盖的花园。然而，康德却很少进入这个花园。原因是顽皮淘气的孩子们常往墙院里扔石头，而警察又对付不了（或不想对付）他们。于是，哲学家只好让步，不再进自己的花园。

坐车郊游

有一次，某位阔佬邀请康德坐车郊游。由于玩的时间长了，康德到了晚上十点才回家，对此他感到非常生气。作为哲学家，这点小小的经历便变成了一条普遍的生活准则："绝对不要让别人带你去坐车郊游！"报道这件逸闻的作者补充道："从此以后，世界上便没有任何事情能使他偏离自己所制定的这条金科玉律了。"

自我约束

康德晚年时给自己制定了一系列自我约束的规定，例如，对于喝咖啡，康德对自己有严格的要求，从不去品味它。康德的传记作者曾写道："康德非常喜欢咖啡，但他不喝，总是极力战胜自己的欲望。这非常困难，特别是在公共场合，咖啡味的刺激几乎使他垂涎。而他认为咖啡油对身体有害，便彻底放弃这一享受。"

服 药 量

康德有一条严格的自我约束：不管医生怎么说，病情多么严重，服药量一天最多两片。在这种情况下，他总是提到一个人的墓志铭作为自己的理论根据。这个人是由于服用了过量的预防药而死的，他的墓碑上写着："某某先生本来是健康的。但他希望自己更健康，所以他现在躺在这里。"

禁止卧室通风

为了防止阳光直射，康德房间的窗帘总是拉上的。有一次，他到郊外小游，临行前忘记告诉仆人将窗帘拉好。回来后，康德发现房间里臭虫成灾。以前没有过这种虫子，他便由此得出结论：阳光是臭虫生存与繁衍的必要条件，防止阳光直射是预防臭虫的有效办法。他认为这是一条真理，所以禁止仆人给他的卧室通风。……仆人不理他那一套，为了新鲜空气能够进入，窗户和窗帘每天都要打开的，只是康德不知道罢了。

健　忘

健忘是教授们最大的恶习。对此，康德有一个非常奇特的治疗办法。解雇了仆人拉穆柏后，康德对由此产生的环境变化一时难以适应，他决定不再去想这件事。为了使自己不忘记这一决定，他就在备忘板上简单地写上："必须忘掉拉穆柏！"

生活写照

康德曾崇拜两位女性，她们先后赢得了康德的爱慕。但他却一拖再拖，错失良机。不久，一位迁居去了一个遥远的地方，另一位嫁给了一个比康德迅速果断的老实人。

他人捷足先登，康德只好安慰自己说："在多数情况下，未婚老人比结了婚的同龄人看上去更年轻。"他颇有点恶意地补充道："这些结了婚的老头子们，面部都很粗糙，这不正是他们生活在桎梏之中的写照吗？"

论主妇的职业

对于妇女,康德的看法是陈腐的。若是有妇女想同他谈论《纯粹理性批判》,或在宴席上说到"法国革命",康德一定会掉头就走。他的学生、传记的作者博罗夫斯基也说,康德常说妇女唯一的职业是家政,并且据此立论,说太太们的嗜好应该是烹饪术。康德送给兄弟海因里希妻子的唯一礼物便是一本书名为《主妇》的著作。

独身的理由

曲高和寡的康德,也像柏拉图、笛卡尔、霍布斯、洛克、莱布尼茨、休谟等圣哲一样终生过着独身生活。对此,他后来解释说:"当我需要女人的时候,我却无力供养她;然而,当我能够供养她的时候,她已经不能使我感到对她的需要了。"

害怕孤独

康德从不单独吃饭,因为孤孤单单地一个人用膳,他的头脑总是思来想去,得不到休息,不仅不能恢复精力,反而消耗精力。他经常请几位朋友一起用餐。主人有着吃饭时谈话的高超艺术,在餐桌上他往往成为交谈的灵魂。

对此,雅赫曼曾说:"根据著作和讲义来认识康德的人只知道半个康德,这位智者是在交谈中才吐露衷曲的。"

两难困境

在探求世界本原过程中,早期的哲学家们提出了先有鸡还是先有蛋的难题,随之而来的还有先有植物还是先有种子、先有单细胞生物还是先有它的分裂等等一系列的问题。在这些问题面前,哲学家们陷入了两难的境地,就连康德对此也无能为力,他不得不承认,这些问题是人类思想无法摆脱的"二律背反"两难困境。

孩　子

1799年，当康德身上出现衰老的征候时，他缩短了散步的路程，白天坐在椅子上打盹。社交成了他的负担，被请来吃饭的人不超过两个，即使这样，要把他吸引到谈话中来也越来越困难了。他说："先生们，我年老体弱了，请把我当一个孩子看待吧！"

关注招摇撞骗者

1793年，一位流氓在梅克伦堡漫游，自称为哲学家康德的儿子，并且在那里招摇撞骗，于是，耶拿文学报纸对这位流氓下了一个警告。康德曾将记载这件事的那一号（四十一号）报纸亲自送交给为他做传记的博罗夫斯基阅读。

纪　念　章

1784年3月4日，公众为康德举行了六十大寿。大学生给教授赠送了纪念章。纪念章正面是康德像，反面是比萨斜塔和下落的铁球，在斜塔的基座旁是斯芬克斯（希腊神话中有翼的狮身人面怪物，它向过路人提出难猜的谜语，猜不出的就被它吃掉）像，纪念章的题词为："对真理基础的研究将使真理得到巩固。"

标准时钟

康德每天早上5点起床，然后头戴睡帽、身穿长袍在书桌前工作到7点，晚上10点准时就寝。每当他去上课时都要换上庄重的外衣，下课回家后就立刻穿上长袍继续工作。每天午餐后他一定要坚持散步。他的生活规律就如钟摆一样准确无误，无论遇到什么特殊情况，这种生活规律都不会改变。因此，诗人海涅曾说，哥尼斯堡的家庭主妇们都把康德作为这里的标准时间，根据他每天路过的时间来校正自家的钟表。他的一位传记作者曾赞叹道："康德的生活像最规则的规则动词。"

面对女人

一个陌生女人潜入了康德的书房。他发现后从桌子旁站起来,准备保卫自己的财产。她问现在是几点钟,康德取出自己的表,攥到手里,告诉了她时间。陌生女人道了谢,走出书房,临出门时转过身来说是一个邻居叫她来的,这个邻居要对表,只要教授先生把表借给她用几分钟就行了。康德高声呼喊起来,女人很快就溜走了。

坠入情网

在哥尼斯堡大学任教时,年轻女士们的目光一直追逐着穿着雅致的康德硕士。他虽然个子不高,但眼睛炯炯有神,谈话风趣幽默。可他对女性总是保持着一定距离,不管哪个女孩多么狂热地追求,他都不会越雷池一步。事实上是康德心里已经有意中人了,那就是凯塞林克伯爵夫人。这位中年丧偶的伯爵夫人端庄美丽,气质优雅。康德每天都到伯爵夫人家为她儿子上课,为的是看一眼"心上人"。但由于世俗的禁锢,一个伯爵夫人是不能嫁给平民的。1763 年,凯塞林克伯爵夫人只好嫁给了一个贵族,康德不无悲伤地辞去了家庭教师工作。

朋　　友

谈到朋友时,康德常用他喜欢的一句谐语来回答:"亲爱的朋友,朋友是不存在的。"对于一些自称为"朋友"的人,他感到无可奈何,只好请求"上苍"帮助。他说:"上帝啊,把敌人留给我们自己去对付,只求你把我们从朋友手里拯救出来。"

力尽绵薄

1794 年,当有人问康德还有什么著作贡献于世人时,康德当下便回答道:"哦!我现在只能想到'力尽绵薄'了。"所以,他最后的几部著作没有什么特别发明。

面对荣耀

1786年夏，康德以62岁的年龄最后被提升为大学的最高位置——校长的职位。康德在62岁生辰的第二天举行校长就职典礼，如同从前就任正教授职务时一般。有许多学生给他送诗，诗系以十节最有意义的四列句体赞扬他为"父亲、领导人、朋友和教师，虽然他地位愈来愈高……依然是人类的朋友"。诗中云：

　　他的心绝不慕虚名，
　　也没有丝毫卑鄙的骄气。
　　他的行为庄严神圣，
　　正与他的道德相称。

这天早晨，许多贺客来到他那里，雅赫曼代表众人致祝词。康德非常高兴，屡用话打断他，并且很坚决地说道："他的精神真是完全失其常态了。"

惊　讶

有一天，在繁华的大街上，康德遇到了他的邻居。此刻，这位邻居正在同一位漂亮而有风度的姑娘告别，两人恋恋不舍的。

康德指着走远的姑娘问邻居："怎么，这是您的未婚妻？"

邻居回答道："是的。您对于我的选择感到惊讶吗？"

康德赶忙微笑说："呵，不不！对您的选择我绝对不感到惊讶，"停顿了一下，他接着说，"可是令我惊讶的是姑娘的选择。"

临终之言

康德临终之时，一位学生为他斟了一杯葡萄酒，他喝完后，心满意足地说："味道真美。"说完就与世长辞了。

盼望春天

晚年的康德常觉生活枯燥，非常盼望春天早日来临。有时甚至于等待一只在他的屋前嘶鸣的草虫重来，当那只小虫次年春天没有出现的时候，他十分悲切地说:"我的小鸟儿不回来了!"仿佛已预感到不可能再度过一个春天了。

人们对康德个人生活的印象,似乎总围绕着两件事:一件是康德出门散步极为守时,风雨不误;另一件便是康德一生独身,从不出远门,生活单调。仿佛康德一辈子除了哲学,便无别的了。德国大诗人海涅也说:"康德的生平履历很难描写,因为他既没有生活过,也没有经历什么。"

康德柱廊

康德逝世后被埋葬在大教堂北侧的教授墓地。1809年,在原地建筑起一个回廊,取名"康德柱廊",墓上安放着康德的半身雕像,并镌刻着两行诗:

在这里,伟大导师将流芳百世,

青年人哪,要想想怎样使自己英年永存!

1880年,在这位哲学家的墓址上,又重建了一个仿哥特式的小墓庐,上面的墓志铭是康德的一句名言:"有两种东西,我们对它们的思考越是深沉和持久,它们所唤起的那种惊奇和敬畏就会越来越充满我们的心灵,这就是繁星密布的苍穹和我们心中的道德律。"

1924年,康德墓重新被翻修,庄严的立柱支撑着回廊,回廊下面的石台上安放着一具石棺,墙上刻着碑文:

伊曼努尔·康德

1724—1804

这就是康德墓的现代形式。如今它接待着来自世界各地的前来瞻仰的人们。

38 费希特

约翰·戈特利布·费希特（Johan Gottlieb Fichte, 1762—1814年）是德国古典唯心主义哲学家。1780年进入耶拿大学，次年转入莱比锡大学神学系，后因经济原因弃学任家庭教师。1793年匿名发表《试论一切天启的批判》，声名鹊起。1794年任耶拿大学教授，开始撰写和讲授《知识学》。1799年在无神论的罪名下被政府当局解除教授职务。此后移居柏林，1809年任柏林大学教授，次年当选为该校第一任校长。

费希特的一生都在孜孜不倦地建立知识学的哲学体系。费希特哲学在德国古典哲学发展中具有承上启下的作用，是从康德到黑格尔发展过程中不可缺少的重要环节。

西方哲学大师的智慧

模仿牧师

一个星期日的中午,一位地主来到了费希特居住的小村庄,由于错过了祷告时辰而感到非常沮丧。人们安慰他说,放鸭子的费希特能够一字不差地背诵所有祷词。地主找到了费希特。小费希特果真把牧师的神调和动作模仿得惟妙惟肖。地主大为感动,继而决定出钱让这位放鸭子的穷孩子上学接受教育。感谢这一善举,哲学界后来才有幸诞生了自己的费希特。

家庭教师

费希特当家庭教师时,认为教育孩子之前,必须先教育孩子的父母。为此,费希特准备了一本日记本,专门记载父母"教育孩子时最明显的错误",并且迫使孩子的父母同意他每星期从中挑选几段念给他们听。可以理解,做父母的不会总是对此兴致勃勃的。而费希特则威胁说,如不这样,他将辞职。没有办法,主人只好同意他马上离开。

费希特写信给弟弟说:"一开始,我就必须和这帮顽固不化的人打交道。但我不动摇,强迫他们尊重我。最后,我只好宣布辞职。我不能收回成命,因为我太自豪,他们太恶劣。"

崇拜康德

康德的《实践理性批判》激起了费希特对其哲学的热情。他写道:"从读《实践理性批判》开始,我就生活在一个全新的世界之中了","对康德的研究使我的思想顿开茅塞"。

深受感动

当费希特来到柏林寻找新的职业时,警察机关对这位可疑人物的居留权提出了怀疑。这时,普鲁士皇帝下令:"据说这个人和亲爱的上帝过不去。如果这样的话,那就劳驾亲爱的上帝和他算清这笔账吧!我无所谓。"这种宽容大度使费希特深受感动。

最幸福的人

在苏黎世时,一位学生请费希特辅导康德哲学。为此,费希特开始全面地学习研究这位哲学家。他在一封信中叙述了这件事:"我开始研究康德哲学。……它是如此地令人心花怒放,又如此地使人耗神费力。但我找到了一件既能使心灵感到满足又能使头脑感到充实的事情。我精神中那个不可抗拒的、总想向外扩张的力量沉默了。这些日子是我迄今为止度过的最美好的时光。尽管日复一日我得为面包操心,但我也许是这个博大的地球上最幸福的人之一。"

备受欺凌

费希特在耶拿大学任教时,学生们潮水般地涌进他的课堂。但好景不长。费希特公开对学生联合会表示不满,因为他认为联合会的会员们放荡不羁,"不务正业,只想有朝一日成为优秀的击剑运动员"。于是,学生们便开始在他的课堂上闹事,甚至在大街上侮辱他的妻子。最后,学生们操起了他们的看家本领,拣起大街上的石头,砸碎了教授家的窗户玻璃。费希特火冒三丈,气不打一处来:"他们对待我比对待最可恨的坏蛋还厉害。我和我的家人受到这帮混账小子们的任意欺凌。"

英勇地遭到毁灭

在耶拿大学任教时,费希特发表了一位学生写的文章,同时附上了自己的一篇文章,试图削弱弟子得出的有点偏激的结论。尽管这样,一份匿名信还是指责费希特和他的学生们宣扬无神论思想。萨克森选帝侯威胁说,将不允许他的管辖区的弟子们在耶拿学习。费希特抱着宁愿"英勇地遭到毁灭"也不能退让半步的态度,马上给教育部写了一封措辞强硬的抗议信。结果,人家当然非常不友好地解除了他的职务。

热情待友

一天夜晚，费希特接待一位来访的诗人，他们展开了长时间的激烈争论。后半夜时，诗人因为自己打扰了深夜的宁静和自己的激烈言辞而请求费希特原谅，费希特回答道："年轻的朋友，如果您在追求自己所由衷喜爱的东西时，能忘怀一切所谓的顾虑，我就能够喜欢您。"费希特邀请迟走的客人第二天吃午饭。

第二天吃饭时，费希特建议互相称"你"，两人成了好朋友。

神学后补生

1792年4月，《对一切天启的批判》正式出版，出版商耍了个小小的手腕，故意漏印了作者的姓名。人们误以为是康德所著，遂纷纷解囊购买，出版商因此而发了大财。鉴于此种情况，康德赶忙在《文化报》上发表声明："《对一切天启的批判》的真正作者是神学后补生费希特。"自那以后，费希特在哲学界出了名，人们普遍认为，他承袭了老师的哲学体系，完成了老师所开创的事业。

无法制服的野兽

费希特是一位为真理而献身的人，在他感觉到自己有一种用语言的力量改善人们道德的天职时，他就不容反驳地说出一切事物的真理。一个和费希特同时代的人曾经说过："与费希特争辩是危险的。他是一头无法制服的野兽，他不能容忍任何反抗，把一切反对他荒谬行为的人都看成是他个人的敌人。我确信，如果是处在伊斯兰教时代，他就会扮演穆罕默德的角色；如果他的讲台是国王的宝座，他就会用剑和监狱来传播自己的学说。"

不可理解

1814年1月3日，费希特的妻子约翰娜患了伤寒病。费希特离开了已经昏迷不醒的约翰娜，去进行讲演。他期望在自己归来时会发现妻子已不在人世。对于一个有严格责任感的人来说，这种行为几乎是不可理解的。讲演回来，费希特发现妻子正在好转，高兴得向她俯下身去。也许他就在此时被传染上了伤寒病。

费希特因伤寒病渐渐地失去了知觉。在他最后神志清醒时，费希特拒绝了儿子给他服药，并说："算了吧，我不再需要药了，我感到自己好了。"这是费希特清醒时说出的最后一句话。

视死如归

1807年，在法军占领柏林期间，一名书商曾因散发一份爱国传单而被枪杀。费希特却坚持每周日晚上在柏林科学院做"对德意志国民的讲演"，总计达14次之多。他在日记中写道：假如我因演讲而死，则我的家庭、我的儿子有一个为国殉难的父亲，亦应无上光荣。或许正是这种视死如归的精神，使他能在刺刀下发表爱国主义演讲，最终仍安然无恙。

永恒不落的星辰

费希特逝世后被安葬在多罗特姆的城市墓地。碑文谈到了费希特最令人神往的活动。碑文是："导师们必将永放光芒，如同上天的光辉。他们为众生指明正义，犹如那永恒不落的星辰。"

39 谢林

约瑟夫·谢林（Joseph Scheling，1775—1854 年）是德国古典唯心主义哲学家。1795 年于图宾根大学神学院毕业后任家庭教师。1798 年任耶拿大学哲学教授，1803 年离开耶拿大学，在德国多所大学任教。1841 年起任普鲁士宫廷的私人顾问和柏林大学教授。1854 年死于去瑞士旅游的途中。主要著作有《神话哲学》、《自然哲学的观念》、《先验唯心论体系》、《我的哲学体系说明》、《认人类自由的本质》、《天启哲学》等。

谢林的哲学按时间次序经历了自然哲学、艺术哲学、同一哲学（绝对唯心论）和天启哲学几个发展阶段。谢林哲学是黑格尔哲学最直接的前提。

华丽的朝服

1808年，哲学家谢林获得了巴伐利亚功勋奖章。由于为政府效力有功，1849年他再次获巴伐利亚功勋奖章，1853年又获马克西米里安骑士奖章。为此，谢林感恩戴德地说："在国家里相当于上帝的地位的，就是国王的地位。"海涅曾写道："我们的青年哲学家们在过去都是贫苦孤独地蹲在破烂不堪的亭子间，苦心孤诣地思考他们的哲学体系。我们现在的哲学家们则穿起了十分华丽的朝服，他们变成了国家哲学家，就是说，他们在为那个任用他们的国家的一切利益制造哲学辩护词。"

无所畏惧

法国大革命高潮时期，在图宾根神学院学习的谢林将《马塞曲》译成德文，在同伴中传唱。这件事惹怒了封建当权派。主张取缔思想自由的欧根公爵把神学院学生集合在大礼堂里，对谢林与其他几个学生严厉训斥。公爵问谢林，他是否就是那个"强盗歌"的译者。谢林一直都无所畏惧，用他那炯炯有神的目光盯着公爵，简短而干脆地回答："阁下，我们大家缺乏各式各样的思想，""欲加之罪，何患无辞！"最后谢林的父亲及时拜托神学院校长施努黎尔从中斡旋，谢林才未被开除出神学院。

希望寄托于哲学

谢林曾将社会改革的希望寄托于哲学。1795年1月6日谢林致黑格尔的信中谈道："上天降了一个大荒之年，陈年的莠草一起冒了出来，谁是除草之人呢？我们都把希望寄托在哲学身上。"

40 黑格尔

威廉·弗利德里希·黑格尔（Wilhelm Friedrich Hegel，1770—1831年）是德国古典唯心主义哲学集大成者、辩证法大师。1793年在图宾根神学院毕业后任家庭教师7年。1801年他来到耶拿，与谢林合作创办《哲学评论》杂志，同年成为编外讲师，4年后成为副教授。1808年起在纽伦堡文科中学担任了8年校长。1816年被聘为海德堡大学教授。1818年任柏林大学教授。1829年任柏林大学校长兼政府代表。1831年被授予三级红鹰勋章，同年死于霍乱。主要著作有《精神现象学》、《逻辑学》、《哲学全书》、《法哲学原理》、《哲学史讲演录》、《美学讲演录》和《宗教哲学讲演录》等。

黑格尔集由康德开始的德国哲学革命成果之大成，建立了西方哲学史上空前庞大的包含丰富辩证法内核的唯心主义哲学体系，为马克思主义哲学的创立提供了直接理论前提。

怀念恩师

洛佛勒尔不仅赠书给黑格尔,还曾私下两度教过黑格尔。黑格尔在日记中写道:"洛佛勒尔先生是我最尊敬的一位老师,特别是在我中学低年级时,我敢说他几乎是最优秀的。他为人公正无私,一心为学生,为众人谋福利。他不愿像别人那样思想庸俗,以为只要能把那种古旧的、年年稍事更改的班级惯例推行下去,他们就有了生计,而不需要学习提高。不,我的先生却不这样想。他了解科学的价值以及科学在各种不同情况下给一个人的安慰。我们经常在那间小小的密室里促膝交谈,那是多么快乐啊!很少有人了解他的功绩。像他这样一个人,竟完全限制在他的工作范围以内,这真是一个很大的不幸。现在,他已经长眠了!但我将永远地、始终不渝地怀念他。"这就是15岁的黑格尔怀着沉痛的心情对恩师的怀念。

老师的评语

黑格尔的一位老师曾经给黑格尔写下了如下一段评语:"健康状况不佳,中等身体,不善辞令,沉默寡言,天赋高,判断力健全,记忆力强,文字通顺。作风正派,有时不太用功,神学有成绩,虽然尝试讲道不无热情,但看来不是一名优秀的传教士。语言知识丰富,哲学上十分努力。"这段评语,总揽其人,开掘深刻,富于个性,既有否定,又有方向。据黑格尔说,他神学院毕业后之所以致力于哲学研究,很大程度上是受师长为他写的这段毕业评语的影响。

日　记

1780年,在文科中学时,黑格尔在日记中记录了一些颇有兴味的"诙谐冲突",其中的一则日记是:我今天才发现为何同是一样东西可以给各个不同的人以不同的印象……我吃樱桃,觉得其味甚美,并且尽量享受,……但同时一个比我年纪大些的人,却对其不感兴趣。他说,一个人年轻的时候,从卖樱桃的女人身边走过,没有不流口水的。但年纪一大,他可以眼看着春天过去,一点也不渴望吃那东西,因此我就悟到一个令人痛心的至理:"年轻之时,想吃没得吃;年老之时,有吃不想吃。"

西方哲学大师的智慧

小 老 头

黑格尔自幼对衣着不太讲究，行动呆滞、迟缓，在和少女相处时，呆若木鸡，同学们戏称他为"小老头"。在他的纪念册里，有同窗为他画的一幅漫画：他驼着背，穿着老式的服装，拄着拐杖，在向一座高山攀登。在漫画的旁边还有一行题词："愿上帝保佑这个老头儿。"黑格尔为了摆脱同伴的戏弄，经常用"去年的座右铭是酒，今天是恋爱"这种话来激励自己，但总不能如愿以偿。

木 头 人

大学讲台上的黑格尔像坐在家里书桌前一样，翻翻笔记本，找找要讲的段落，低沉地讲着，费劲地斟酌字眼，又打喷嚏，又咳嗽。人们管他叫"木头人黑格尔"。第一期只有 11 名学生听黑格尔的课，就是后来，耶拿大学听黑格尔讲课的学生，也难得超过 30 名。

好书和啤酒

父亲去世后，黑格尔继承了价值 1500 美元的遗产。他写信给老朋友谢林，请求这位享誉哲坛的耶拿教授给他推荐一个地方，他将在那里定居，这个地方必须有好书和啤酒。

谢林当然明白他的意思，回信道："那你就到耶拿来吧。"

百般推崇

1801 年，黑格尔担任了耶拿大学哲学讲师。在授课资格答辩会上，黑格尔致辞说："我请求您，世上最聪明的、最可尊敬的谢林教授先生，把我们提纲中您所不同意的一切论点在这里公开指出来，因为这次答辩就是为了向您请教。不言而喻，能够得到您的支持，使我感到多么荣幸。不是同时代人，也不是朋友，唯独后代，唯独科学（因为它是永恒的）才配评价您的精神的高贵力量，评价您的精神能力。请允许我推崇您为一位真正的哲学家。"

深得老师的宠爱

上中学时，黑格尔就深得老师宠爱。老师洛佛勒尔曾送给他一套德译本的莎士比亚剧作集，并在扉页上写下了这样一句充满爱意的话："你现在还读不懂，但不久就会读懂的。"

特别的经验

在任大学教授时，有一次，黑格尔是上下午三点的课，但他心不在焉地提前一个小时就来到教室，在讲台上讲了起来。有个学生向他暗示搞错了，他压根儿没理会。这时，理应来上课的教师奥斯蒂来到教室门前，听到黑格尔讲课的声音，以为自己迟到了一个小时，赶紧退了回去。到了三点钟，黑格尔的学生们来上课了，他们已经知道了是怎么一回事。于是，就好奇地等待着，看老师如何摆脱这个尴尬局面。

黑格尔明白过来之后，对学生们说："诸位，感官可靠性究竟是否真正可靠，首先取决于自身的意识经验。我们一直认为感官是可靠的，本人在一小时以前却对此有了一次特别的经验。"就这样，哲学家一下子摆脱了尴尬的局面。

水火之争

在近代地质学发展史上，曾有一场长期的争论——水成论和火成论的争论。水成派认为地质变化的原因是水的作用，所有的岩石都是水成岩。火成派认为地质变化的原因是火山的作用，所有的岩石都是火成岩。讲水就排斥火，讲火就排斥水，水火之争，愈演愈烈。

有一次，在英国爱丁堡召开学术会议，两派唇枪舌剑，继而拳打脚踢，真是水火势不两立。

1817年，哲学家黑格尔在《自然哲学》中说：这两种原理"都必须承认为本质的，但它们各自都是片面的"。当时，在地质学家看来水火不能相容，在哲学家看来则相反。后来，地质学的研究表明黑格尔是正确的，虽然他并未做过任何地质学考察。这便是哲学的智慧。

妙 答

有一次,当黑格尔的学生之一、诗人海涅表示对那句"凡是现实的东西都是合乎理性的"不敢苟同时,黑格尔笑了笑,一脸神秘的样子回答道:"也可以这样说:凡是合理的,必然都会是现实的。"然后赶快往四周看了看,生怕被别人听见的样子。

错 误

大哲学家也有糊涂的时候。牛顿通过科学实验,把阳光分解为七种单色光。黑格尔认为白光不是复合光,而是单色光,是"光明与黑暗的结合",没有一个画家是"牛顿派这样的傻瓜",他们可以用黄色和蓝色混合成绿色。牛顿在光学中没讲什么辩证法,相反,在他的头脑中倒有不少形而上学的思想。黑格尔是辩证法大师,他说颜色是光明与黑暗的对立统一,看起来是十分深刻的辩证法。科学实验表明,在颜色理论问题上,牛顿是正确的,黑格尔是错误的。现实是辩证的,但不是每一种辩证的形式都是现实的。

天上发亮的疮疤

在一个星光灿烂的夜晚,海涅与老师黑格尔并肩站在窗前。22岁的诗人心醉神迷:"啊!星星,那是圣者的居处。"黑格尔却毫不动情,喃喃地说道:"星星,唔!哼!那不过是天上发亮的疮疤。"海涅叫喊起来:"看在上帝面上,天上就没有任何福地,可以在死后报答德行吗?"黑格尔瞪大无神的眼睛盯着这位年轻人,尖刻地说道:"那么,你还想因为照料过生病的母亲,没有毒死自己的兄弟,得到一笔赏金吗?"

与我无关

黑格尔在书房里思考问题,仆人忽然闯进来,大声嚷着:"家里起火了,家里起火了!"

黑格尔不耐烦地回过头对仆人说:"家里的事应该告诉太太,难道你不知道我不过问家务事吗?"

尘世夙愿

黑格尔是一个"慢性子"的人,不仅作为学者,就是作为人,也成熟得很慢。直到40岁,黑格尔才深深地爱上了纽伦堡元老院议员卡尔·封·图赫尔的女儿玛丽·封·图赫尔。1811年9月16日,黑格尔同玛丽举行了婚礼。黑格尔感到如释重负,心里有说不出的高兴。他在给好友的信中说:"我终于完全实现了……我的尘世夙愿。一有公职,二有爱妻,人生在世,夫复何求。"

一只鞋

在柏林大学做哲学教授时,黑格尔以惊人的学识、深邃动人的分析征服了听众,但偶尔也会闹出一些无伤大雅的小笑话。有一次,黑格尔进课堂时仅一只脚穿了鞋子,而另一只脚则没有穿鞋。那另一只鞋在半路上给泥巴吃掉了,他竟然没有发觉。

丰富的联想

黑格尔在《谁在抽象思维》一文中,描述了这样一个可笑的女人形象:一位女顾客对一位卖鸡蛋的女贩说:"你卖的鸡蛋是臭的呀!"女贩听罢立刻没完没了地回敬道:"什么?我的鸡蛋是臭的?你自己才臭呢!你怎么敢说我的鸡蛋?你……你爸爸吃了虱子,你妈妈跟法国人相好吧!你奶奶死在养老院了吧!瞧,你把整幅被单都当成自己的头巾啦!你的帽子和漂亮衣裳大概也是床单做的吧?除了军官的情人是没有人会像你这样打扮来出风头的,规规矩矩的女人多半是在家里照料家务的。像你这样的女人,只配坐牢,你回家去补补你破袜子上的窟窿吧!"

十部著作与一句话

一位法国人请求哲学家黑格尔阐释一下自己的哲学理论。黑格尔为此写了十部著作。然而,当人们要求他用古代先知的观点阐释他的哲学时,黑格尔仅仅回答了一句话:"你应该爱你的邻居,像爱你自己一样。"

相互恭维

诗人歌德成名于黑格尔之前,在德国人的心目中早就是一位文学大师。不过,黑格尔的哲学仍使这位德国近代文学大师钦佩不已。歌德给黑格尔写来一封恭维备至的信函称:"唯愿我还能做到的一切同您已经开创和建立的一切密切相投。"

黑格尔也给歌德写了一封同样恭敬的信:"如果综观一下我的精神发展的全过程,就可以看出它同您有千丝万缕的联系,因此请您把我称作您的一个儿子吧。我的心灵为了抵抗抽象化,曾经从您那里获得增长力气的滋养,并在它的航程中以您的形象为灯塔。"

主持家政

黑格尔结婚后,亲自主持家政。他建立了一本家账,所有开销统统入账。月底结算时,账面的结存和手头剩的现金都要相符。对此,有人写道:可以说黑格尔是太精明了,哪怕变成市侩也不在乎。家庭和家务这些令人头痛的琐事并没有妨碍黑格尔的工作,他一如既往地倾全力于哲学。婚后半年,他就写出了一本30印张、内容深奥的书。这便是于1812年出版的《逻辑学》。

反目相向

《精神现象学》的出版表明黑格尔哲学已不再是谢林哲学的一个支派和注释,而将是一个真正体现了理性和自由时代思想的哲学体系。谢林收到这部著作——他仅仅读了序言——以后,过了半年才回复黑格尔。

在谢林看来,这篇序言实际上是一篇独立宣言、造反声明,对黑格尔在序言中的评判心情愤懑。1807年11月2日,谢林给黑格尔写了一封礼貌而冷淡的信,信的结尾写道:"但愿还值得继续做您的真正朋友。"

两人的信札往来以这封信而告终。实际上,这两个青年时代便在共同道路上携手并进的密友,就此反目相向、各行其是了。

向绝对精神致意

1827年10月,黑格尔在结束了对巴黎的拜访后,在归途中专程去魏玛拜访歌德。

歌德赠给了黑格尔一个用波希米亚玻璃做的黄色酒杯,里面嵌有黑色丝织晶,阳光一照,玻璃就呈现蓝色。歌德认为这个现象证明了他的颜色学说,并且随杯给黑格尔写道:"原始现象向绝对精神致意。"

白天看星宿

黑格尔在1787年1月3日的日记中记载了这样一件事情:学生们借口看星宿,夜晚到校外玩耍,结果引来了警察的干涉。黑格尔对学生们说:孩子们晚上应该睡觉,到白天再来看星宿吧!

公开辟谣

黑格尔有时会和同事们闹点口角与矛盾,和黑格尔最合不来的是神学家施莱尔马赫。尽管两人经常交换酒肆的地址,但除此之外就有点水火不容了,甚至宫廷里都在议论说——黑格尔和施莱尔马赫在讨论一篇博士论文时大动干戈,手持凶器打了起来。为了公开辟谣,两人想不出其他办法,只好一起到游乐场滑了一次滑板。

纪 念 章

1830年8月27日,为了庆祝黑格尔的六十大寿,他的学生们订制了一种纪念章。纪念章的正面铸有哲学家的侧面像;背面则是一幅象征画:画的正中是守护神,右边是一个女性,手执体现宗教信仰的十字架;左边是一个埋头读书的老学究,他头顶还有一只象征智慧的猫头鹰。据解释,信仰和智慧的结合便是这幅画的真谛。

41　费尔巴哈

路德维希·费尔巴哈（Ludwig Feuerbach，1804—1872年）是德国唯物主义哲学家、无神论者。1823年进入海德堡大学神学系，1824年转入柏林大学神学系，1825年转入哲学系。1826年因不满黑格尔哲学的抽象思辨转入埃尔兰根大学研究自然科学。1829年留校任编外讲师。1830年因发表《论死亡与不朽》而被迫辞职。1837年迁居布鲁克堡，积极参加了青年黑格尔运动，并为卢格主编的《哈雷年鉴》撰稿，出版了多部著作，创立了自己的人本学唯物主义。主要著作有《黑格尔哲学批判》、《基督教的本质》、《未来哲学原理》、《宗教的本质》、《宗教本质讲演录》等。

　　费尔巴哈哲学从批判黑格尔唯心主义哲学开始，提出了自己的人本学思想，对唯物主义有所发展，为马克思从黑格尔影响下解脱出来提供了思想武器，成为了马克思主义哲学的一个直接理论来源。

诚实的孩子

有一次，学校进行期中考试，少年费尔巴哈的数学试卷得了100分，同学们都向他祝贺，老师也替他高兴。谁知，过了一会儿，费尔巴哈竟拿着试卷来找老师，说分数给他判错了。老师觉得奇怪："怎么会判错了呢？这试卷的满分就是100分呀！"费尔巴哈见老师误解了他的意思，赶忙解释说："我不是说您给我的分数判少了，而是判多了。我这卷子上有一道题错了。本该是'>'号，我却写成了'<'号，应当扣5分。"原来，费尔巴哈的各科成绩在班级里总是名列前茅，因而老师在批卷子时，便有些不大在意。听了费尔巴哈的话，老师非常高兴地说："你真是个诚实的孩子。"

黑格尔的崇拜者

在柏林大学时，费尔巴哈为黑格尔深邃的思想所倾倒，成了黑格尔的崇拜者。他对朋友们说："黑格尔是唯一使我体会并理解'老师'一词定义的人，是我感到唯一应当致以诚挚谢意的人。从某种意义上说，他是我的再生之父。"于是，他由神学系转入了哲学系。

神圣与真实

费尔巴哈在《宗教的本质》中深刻地阐释了宗教与哲学的区别。他说，在宗教里面只有神圣的东西才是真实的，而在哲学当中只有真实的东西才是神圣的。

告别黑格尔

费尔巴哈在柏林大学学习了两年哲学。1826年，他告别了黑格尔，说："我听了您两年课，我两年来完全投身于研究您的哲学。但是，现在，我感觉到需要就教于与思辨哲学直接相对立的其他科学，即自然科学。"为此，费尔巴哈结束了其在柏林大学的哲学学习，转到埃尔兰根大学学习，并在那里获得了博士学位。

西方哲学大师的智慧

不知爱的是谁

自 1837 年结婚后，费尔巴哈隐居于远离德国文化中心的穷乡僻壤布鲁克堡著书立说达 25 年之久。他的朋友卡普和卢格都极力劝他搬到海德堡或哈雷去居住，以利于他的学术研究工作，但他拒绝了朋友们的好意。他热爱宁静的自然环境和优美的田园生活，以致妻子不无忧怨地说："我真不知道费尔巴哈是爱布鲁克堡，还是爱我。"

老鼠与小猫

费尔巴哈对贝克莱的"存在就是被感知"的主观唯心主义进行了形象而诙谐的批评。

费尔巴哈说："如果小猫所看到的老鼠只存在于小猫的眼睛中，如果老鼠是小猫视神经的感觉，那么为什么小猫用它的爪子去抓老鼠而不去抓自己的眼睛呢？这是因为小猫不愿为了爱唯心主义而自己挨饿。在它看来，对唯心主义的爱只是痛苦。"

惊　奇

1842 年，裁缝出身的正义者同盟的主要领导人威廉·魏特林出版了《和谐与自由的保证》，当时发行了 2000 册。这本书相当通俗，工人们都读得懂，因而在德国、法国和瑞士工人中成为了畅销书。

费尔巴哈读到该书时，十分惊讶而感慨地说："这个裁缝帮工的思想和精神使我多么惊奇啊！真的，他是他那个阶级的一位预言家。"

虔诚地牧羊

费尔巴哈在埃尔兰根大学任讲师时，工作一段时间后便放弃了大学的工作。他的解释是：在大学里，"科学为了填饱肚子而使劲种植土豆，此外就是虔诚地牧羊"。这种自我安慰大胆放肆，但也不是完全没有道理。他还说："正因为我是哲学家，所以我才没有资格成为哲学教授。"

马列主义哲学大师

1847年6月,正义者同盟在伦敦秘密召开第一次代表大会,在马克思和恩格斯的指导下,对同盟进行了改组,建立了世界历史上第一个国际性的无产阶级政党——共产主义者同盟。马克思和恩格斯参加了这一同盟,并为同盟撰写了宣言——《共产党宣言》,发出了震撼人心的号召:"全世界无产者,联合起来!"图为马克思和恩格斯在正义者同盟第二次代表大会上。

　　马列主义哲学，是马克思主义哲学和列宁主义哲学的统称。

　　马克思主义哲学，是由马克思和恩格斯于19世纪中叶在对人类文明成果进行全面总结和批判改造的基础上创立的崭新的哲学思想体系，即辩证唯物主义和历史唯物主义。马克思主义哲学是人类智慧的结晶，是科学的世界观和方法论，是伟大的认识工具。马克思主义哲学的产生是人类哲学史上一次革命性变革。

　　马克思、恩格斯批判地吸收了黑格尔的辩证法和费尔巴哈的唯物主义，第一次将唯物主义和辩证法有机结合，科学地阐明了整个世界变化发展的最一般的规律，创立了辩证唯物主义，并且将辩证唯物主义贯穿于社会历史领域，揭示了人类社会变化发展的最一般规律，创立了历史唯物主义。马克思主义哲学是马克思主义的三个组成部分之一，是马克思主义的全部理论基础。

　　列宁主义哲学是马克思主义哲学在新的历史时期的发展。列宁和斯大林是列宁主义哲学的创立者。在帝国主义和无产阶级革命时代，列宁继承、捍卫和发展了马克思主义哲学，他特别重视辩证法和认识论的研究，提出了辩证法、认识论、逻辑学三者一致以及对立统一是辩证法的核心等思想，并丰富和发展了唯物史观的众多原理。斯大林是苏联共产党和国家的领导人，在列宁逝世之后，在宣传、捍卫和发展马克思列宁主义哲学方面也做出了重要贡献。

　　"马克思列宁主义并没有结束真理，而是在实践中不断地开辟认识真理的道路。"毛泽东如是说。

　　马列主义哲学的创立者马克思、恩格斯、列宁和斯大林是伟大的人，但他们是人而不是神，风趣幽默可以说是他们的一大共同特征。让我们一起来领略伟人的精神风貌吧！

42 马克思

卡尔·马克思（Karl Marx，1818—1883年）是马克思主义的创始人之一、全世界无产阶级的导师和领袖。生于普鲁士莱茵省特利尔城。1835—1841年在波恩大学学习并获博士学位。1842年起为《莱茵报》撰稿并被聘为主编。1843年开始同卢格创办《德法年鉴》并迁居巴黎。1844年，马克思和恩格斯在巴黎会面。1845年因从事革命活动被逐出法国，迁往布鲁塞尔。1848年重返巴黎。1848年德国革命爆发后，马克思返回德国参加革命活动。革命失败后被驱逐出境，先到巴黎，后移居伦敦，1883年因病在伦敦逝世。1857—1858年期间，写成《资本论》第一份手稿，1867年出版《资本论》第一卷。19世纪70年代和80年代初，马克思以主要精力写作《资本论》第二、三卷。马克思的著作收录在《马克思恩格斯全集》之中。

西方哲学大师的智慧

选择职业

马克思17岁中学毕业时,在《青年选择职业的考虑》的毕业论文中用其潇洒而又浓重的笔墨写道:"如果我们选择了最能为人类服务的职业,我们就不会为任何沉重负担所压倒,因为这是为全人类做出的牺牲;那时我们得到的将不是可怜的、有限的和自私自利的欢乐。我们的幸福将属于亿万人,我们的事业虽然并不显赫一时,但将永远发挥作用,当我们离开人世之后,高尚的人们将在我们的骨灰上洒下热泪。"

年轻的马克思在中学时期就留下了如此铿锵的言辞,表现出他的思想才华和崇高志向。

求 爱 术

有一天,马克思和燕妮坐在摩泽尔河畔的草坪上谈心。马克思深情地看着燕妮,轻声说:"燕妮,我已经找到心爱的人了!"

燕妮心里一颤,随后问道:"你爱她吗?"

马克思热情地说:"爱她!她是我遇见过的姑娘中最好的一位,我将永远从心底里爱她!"燕妮强忍住情感,平静地说:"祝你幸福!"

接着,马克思风趣地说:"我身边还带着她的相片呢!你不想看看吗?"说着把一只精制的小匣子递过去。

燕妮打开小匣子,心中疑团顿时解开了。原来匣子里是一面小镜子,镜子里正映着自己那张绯红的脸庞。

改变初衷

在青年时代,马克思曾雄心勃勃地要以文学创作为己任。在柏林大学读书期间,他企图阅读所有文学新作以跟上形势。除从事诗歌创作之外,1837年他还写过一部未完成的小说《蝎子和费里克斯》以及悲剧《奥兰尼姆》。但是,1839年,马克思和当时浪漫派领袖倍蒂娜·冯·阿尔宁相见后,他毅然放弃了欲献身艺术的壮志,并将所写的小说、诗歌全部付之一炬。

哲学博士

耶拿大学哲学系主任巴赫曼教授在马克思博士论文的推荐书上写道:"该博士论文证明该候选人才智高超,见解透彻,学识渊博。本人认为对该候选人实应授予学位。"这样,没有经过答辩,马克思就获得了哲学博士学位。这一年,他还不到 23 岁。

哲学的魔力

在大学法学系学习时,马克思曾写信给父亲说:"写诗可以而且应该仅仅是附带的事情,因为我应该研究法学,而且首先渴望专攻哲学。这两门学科紧密地交织在一起。……这又一次使我明白了,没有哲学我就不能前进。"

父亲得知马克思的这种兴趣和行动,大为吃惊,回信坚决反对他放弃法律专业专攻哲学。然而,马克思对哲学研究的浓厚兴趣得到了未婚妻的理解和支持,燕妮一封又一封的信使他兴奋得彻夜不眠,如痴如醉地钻进了哲学魔宫……

争　论

1846 年 3 月 30 日,在一次"共产主义通讯委员会"的会议上,约·魏德曼提出了一个建议:筹集资金,专门建立一个出版社,出版一批关于共产主义的著作。

魏特林突然站了起来,"不!不!魏德曼先生,目前不是宣传理论的时候。"他挥舞着双臂,颇为激动地说。

马克思皱了皱眉头说:"现在的任务是什么?是和各种错误的思想进行斗争,以正确的思想武装工人阶级……"

魏特林恼羞成怒,脸色铁青,含沙射影地说:"我为革命做了许多平凡而有益的工作,比起那些闭门造车的'理论研究'要强得多呢!"

血气方刚的马克思再也忍不住了,紧握拳头猛地在桌子上一击,愤怒地说:"无知从来不能帮助任何人!"

西方哲学大师的智慧

新的看法

马克思早期对黑格尔十分佩服，但是，经过深入的研究，他对黑格尔哲学的认识开始发生了变化。在一次聚会上，他说出了自己的看法："先生们，的确，在黑格尔著作这一人类的巨大思想宝库中，有许多无价之宝等待我们去开采，但是，同时又有不少假的珠宝，等待我们去甄别、剔除。"

听到马克思的惊人之语，卢腾堡问："卡尔，你以前不是对黑格尔佩服得五体投地吗？"

马克思点点头说："是的，我曾经毫无保留地信服黑格尔，但是，现在我有了新的看法。"

打进行李

有一次，诗人海涅写了一首十行诗，马克思和他没完没了地修改这首小诗——推敲每一个词、修改，直到完美的程度，除掉每个雕琢的微小痕迹。马克思在受到法国当局迫害不得不离开巴黎到布鲁塞尔去时，给海涅写了一封信，说："亲爱的朋友，我希望明天还有时间见到您，我将在星期一动身……我将离开这里的人们，可是离开您最使我痛苦，我真想把您也打进我的行李中去。"

马克思老爹

1847年8月底，马克思组织了德意志工人教育协会，参加教育协会的主要是流亡布鲁塞尔的德国工人。马克思经常到工人中去，了解工人的生活，关心工人的疾苦，探讨工人心底的秘密。他的《关于自由贸易的演说》、《雇佣劳动与资本》等演说引起了强烈反响。这位29岁的"老爹"出台演讲，场场爆满。台下的工人心潮澎湃，掌声不断。有些工人竟然乐意让人骑在自己的肩膀上，让自己头上的人呼唤出自己的心声——

"我亲爱的！马克思老爹！您说出了我们要说的话。"

"卡尔老爹！您才是我们工人的老爹！"

于是，这位29岁的年轻人，以其"马克思老爹"的称誉在布鲁塞尔工人运动中传播开去……

真正的爱情

保尔·拉法格是一个社会主义的拥护者，他爱上了马克思的二女儿劳拉。拉法格热情似火，马克思感到有必要向他提出忠告，于是，他给拉法格写了一封信，郑重地说："如果您想继续维持您同我的女儿的关系，您就应当放弃您的那一套'求爱'方式……我惊讶地看到，您的举止在只有一个星期的地质年代里一天一天地变化。在我看来，真正的爱情是表现在恋人对他的偶像采取含蓄、谦恭甚至羞涩的态度，而绝不是表现在随意流露热情和过早的亲昵。"

对恩格斯的赞扬

1843年10月底，马克思来到法国巴黎，准备尽快出版和发行《德法年鉴》。当马克思收到恩格斯寄来的文章时，对燕妮说："恩格斯的文章确实可以用，是研究古典政治经济学不可多得的文章，正如他自己说的，他的那支笔确是非常争气的。我将把他的文章放在我的年鉴的第一期上，文中可以看出这位'商人的儿子'非常透彻地认识到无产阶级的历史使命，非常难能可贵啊！"

伟大发现

有一次，马克思一家人与李卜克内西一同散步时，李卜克内西发现了一片树荫掩蔽的小池，高兴得手舞足蹈，指给马克思和一旁的孩子看："一大发现，李卜克内西的一大发现，这是一朵野生的活生生的'勿忘我'花！"

马克思看李卜克内西的那个高兴得意劲，独自加快了脚步，离开人群，来到了一个浓密的草场，在一个避风的地方蹲下身来，然后高兴地拍着手跳呀，喊呀，比李卜克内西跳得更欢："快来呀！快来看呀！我老马的伟大发现，这里有朵'自由花'，一棵野生的唐水仙！"

"唐水仙！小时候我在学校里学到过，这种花只有在南方，在日内瓦湖畔、意大利和希腊才能自由开放，它们不会生在北方，更不会开花的。"

这的确是一大发现，李卜克内西不得不承认这是一朵唐水仙的"自由花"，是一次比他更伟大的发现。

对金钱毫不在意

1843年6月19日，马克思与童年时代的女友燕妮·冯·威斯特华伦结婚。燕妮的母亲给了他们一些钱去度蜜月，他们把钱放在一个箱子里随身带着，一路看望了几个拮据的朋友，箱子就打开着放在桌子上，每个人愿意拿多少就拿多少，不用说，钱很快告罄了——马克思有着令人惊奇的对金钱毫不在意的态度。

捐款办报

1847年，马克思生存条件恶化，不得不四处告贷，直到母亲给了他一笔继承财产的预付款：6000法郎。这可能相当于他前三年收入的总和。这笔钱马上就派上了用场：马克思捐出相当一笔钱来创办《新莱茵报》，所有的设备和机器都是他个人的，尽管有了5000份的销量，但是报纸还是濒临破产。最后停刊的时候，马克思说自己一共贴进去7000塔勒。

赏 花

马克思在英国伦敦大不列颠图书馆阅览书籍时，图书管理员每天给他拿来一堆新书，马克思都要认真地阅读。

有一天，图书管理员好奇地问他："博士先生，你同时可以研究好几十种科学吗？我们的教授通常只能攻读一种专业！"

马克思敏捷而风趣地回答说："亲爱的朋友，所以有很多教授戴着遮眼罩呀。如果人们要认识世界和改造世界，就不能只在一片草原上赏花啊！"

足 迹

为了写作《资本论》，马克思在伦敦大不列颠图书馆里看书学习、做笔记长达25年之久。每当阅读和写到精彩的地方时，马克思总是情不自禁地跺脚、擦地，时间一长，竟然把那固定座位下面坚硬的水泥地磨凹了，留下了两道深深的脚印，后来人们将它称之为"马克思的足迹"。

留给老鼠的牙齿批判

在布鲁塞尔时,马克思和恩格斯合作撰写了《德意志意识形态》这部重要著作,批判了费尔巴哈唯物主义的直观性和他的唯心主义历史观,彻底清算了青年黑格尔分子布鲁诺·鲍威尔和无政府主义者麦克斯·施蒂纳的主观唯心主义,深刻揭露了"真正的社会主义者"的假社会主义面目,第一次以比较系统的方式阐述了辩证唯物主义的历史性和科学共产主义理论,完成了历史观上的一场革命。书稿完成后,遗憾的是一直没有找到出版商,马克思幽默风趣地说:"既然已经达到了我们的主要目的——自己弄清了问题,那么,就让原稿留给老鼠的牙齿批判好了。"

人所具有的我都具有

在与俄国作家瓦·奇金的书信中,在面对"如果犯了错误,您会轻易地承认吗?"这一问题时,马克思的回答是:"我随时都准备承认自己的错误,人所具有的我都具有。"

被疑为小偷

有一次,马克思走进当铺,打算再一次典当燕妮的那套多灾多难的"珍宝"——一套祖传的银餐具。当马克思将这套银器摆在当铺的柜台上请老板估价时,老板看到银器上刻有阿盖尔公爵家族的纹章和他们的箴言"诚实是我的美德",再打量着衣着破旧、一脸蓬乱大胡子的马克思,心中顿时起疑。

老板开口说:"先生!对不起,从纹章看,您的这套银器是名门望族家里的东西。您能不能解释一下它是怎样到了您手中的呢?"

马克思愣了一下,马上明白当铺老板怀疑自己是小偷。他苦笑了一下,不得不耐心解释自己的妻子属于这个家族,这套银餐具按照法律是属于妻子的。这样,这套银器才被当铺接受。

然而,当铺老板并不放心,他从马克思的证件上抄下地址,并把情况反映给了警察局。两天后,警察上门询问,查实燕妮确实是阿盖尔公爵家族的一员才离去。

不能上街

有一次,恩格斯来到马克思家里,为了书稿的写作想和马克思一同到伦敦大不列颠图书馆去查找资料。

"我自己也想上那儿去……"马克思说。

"那么,你穿衣服吧!"马克思却坐着不动。恩格斯看了看他的寝衣和鞋子,不禁大笑起来。马克思也觉得很滑稽,自己竟又不能上街了,因为鞋子完全穿破了,上衣则送到当铺里去了。

拒绝金钱诱惑

在马克思生活处境非常困难之际,普鲁士政府通过一名官员去找马克思,请他为普鲁士官方报纸《普鲁士国家通报》撰写关于金融问题的文章,并任该报驻伦敦的金融记者,还对马克思说:"谁想在自己的一生中对德国有影响,就必须围绕在政府的周围。"马克思断然拒绝了这种合作,他说:"我必须不惜一切代价走向自己的目标,不允许资产阶级社会把我变成制造金钱的机器。"

见义勇为

有一次,马克思与恩格斯坐在马车上穿过伦敦市区。忽然,在大街上,一个人揪住他老婆的头发,凶狠地揍,而众人只是围观。马克思见了大怒,像子弹一般地弹出车去,把男人一顿猛揍,结果遭到夫妻两人合力的痛打,尤其挨丈夫打的英国女人把马克思的犹太血统的黑胡子当作进攻的目标,死死揪住。恩格斯费了好大力气,才把马克思解救出来。

一切总归有个限度

有一次,马克思的朋友库格曼称颂马克思为19世纪智慧的思想家,《共产党宣言》和《资本论》是划时代的著作。马克思知道后很不满意,并给库格曼致信说:"过分赞扬我的行为是十分令人厌恶的,一切总归有个限度。"

研究货币

1858年8月,马克思开始写《政治经济学批判》第一分册的初稿,用5个多月的时间完成了手稿,但他无法把稿子寄出,因为他身上一分钱也没有,无法支付邮资和保险金。在给恩格斯的信中,他开玩笑地说:"未必有人会在这样缺货币的情况下来写关于货币的文章!"1859年1月,马克思收到恩格斯汇来的两英镑后,才得以将手稿寄给出版社。

唯一的一次炒股

1864年5月9日,马克思的老朋友威廉·沃尔弗去世,留下遗嘱:将自己一生辛勤积攒的600英镑送给马克思。悲伤的马克思接受了遗产,决定不辜负老友信任,干出一番事业!

马克思对经济学造诣颇深,仔细研究了当时英国刚颁布的《股份公司法》,敏锐地意识到英国的股份公司一定会飞速发展,股票市场也会相继繁荣。马克思看准时机,果断地用600英镑分4次购买了不同类别的股票证券。在股票价格上涨后,他毫不犹豫地逐一清仓,不到一个月时间,就以600英镑的本金,净赚400多英镑的纯利润。赚钱后的马克思写信给恩格斯报喜说:"医生不许我从事紧张和长时间的脑力劳动,所以我就做起股票投机生意来了,不过效果还不错,我用那600英镑赚取了400多英镑,这下我暂时不用你和朋友们资助了,这段经历,也为我的研究工作提供了有益帮助。"

这是马克思第一次涉猎证券投资生意,也是他人生中唯一的一次炒股经历。

戒除烟瘾

马克思曾经吸烟,而且烟瘾很大。他吸烟又快又猛,而且有一半放在嘴里嚼。他曾对他的学生和女婿拉法格说过这样一段话:"《资本论》的稿酬甚至还不够偿付写作它时所吸劣等牌子的烟钱。"当他发现一种烟每盒便宜一个半先令时,就改吸这种烟。然而,这种香烟严重影响了他的健康。在医生劝告下,马克思以极大的毅力戒除了烟瘾。

拒绝决斗

马克思流亡伦敦时，有一个受雇于上流社会的杀手毫无理由地侮辱马克思，并提出要同马克思决斗。

马克思对那个杀手说："决斗是中世纪的野蛮游戏，我没有兴趣参加，更何况你也不配！"那个杀手气得暴跳如雷，非要同马克思决斗不可。

一个尊敬马克思的青年见那个杀手胡搅蛮缠，主动提出代替马克思参加决斗。尽管马克思坚决反对，但这个青年仍坚持要代马克思决斗。

决斗在附近海滩举行，裁判是马克思的朋友。这天，马克思由于极度不安而停下了从不容易停下的笔，夫人燕妮也焦急地在室内走来走去，他俩为青年的生命担心。

一会儿，裁判推门进来，声调低缓地报告说："很不幸，一颗子弹打中了那位可尊敬的青年人的头部……"马克思惊呆了！燕妮更是惨叫一声昏倒在地。

正当众人对晕厥的燕妮施行急救时，门被推开，出现了那个青年，他头上包扎着纱布，脸上带着稚气的微笑。原来子弹只擦破了一点儿皮，轻伤。而那个被人雇佣来的杀手，以为杀了人，便坐上事先准备好的木船逃走了。

马克思毕竟是胸襟宽广的政治伟人，否则，世界上便不会有巨著《资本论》了！

马克思的墓碑

1956年，为纪念马克思逝世73周年，英国共产党集资在伦敦海特公墓东端购买了较大的一块墓地，将马克思和他夫人燕妮迁葬在这里。碑顶是马克思的青铜胸像，像座的两侧分别镌刻着马克思的两段至理名言："全世界无产者，联合起来！""哲学家们只是用不同的方式解释世界，而问题在于改变世界。"

43　恩格斯

弗里德里希·恩格斯（Friedrich Engels, 1820—1895年）是马克思主义的创始人之一，全世界无产阶级的导师和领袖。生于普鲁士省巴门市。1837年中学未毕业即由其父安排经商。1841年去柏林服兵役，其间参加了青年黑格尔派小组，后受费尔巴哈的影响逐渐转向唯物主义。1842年开始到英国曼彻斯特他父亲同他人合营的棉纺厂的办事处工作。1844年回国途径巴黎时与马克思会面。1847年应邀加入共产主义者同盟，后与马克思共同起草同盟纲领《共产党宣言》。1848年德国革命爆发后同马克思一道回到德国，参加革命运动。为了从经济上帮助马克思，1850年重返曼彻斯特从事商业活动。1883年马克思逝世后，恩格斯除继续领导国际工人运动外，写作出版了大量著作，并整理马克思的遗稿，出版了《资本论》第二、三卷。1895年，恩格斯在伦敦病逝。

无 名 氏

恩格斯在柏林逗留的最后一月里,身边带着一只漂亮聪明的小猎犬。他唤猎犬叫"无名氏"。晚上,当恩格斯到饭店吃饭时,这条猎犬经常是守在门外等候主人喂它。只有主人许可,它才会向在座的客人要东西吃。"无名氏"虽然没有什么特别技能,但在主人教诲下,与主人一样爱憎分明。

恩格斯写信告诉妹妹说:"我只教会它一件事,当我对它说'无名氏,……这人是一个贵族'时,它就向我指的那个人表示无比愤怒,并憎恶地发出狺狺声。"

灰 姑 娘

有一次,恩格斯在年轻美貌的齐格利斯特小姐的陪同下参加一场商业性舞会,老色鬼纳伊多尔夫以开玩笑的口吻警告齐格利斯特小姐说:"你不要用'欧门—恩格斯公司'的织物缝制衣服,否则,看上去会像个'灰姑娘'。"

纳伊多尔夫的语音刚落,恩格斯的男高音就响了起来:"先生,难道您夫人不是用我们公司的织物缝制衣服的吗?"

齐格利斯特小姐被恩格斯的机智所倾倒,不由得拍起手来。而纳伊多尔夫的夫人用手拍打了一下矮个子丈夫的秃脑袋,有些懊丧地说:"亲爱的巴威尔,你不是答应过今天晚上不说俏皮话吗!"

机智的回答

在一次商业性的舞会上,恩格斯带着迷人的女伴齐格利斯特小姐走遍大厅,并把她介绍给了乌培河谷所有很体面的人们。

"您真是个非凡机智的人,先生!能使任何一个人都感到开心……"齐格利斯特小姐以钦佩的目光望着这可爱的男伴说。

恩格斯尊敬地欠了一下身子,回答道:"是因为我很像母亲,小姐。"

"不过您有时说话很含蓄,甚至带点儿挖苦味。"荷兰姑娘接着说。

恩格斯摊了一下双手,似乎是为自己辩解:"有什么办法呢,亲爱的小姐!每个人除了有母亲之外,还有父亲啊!"

曾想当作家

在读中学时，恩格斯的写作才能就得到了全校师生的一致称赞。未满17岁时，恩格斯写过一篇《海盗的故事》，讴歌希腊人为争取民族独立而进行的斗争。20岁以前，恩格斯和一些青年朋友编辑过一份手抄文学杂志，为这个杂志孜孜不倦地写过评论、散文和诗歌。他的散文《乌培河谷来信》发表后，引起了强烈反响，使登载这篇散文的《德意志电讯》被抢购一空。此外，恩格斯还写过喜剧和言情小说，对当时德国的创作界给予了密切的关注。不久，他读到了大文豪歌德的《给青年诗人》，"对自己的诗和创作力量一天比一天感到失望"，才放弃了当作家的梦想。

失恋之后

21岁时，恩格斯失恋了，感到生活过得相当枯燥无味，痛苦萦绕心头。为了消除这一烦恼，他特地进行了一次长途旅行，悄然离开巴门的住家，走到巴塞尔，再上苏黎世，行抵米兰，直至伦巴第。当他登上苏黎世的禹特利山顶峰时，秀丽的湖光山色尽收眼底，心胸顿感格外广阔，苦恼顿时消散。事后，他深有体会地写道：大自然倾诉"爱情的痛苦"，可以使自己"在大自然的壮丽景色中得以怡然开脱，溶化在温暖的生活协调之中"。

为了母亲

1860年，恩格斯的父亲去世时留下了一笔可观的遗产。按照法律规定，作为长子的恩格斯理所当然地拥有一份遗产的继承权。可是，在处理这些遗产时，他的三个兄弟要求大哥放弃继承权利，但提不出任何正当的理由。面对这一突如其来的纠纷，恩格斯起初深感不快。但是，他为了不使身患重病的母亲再增添精神上的烦恼，坦然地放弃了自己应有的一份遗产继承权。他在给母亲的信中写道："我高兴的是我能够将这一切作个了结，我还会有成百上千个别的企业，但是我永远不会有另一个母亲。"

将　　军

恩格斯不仅有很高的文学和政治理论水平，而且具有丰富的军事知识和卓越的军事才能。1870年夏天，法兰西第二帝国与普鲁士王国爆发了一场争夺欧洲霸权的战争，这场战争引起了欧洲各国的关注，伦敦一家时报请恩格斯当战事评论员，开始写"战争短评"。开战初期，大家都认为装备精良的法国军队能战胜普鲁士军队，而恩格斯在短评中则认为法国没有取胜的可能性，因为他看穿了普鲁士军队总参谋长的作战意图。恩格斯在短评中进行了准确的预见，5天之后，法军被打败，86000名士兵连同他们的首领统统当了俘虏。这种简明有力的"战争短评"自然轰动了伦敦，有的读者猜测短评的作者是伦敦的头号军事权威。知情的马克思的大女儿给恩格斯起了个绰号"总参谋部的将军"。从此，"将军"这个绰号就在朋友之间传开了。

与马克思初次会面

恩格斯前往英国的曼彻斯特从商，在途经科隆的时候，顺道来到莱茵报社，拜访了大名鼎鼎的马克思。不过，此次两人未能建立起友谊来，因为当时恩格斯和柏林的"自由人"来往密切，而马克思因在办报方针上和"自由人"闹翻了脸，因此，当恩格斯转达"自由人"对《莱茵报》的意见时，马克思立刻报以十分冷淡的态度。恩格斯败兴而归，气得连手杖都折断了。

神圣家族

马克思与恩格斯第二次会面时，决定合写一本书，批判青年黑格尔派领袖鲍威尔的唯心主义思想。这本书起初名为《对批判的批判所作的批判》，几天后，恩格斯想出了一个更好的名字——《神圣家族》，其寓意是：鲍威尔兄弟拜倒在黑格尔的唯心主义哲学思想下，他们就像耶稣及其门徒一样，是一个思想上的"神圣家族"。恩格斯在给马克思的信中谦虚地说："我简直没有写什么，谁都能辨别你的笔法，无论如何，这是滑稽的，因为我也许只写了几十页，而你却写了几百页。"

机 灵 鬼

1848年5月31日,《新莱茵报》出版了。报上刊载的政治论文大部分为恩格斯所写。马克思热烈地赞扬恩格斯道:"他真是一部百科全书。白天也好,夜里也好,吃饱了也好,空着肚子也好,随便什么时候他都能工作,文章写得飞快,机灵得像个鬼。"

冒 险

恩格斯喜欢骑马,在留居曼彻斯特期间,他骑马跳越障碍的练习常常使马克思担心。马克思写信给他这位朋友说:"可不要做太危险的跳跃,因为不久就会有更重要的事情要我们拿头去冒险。"恩格斯在回信中强调:"骑马是我所有军事科目中的物质基础。"接着,补充说:"请你放心,我的脖子将在另一种场合下折断,而决不会在堕马时折断。"

请求鸭嘴兽原谅

1895年,恩格斯在给友人的信中写道:"1843年,我在曼彻斯特看见过鸭嘴兽的蛋,并且傲慢无知地嘲笑过哺乳动物会下蛋这种愚蠢之见,而现在这却被证实了。因此,但愿您对价值概念不要像我这样做事后不得不请求鸭嘴兽原谅的那种事情!"

自 由

1869年7月1日,恩格斯写信给马克思说:"真好呵!从今天起再不搞这个宝贝商业了,我是一个自由的人了。"

马克思的幼女爱琳娜曾回忆说:"我永远不会忘记,那天早晨,当他穿上皮靴最后一次到营业所去的时候,他是多么高兴地喊着:'最后一次了!'几小时以后,我们站在大门口等候他时,看见他从房子对面的一小片田野里走过来。他挥舞着手杖,满脸笑容地欢唱着。然后,我们就像过节一样地大摆宴席,喝香槟酒,沉醉在幸福中。"恩格斯在给母亲的信中写道:"今天是我自由的第一天。"

不要称我为"导师"

1892年,俄国的一个社会主义者初访恩格斯,他心情激动,对恩格斯百般称颂:"您是国际社会主义的领袖,看见您就像见到马克思还活着。啊,您就是马克思的化身!"

恩格斯莞尔一笑,一个手势打断了他的话,说道:"噢……噢……噢……年轻的同志!……够了!在我们社会主义者之间,干嘛这样互相恭维?不能更热切些吗?"

1894年5月,普列汉诺夫给恩格斯写了一封信,信中称恩格斯为"导师"。5月21日,恩格斯复信的第一句话就是:"首先请您不要称我为'导师',我的名字叫恩格斯。"

唯一的一次争吵

1863年1月,马克思和恩格斯之间发生了唯一的一次争吵。1月6日,玛丽·白恩士去世了。她与恩格斯在一起生活了将近20年,恩格斯把她看作自己的妻子。得知她的死,马克思只简单地写道:"关于玛丽的噩耗使我感到极为意外,也极为震惊。她非常善良、机智,而且又是那样眷恋你。"接着就立刻给恩格斯详细地描述了自己的财政困难。

几天后,恩格斯回信说:"你自然明白,这次我自己的不幸和你对此的冷冰冰的态度,使我完全不可能早些给你回信。我的一切朋友,包括相识的佣人在内,在这种使我极其悲痛的时刻对我表示的同情和友谊,都超出了我的预料。而你却认为这个时刻正是表现你那冷静的思维方式的卓越性的时机。"

无字丰碑

恩格斯一生致力于世界共产主义事业的发展。1895年8月5日,恩格斯不幸逝世后,根据其遗嘱,他的几位好友在8月27日驾驶一只小船,在英国东部伊斯特鲁勃思海滨一个离绝壁两英里的地方,将恩格斯的骨灰盒送入了他一生挚爱的大海,并在海里插了一根标杆留作永久纪念。这根屹立在波涛汹涌的大海中的标杆,就是一座无字的丰碑。

44 列宁

列宁（Владимир Ильнч Ленин，1870—1924 年）原名弗拉基米尔·伊里奇·乌里扬诺夫，是列宁主义的创始人之一、全世界无产阶级的导师和领袖。生于俄国辛比尔斯克城。1887 年进喀山大学法律系就学，数月后因参加学生运动被当局开除和流放。1895 年因参加革命活动被捕入狱，后被流放西伯利亚。1900 年流放期满后出国，在国外创办《火星报》。1905 年从国外回到彼得堡直接领导革命斗争。1907 年年底再度出国。1917 年，列宁从瑞士回国，亲自领导武装起义。十月社会主义革命胜利后的次日，列宁在全俄苏维埃代表大会上当选为第一届人民委员会主席。此后，列宁领导党和人民为巩固苏维埃政权和进行社会主义建设进行了一系列艰巨的斗争。1924 年 1 月 24 日，列宁因病在莫斯科逝世。

列宁开创了马克思主义发展史上的列宁阶段，在新的历史条件下捍卫和发展了马克思主义。列宁的著作收辑在《列宁全集》之中。

不懂就问

列宁小时候是一个学习成绩优秀的孩子,具有不懂就问的良好学习习惯。

有一次,他和几个小朋友挖到了一个屎壳郎的窝,里面有很多圆圆的粪球。有个同学问:"为什么屎壳郎要把粪球滚到窝里去呢?"大家都答不上来。这个问题把列宁给问住了,他答应明天告诉大家答案。回家后,他先是向哥哥请教,后又找来好多书籍查找答案。

第二天,他带来了答案:原来是屎壳郎把卵产在屎球上,幼虫孵出来后,即把屎球当食物。小朋友们都满意地笑了。

一撞就倒

1887年秋,列宁进喀山大学就读。同年12月,他因参加反对大学里的警察制度的学生抗议大会而被捕,并被开除学籍,流放到喀山附近的柯库什基诺村。

在押送他的途中,一位警官对他说:"小伙子,造反有什么好处?你这不是向一堵石墙上撞吗?"

"是的,但这是一堵朽墙,一撞就倒了。"列宁这样回答。

戒　　烟

列宁上大学时开始吸烟。母亲对儿子吸烟上瘾感到很伤脑筋,多次劝列宁戒除这一不良嗜好。开始,列宁面对母亲的劝告只是微笑着说:"妈妈,我是健康的,吸这点烟不可能造成多大的危害。"

有一次,母亲对列宁说:"孩子,我们是靠你父亲的抚恤金过日子,抚恤金是不多的,每一样多余的花费都会直接影响到家庭生活。你吸烟虽然花费不多,但日久天长,也是一笔不小的开支。假如你不吸烟,那对家庭生活是有好处的。"

列宁听了母亲的话,很受感动,便对母亲说:"妈妈,您说的这些过去我没有考虑到。好!从今天开始,我不吸烟了。"说完,列宁把口袋里的烟掏出来放在桌子上,再也不摸它了。

诚实的列宁

列宁从小就很诚实。有一次,列宁到姑母家做客,在玩耍中不小心打破了一个花瓶。由于当时感到很害怕,列宁没有向姑母承认是自己不小心碰坏的。

回到家中,列宁感到自己犯下了一个大错误,于是提笔给姑母写信道歉,并勇敢地向姑母承认了错误。姑母非常高兴,全家人从此更加喜爱诚实的小列宁。这个故事,至今还流传在许多国家里,成为老师和家长教育孩子的范例。

进行革命斗争

1887年,列宁因组织同学参加一个集会,被反动政府逮捕。在监狱中,列宁与他的战友们不屈不挠地同敌人展开了斗争。有一次,一位同伴与列宁相互交谈时问道:"你出狱后想做些什么?"列宁回答:"在我面前只有一条路,就是进行革命斗争!"

专心致志

列宁具有超强的记忆力,是与他读书过程中的专心致志分不开的。有一次,他的几个姐妹恶作剧,用6把椅子在他身后搭了一个不稳定的三角塔,只要列宁一动,塔就会倾倒。然而,正专心读书的列宁丝毫没有察觉,纹丝不动。直到半小时后,他读完了预定要读的一章书,才抬起头来,木塔轰然倒塌……

吃墨水瓶

1895年12月的一天晚上,列宁和他的好些同志都被捕了。他和狱中以及外面的同志进行频繁的通信。列宁通常把他的信用牛奶写在要归还的书籍上。用火一烘,字就黑,就能看出来。为了避免写的时候被发现,列宁用面包做成小墨水瓶,里面灌上牛奶。当看守开门时,列宁就立刻将墨水瓶吃下去。有一次,他在信的附白里写道:"今天我吃了六个墨水瓶。"

西方哲学大师的智慧

通信下棋

1888年冬天，列宁因参加革命活动被沙皇政府放逐到喀山的一个乡村。在那儿，列宁同萨马拉的棋手哈登用通信的方法下棋。他们互相写信说明走法，通常是使用明信片。列宁在走出一步，等待哈登的回信时，常常几次摆上棋子，自言自语地说："他现在怎么办？怎么摆脱这个局面？"哈登的回信终于盼来了，列宁一边琢磨着，一边说："是咧，这才是棋手，非常厉害！我只好认输了。"

巧妙对敌

1900年6月，当列宁准备出国创办革命刊物时，却在彼得堡被捕了。由于警察查不到证据，只得释放列宁。

当时，警察局长彼尔菲利耶夫把列宁的护照翻阅了一下，就把它放进了自己的办公桌，并说："现在你可以走了，护照需留在我这里！"

列宁十分着急地说："对不起，这个证件对我有用处，请您还给我。"

彼尔菲利耶夫坚持说："你听清楚：证件留在我这里，你可以走了。"

列宁提出抗议说："不拿回证件，我就不走！"

彼尔菲利耶夫仍然坚持不给，列宁转身走到门口，对他说："既然如此，我只好向警察司控告您的不法行为。"说着就走了出去。

彼尔菲利耶夫害怕了，他喊道："喂，乌里扬诺夫先生，请你回来，把护照拿回去吧！"

不寻常的人

1907年在伦敦召开布尔什维克代表会议时，列宁在会上提议：以有发言权的代表资格邀请高尔基参加代表大会。

高尔基应邀来到代表大会，列宁一见到他就紧紧握住他的手，以老相识的口吻诙谐地说："您来了，这好极了！您不是喜欢打架吗？这里将要大干一场了！"

列宁亲自把高尔基带到了旅馆，并关照服务员给予高尔基夫妇好一点的照顾。列宁走后，高尔基激动地在房间踱着步，久久沉思着，忽然若有所思地说："真是个不寻常的人。"

对高尔基的建议

1908年4月27日,列宁应高尔基的邀请,来到了意大利卡普里岛高尔基的住所,两人天天到海上钓鱼,毫无拘束地畅谈,高尔基向列宁讲述了自己的童年、青年和外祖母阿库琳娜·伊万诺夫娜,还说到了自己少年时的流浪生活。

列宁聚精会神地听着,那习惯于眯缝的眼睛闪烁着兴奋的神采,他对高尔基说:"老朋友,最好把这一切写下来,这将是非常有教益的。"

高尔基沉默了,不好意思地清清嗓子,忧郁地说:"我以后要写的。"

后来,高尔基就这个题材写出了著名的三部曲:《童年》、《在人间》和《我的大学》。

全神贯注于革命

1910年春,列宁参加了哥本哈根的国际社会党大会。孟什维克们在这次大会上疯狂地反对列宁,说列宁是在"毁坏党",希望列宁失踪或死掉。有人问一个孟什维克的领袖:一个人怎么这样危险?此人愤怒地回答说:"因为没有另一个人会在24小时内都全神贯注于革命。除了想到革命以外没有别的念头,甚至做梦也只看见革命。你倒试试去对付这样一个人看吧。"

当心哽住喉咙

当哲学家巴札罗夫把恩格斯与马赫混为一谈,把经验主义强加到恩格斯头上时,列宁不无风趣地说:"大功告成了!恩格斯被改扮成马赫的样子,油炸之后,又加上马赫主义的作料。高贵的厨师们,当心哽住喉咙啊!"

各有千秋

历代哲人都对人类自身之外的外在世界作出不断的探索和论述,列宁这样评价道:"贝克莱认为外部世界就是我的感觉,休谟却把我的感觉之外是否有什么东西存在的问题取消了。"

难得集会

在捷克斯洛伐克的布拉格召开俄国社会民主工党第六次代表大会时，代表们在离开布拉格前举行了告别晚会。一位捷克斯洛伐克的同志开玩笑地对列宁说："俄国人的会议很多吗？"

列宁刹那间眼里射出了光芒，对那位同志说："不对！不！不！俄国人讲得很少，但是我们的条件就是这样，所以难得举行集会，可是我们又有多少问题亟待去解决啊！"

跟吸烟作斗争

有一天，在参加"星期六义务劳动"时，一位年轻的红军指挥员出于敬慕请列宁抽一支烟。列宁谢绝了，并幽默地笑着说："同志，你在战场上和敌人勇敢作战，你为什么不能跟吸烟作斗争？"

我 等 着

有一次，从察里津前线发给列宁的一封急电中写道："冬天快到了，士兵还缺少冬衣御寒，弹药将尽，已申请解决，上级迟迟未予答复。"列宁让秘书把这封电报送到了军需供给部。一小时后，他打电话给部长："你好！我是列宁，送去的电报收到了吗？""没有收到。""请去查一下。""我马上去，然后给您去电话。""不，我等着。"部长立即查到了电报，拿起电话告诉列宁："电报找到了，现在我与同志们研究一下，再给您回电话。""不，我等着。"部长说："现在和军械服装管理处联系，然后把结果告诉您。""不，我等着。"很快问题得到了解决，部长马上报告给列宁，列宁道声谢就挂了电话。

马列主义哲学大师

45　斯大林

斯大林（Иосиф Виссариоиович Сталин，1879—1953年）是苏联共产党和国家领导人。原姓朱加施维里，生于格鲁吉亚的哥里城。中学时代即开始参加革命活动。1899年因从事马克思主义的宣传活动被开除学籍，此后成为一个职业革命家。1901—1917年，先后七次被捕，六次流放，五次逃出。1917年从流放地回到彼得格勒后领导《真理报》的工作，并在全俄布尔什维克党的第七次代表大会上当选为中央委员会政治局委员，后参加领导了十月社会主义革命。十月革命后，任民族事务人民委员会委员、国家监察部人民委员等职。1922年当选为俄共（布）中央委员会总书记。列宁逝世后，担任苏联党政军主要领导人达29年之久，领导苏联人民实现了社会主义工业化和农业集体化，建立了社会主义制度。

斯大林在国际共产主义运动和苏联历史上起过重大作用，在宣传、捍卫和阐发马克思主义哲学方面做出了重要贡献，但也有一些失误。他的大部分著作被编入《斯大林全集》和《斯大林文选》。

全是胡说八道

当一位同学提到上帝时,还是中学生的斯大林打断他的话说:"你知道,他们在欺骗我们,根本就没有什么上帝。我借一本书给你读一读,它会告诉你,这个世界的一切事物与你想象的有很大不同,关于上帝的话全是胡说八道。"

笔　误

斯大林曾在高尔基的《姑娘与死神》一书的最后一页留下轰动一时的批示:"这本书写得比歌德的《浮士德》还要强有力,爱情战胜死亡。"然而,批示上"爱情"一词的俄文拼写有误:少了末尾一个字母。一时间,大家手足无措。谁也不敢更改领袖的手迹,谁也不敢去询问他本人。当时,竟然有两位教授为《真理报》专栏撰文论证:"世界上存在着腐朽没落的资产阶级爱情以及新生健康的无产阶级爱情,两种爱情截然不同,拼写岂能一样?"文章清样出来后,编辑决定还是让斯大林过目一下,以防万一。没想到,斯大林阅读后,又作了一个新批示:"笨蛋,此系笔误!"

找一把锯子来

有一次,斯大林到一个基层单位视察。视察前,斯大林了解到这个单位领导官僚作风严重,办事效率极低。见领袖来到自己的单位,一个书记竭尽阿谀之能事:"啊!斯大林同志,您的访问使我非常高兴,我们有许多事情要向您请教。"

"您想向我请教吗,同志?"

"当然要向您请教啦,斯大林同志!"

"好的,赶快去找一把锯子来。"

"找一把锯子?"书记有点不解地问,"要锯子做什么,尊敬的领袖同志?"

"要锯掉这张桌子,你整天把两肘支在桌面上。把桌子一锯,你不就可以到处跑跑,看看同志们干了多少工作吗?"

谁该等谁

第二次世界大战期间，苏联、美国、英国首脑在雅尔塔谈判时，每次开会斯大林总是到得最晚，罗斯福和丘吉尔不得不站起来迎接他。

有一次，罗、丘两人商定要报复他，故意迟到了15分钟。他们认为，这回该斯大林站起来欢迎他们了。谁知，斯大林比他们到得还要晚，他们故意装作没有看见斯大林进来。

斯大林进门，却在门边停步，不马上就座，目光威严地逼视罗斯福和丘吉尔。

丘吉尔终于沉不住气，像小学生一样站起来向斯大林问好。

我真像您

苏联卫国战争结束后的一天，斯大林兴高采烈地到剧院观看演出，扮演斯大林的演员演得非常出色，斯大林特向他表示热烈的祝贺，还称赞说："您演得真好！我真像您啊！"只这么简单的一句话，说得在场所有的人都不约而同地哈哈大笑起来。

批判教条主义

1926年11月，在共产国际执行委员会第七次扩大会议上，斯大林发表讲话，运用想象性夸张的手法，尖锐地批判了党内教条主义分子。斯大林说的是：

在革命初期，革命士兵去请示社会民主党，要求立即做出起义的决定，可是——社会民主党就召开代表会议来讨论研究这个问题。他们拿出《资本论》第一卷、第二卷、第三卷，企图寻找马克思有关克里木起义的指示。但是找遍三卷《资本论》都没有找到一个有关起义的指示。（笑声）他们又翻阅马克思和恩格斯的其他著作，寻找指示，还是没有找到。（笑声）怎么办呢？水兵已经来了，等着答复。结果怎样呢？社会民主党人只好承认在这样的情形下，他们不能给水兵和步兵任何指示……海军和步兵的起义就这样失败了。

音乐之战

1945年7月,第二次世界大战即将结束,斯大林、杜鲁门与丘吉尔在波茨坦开会。三巨头除了在决定世界前途的问题上进行争斗外,还在宴会上进行了一场最令人感兴趣的"音乐之战"。

7月19日晚,杜鲁门首先设宴招待大家。宴会上的音乐是由一个叫利斯特的富有天赋的中士演奏钢琴曲。他的演奏得到了喜欢古典音乐的斯大林的赞赏,杜鲁门甚至提议为钢琴演奏家干杯。这次宴会一直持续到第二天凌晨一点才告结束。

7月21日晚,轮到苏联人做东。斯大林决心拿出更好的音乐胜杜鲁门一筹。他派人专程从莫斯科请来了一位获奖音乐家、一位著名钢琴家和两位具有高超演奏才能的女小提琴手。晚会上的演奏令杜鲁门大饱耳福。

音乐细胞不太多的丘吉尔可有些坐不住了。大约凌晨一点钟时,他悄悄地问杜鲁门:"你何时回去?"

杜鲁门却无动于衷地回答:"怎么啦?多好的音乐!我爱听极了,我要待在这里,宴会何时结束我就何时回去。"

丘吉尔牢骚满腹:"我可腻透了!我可不爱听这些音乐,我想回去。"宴会到凌晨一点半才结束。

英国首相决心"报复"。7月23日,轮到他当东道主,他搬来了整个皇室空军的管弦乐队。宴会上,乐队卖劲地演奏,而丘吉尔则面带一副恶作剧的得意相,让这些演奏家们务必要坚持到第二天凌晨两点钟。

这场马拉松式的音乐大战,让不少人在很长一段时间内都失去了欣赏音乐的胃口。

上当受骗

科学院院士博戈莫列茨提出了有关长寿的理论,断言人可以活到150岁。斯大林本人显然对他的工作成果很感兴趣,所以非常关心他的工作。博戈莫列茨的任何要求均得到了满足,他还被授予了各种奖章和称号,如科学院院士、斯大林奖金获得者、社会主义劳动英雄,但博戈莫列茨只活了65岁。斯大林在博戈莫列茨逝世后说:"这家伙把大家都骗了。"

神秘的字条

苏、美、英三国首脑在德黑兰会谈时,气氛非常紧张。

有一次开会时,斯大林注意到英国外交大臣艾登悄悄递给首相丘吉尔一张字条。丘吉尔匆匆一瞥,神秘地说:"老鹰不会飞出窝的!"当即将字条放在烟斗上烧了。

纸条上到底写的是什么呢?当然不便问,这个疑团斯大林一直放在心间,至死也未解开。

多年后,赫鲁晓夫访问英国时,旧话重提,艾登哈哈大笑:"我当时写的字条说,他的裤裆纽扣没扣上。"

期　　望

1941年6月22日,法西斯德国突然入侵苏联。斯大林的儿子雅科夫听着莫洛托夫关于法西斯入侵的广播演说,怒火中烧,心急如焚。一见到斯大林,他就急切地问道:"爸爸,敌人打来了,我该做什么?"

"你的想法呢?"斯大林眯起双眼,反问了一句。

"我想上前线,去揍法西斯强盗!"

斯大林赞许地说:"雅沙,做得对!既然希特勒的猪嘴伸进了我们的菜园,那就要以三倍的打击回敬他。我相信,你不会辜负祖国的期望。"

"决不辜负!"雅科夫以军人姿态回答。当天,雅科夫就上了前线。

揭　　发

有一次,朱可夫从斯大林的办公室里出来时,怒气冲冲地说:"小胡子魔鬼!"正在接待室的贝利亚听到了这句话,于是走进斯大林的办公室,把这话告诉了斯大林。

斯大林让人把朱可夫叫了回来。"朱可夫同志,您从我办公室出去时,说了一句'小胡子魔鬼',您是在说谁?"

"希特勒!我还能说谁呢,斯大林同志?"

"贝利亚同志,您又是在说谁呢?"

批　示

有一次，某上将向斯大林汇报工作。斯大林对报告非常满意，在听取汇报过程中两次点头赞许。汇报完工作后，这位上将面露窘态，斯大林问他："上将同志，您还想说什么吗？"

"是的，我有一个请求。"

"请讲。"

"我在德国搜罗了一些自己感兴趣的东西，可是这些东西在边检站被扣下了。如果可能的话，我想请求把这些东西还给我。"

"可以，您写一份申请，我批一下。"上将从兜里掏出早已预备好的申请，斯大林在上面做了批示。上将非常满意，向斯大林连连致谢。

"用不着感谢。"斯大林说。

上将把批示看了一遍："把破烂交还上校。约·斯大林"

"这里有个笔误，斯大林同志。我不是上校，我是上将。"

"不，没错，上校同志。"

我早已离开罪恶的人世

1936年秋，西方盛传斯大林重病不治，溘然长逝。美国合众社驻莫斯科记者查尔斯·尼特想获得最权威的消息，就来到克里姆林宫门口，请秘书把他的信转交给斯大林。信中恳求斯大林对上述谣传予以证实或否定。斯大林的复信如下：

可敬的先生：

据我从外电外报获悉，我早已离开罪恶的人世，移居极乐世界。既然您不想从文明人名单中勾销，对外电外报倒是不能不笃信无疑的。敬请相信这些报道，务必不要打扰我在极乐世界的长眠。

顺致敬意。

　　　　　　　　　　　　　　　　　　　　　约·斯大林
　　　　　　　　　　　　　　　　　　　　1936年10月26日

现代西方哲学大师

当下的世界是科学技术突飞猛进的世界,是知识经济和信息化的世界。我们既要充分发挥现代科学技术是第一生产力的作用,又要高度地警觉科学技术可能给人类造成的负面效应,使现代科学技术与人存在的意义和价值、与人的全面发展和谐统一。只有这样,才能地真正消除科学与人的对立,实现科学之真与艺术之美的真正统一。

现代西方哲学泛指19世纪中期以来，主要是20世纪在西方资本主义国家产生和流行的资产阶级哲学思想或哲学流派的统称。

现代西方哲学虽然派别林立，主义无数，但从内容来分析，它们所涉及的主要是人的存在问题和科学知识的性质问题。这样，就构成了现代西方哲学的两大思潮——人本主义和科学主义——并驾齐驱的局面，现代西方哲学大体上是沿着人本主义和科学主义两大思潮由分化到融合的方向发展的。

人本主义将人作为哲学的出发点和归宿，认为人是世界的本体。它们关注的重心是人，特别是具体的个人，涵盖个人的内心体验、生命本能、自由意志和创造力以及个人存在的价值和意义等内容。人本主义思潮大体包括以下哲学流派：叔本华、尼采等人倡导的唯意志论，柏格森等人宣扬的生命哲学，弗洛伊德开创的精神分析哲学，胡塞尔的现象学，克尔凯郭尔、海德格尔、雅斯贝尔斯、萨特等人坚持的存在主义，以伽达默尔为代表的哲学释义学，等等。

科学主义关注和依赖的主要是科学，主张用"实证科学"的模式来建构哲学，或者直接把科学作为自己主要的研究对象，它以科学认识论和方法论为主要研究内容。按照时间的顺序，科学主义思潮大体上包含以下流派：孔德、马赫等人的实证主义，皮尔士、詹姆斯、杜威等人的实用主义，石里克、卡尔纳普、罗素、维特根斯坦等人从不同的方面发挥的分析哲学，以波普尔、库恩、拉卡托斯、费耶阿本德等人为代表的科学哲学，等等。

在现代西方社会里，哲学大师辈出，群星璀璨，是以前的世纪很少能与之比拟的。从他们风趣幽默的轶闻趣事中，我们或许能够领略大师们的风采，从大师们深邃的思想中获得某种启示。你还等什么呢？！

46　叔本华

亚瑟·叔本华（Arthur Schopenhauer，1788—1860年）是德国哲学家、美学家、唯意志论哲学的创始人，以其生命意志论和悲观主义人生观著称于世。1809—1811年，叔本华在哥廷根大学学习医学、物理学，后改学哲学。1813年获得耶拿大学博士学位。1820年起到柏林大学先任编外讲师，后聘为副教授。1831年因与黑格尔争夺哲学听众失败愤而辞职离开柏林，定居于法兰克福，专门从事哲学研究与著述活动。主要哲学著作有：《充足理由律的四重根》、《作为意志与表象的世界》、《论自然界中的意志》、《伦理学的两个基本问题》等。

叔本华将贝克莱的主观唯心主义、柏拉图的客观唯心主义、康德的二元论以及印度哲学中的悲观厌世思想混合在一起，建立了唯意志论的思想体系。他的唯意志论开现代西方非理性主义思潮之先河，并产生了重大影响。1848年欧洲革命后，叔本华名声大振，成了许多人的思想偶像，"叔本华热"席卷德国及欧洲思想理论界。

独自沉思

有一次,叔本华与客人一同吃罢晚饭后便立即站到窗前,凝视着夜空,开始了他的沉思。餐桌周围的小姐们忍不住咯咯发笑,她们旁边的一位老先生诗人歌德说道:"孩子们,让那个年轻人独自待在那里吧,在将来的某个时刻,他会超过我们大家的。"

蠢驴照镜

叔本华的代表作《作为意志与表象的世界》出版之初遭到了人们的冷遇。他后来在《生活智慧论》中说了好几句俏皮话来讽刺有眼不识金镶玉的凡夫俗子们。他说:"一头蠢驴去照镜时,你不可能在镜子里头看到天使。""当大脑和书相撞发出空洞的响声时,不能总是归咎于书吧!"在这冷嘲热讽之中,我们不难感触到叔本华那苦涩的心灵。

谁不存在

1813年10月2日,叔本华在耶拿大学获得博士学位后,回到魏玛他母亲处,结识了歌德,并参加了那位伟大的诗人、思想家当时正在进行的对颜色的研究。在这个问题上,叔本华的解释与歌德的观点并不一致。

有一次,叔本华与歌德谈到光。叔本华说:"太阳系是我们的表象,如果我们没有看到光,光就不存在。"歌德却对他说:"不,如果光没有照耀到你,你就不存在。"

我是谁

有一次,叔本华对着身旁的灌木丛喃喃自语,又把耳朵紧紧地贴在飘落在肩上的香橙花上。柑橘园的一位管理员看到这位年轻人的奇怪举止,上前问道:"你是谁?"叔本华用迷茫的眼神看着他:"假如你能告诉我——我是谁,"叔本华说,"我将感激不尽。"说完他匆匆地离开了,留下那位吃惊的管理员呆呆地望着他的背影。

财富与海水

叔本华曾经向世人形象地比喻了人们对财富与名望的追求。他说,财富和名望就像海水一样,你饮用得越多,就越觉得渴得厉害。

打　赌

叔本华住在法兰克福时,经常到紧靠旅馆的一家小饭馆去吃饭,那里也是英国军事人员常去的地方。

每次饭前,叔本华总要把一枚金币放在自己面前的桌上,饭后又把金币收回自己的口袋里。有一天,一位侍从忍不住问这位哲学家在干什么。叔本华解释说:我每天在心里与那些军官们打赌,只要他们哪天除了"马呀"、"狗呀"、"女人呀"之外还能谈点别的话题,我就把金币放进教堂的施舍箱中。

与母亲竞争

叔本华的博士论文《论充足理由律的四重根》发表时,她的母亲嫉妒得发疯。她自认是一位多产作家,害怕与儿子竞争。"四只愚蠢的根,"她说,"就像药剂师的药典。"

年轻人目不转睛地望着她,轻声说道:"妈妈,当您的书甚至连垃圾箱都不再接纳的时候,人们还会读我的这本书。"

饭量与智慧

在德累斯顿时,叔本华总是去当地一家叫安格拉特的饭馆吃饭。他是一个美食家,总是食不厌精,那饭量也很惊人。

有一次,一个新顾客看到叔本华面前小山一样的食品,很是惊讶,便站在对面看个不停。叔本华看了他一眼,很冷静地说:"先生,你似乎对我的胃口感到吃惊。确实,我的饭量是你的三倍,但我的智慧也是你的三倍。"

天文学家与哲学家

叔本华在他的《寓言数则》中,以风趣的语言描绘了哲学家与天文学家的特征。"两个人第一次上剧院。一个什么都不看,一心琢磨着舞台的装置,最后终于发现了它是如何工作的;另一个尽管语言不通,却试图弄清剧情的大意。这里你所看到的,一个是天文学家,一个是哲学家。"

小叔本华

叔本华终身未娶。他郁郁不得志时,同一只白色的狮子狗为伴,相依为命,每天带着它在街上巡游。他给自己的宠物起了个名字——"阿特曼"(梵文 Atman 的音译,意为"我",被引申为"个体灵魂或生命我"和"世界灵魂或宇宙精神"),人们干脆叫它"小叔本华"。而叔本华反过来这样责骂自己的狗——"喂,你这人!"阿特曼死后,他在自己的房间里放置了这位亡友的一尊石膏头像,并用一只褐色的狗替代了它。

这位哲学家一直在追求宇宙精神。难道他的宇宙精神就在他的身边?也许,在这只小狗的身上,他发现了宇宙精神?

害怕怀孕

据叔本华说,写作《作为意志与表象的世界》这本书仿佛是神交给他的任务。对此,他有一段动人的回忆:在我的手里,主要是在我的思想里,正构思着一部著作,一种哲学,一种把伦理学和形而上学融为一体的哲学……这部著作在成长,正在慢慢地具体化,就像一个孩子在子宫里成长着一样……我,坐在这里的我,朋友们认识的我,并不理解一部作品是如何诞生的,就像母亲不理解她体内的孩子是如何诞生的一样。我注视着它,并且像母亲一样说:"我害怕怀孕。"

他还说:"我活着就是为了撰写这部著作,也就是说,我活在世上,所企求和所能奉献的百分之九十九都已经完成了,其余的只是些次要的东西,我的生命和命运也是如此。"

哲学家与蠢人

当保管叔本华家产的穆尔商号倒闭时,股东们答应归还叔本华家投资的70%。这是很优惠的条件,叔本华的母亲和妹妹都答应了,但叔本华就是不干,坚持一定要全数返还。最终,他竟然从骨头里榨出了油来,收回了全部投资。

事后,叔本华得意扬扬地自称自赞道:"一个人可以成为一个哲学家,而又不必因此就是一个蠢人。"

老妇死,重负释

1821年的一天,叔本华嫌邻居——一个女裁缝——吵了他,盛怒之下将她从楼梯上推了下去,摔断了她的胳膊。这下可不得了,经法院判决,叔本华必须负担全部医药费,还要养她一辈子。此后,这个再也不愁吃不愁穿的女裁缝又活了整整20年,叔本华就这么养了她20年!当接到她的死亡通知时,叔本华说了一句非常尖刻的话来庆贺这一不幸事件的结束:"老妇死,重负释。"

绝不开禁

有一天,年岁已高的叔本华急匆匆地回家吃午饭,不幸心房颤动,呼吸局促,这可不是好兆头。但他宁愿缩短散步距离也不放慢步伐。医生劝他服药,他咆哮起来:"我一生从不服药,绝不开禁。那些到药店买健康的人,都是傻瓜和恶棍。"

交通规则

在法兰克福的街头上散步时,叔本华急促地在地面上敲着手杖,同时嘴里念念有词,喃喃自语。这位哲学家讨厌别人经过他身旁时不走右边。无论何时,路人只要违背了这一规则,他就会摆动手杖,低声抱怨:"白痴,难道你们永远也学不会怎样行走吗?"

希望之地

叔本华年届69岁时，法兰克福举办了一个展览会。每天下午，叔本华都要去展览会看猩猩。有一次，他对猩猩说："非常遗憾，我没有尽早结识你。是的，你的前额比大多数人长得好，你透过栅栏注视人们时，我感到震惊。你具有独特的、忧郁的、预言家的气质。你注视着'希望之地'。"

后来他悲怆地说："我是多么不幸的生灵，对我来说，却不存在这样一块'希望之地'。"

与黑格尔较量

在柏林大学任教时，叔本华共担任了24个学期的编外讲师。叔本华非常自信，有意与当时名声最噪的黑格尔较量一翻，要求在黑格尔开课的同一时间开课，唱一场争夺听众的对台戏。结果，叔本华一败涂地，学生们都被黑格尔吸引去了，黑格尔讲课的教室座无虚席，甚至走廊上还挤满了人，而来听叔本华上课的只有3名学生。叔本华未授完全部课程，只得草草收场，课程被迫撤销。叔本华彻底失望了，但他自我解嘲道："苏格拉底在他同时代人中又有多高的声誉呢？"

叔本华与黑格尔的较量具有象征意义。它是一个弱小的新思想与一个如日中天但已显颓象的哲学巨人之战，但未来属于前者。

对黑格尔的攻击

在叔本华的著作中几乎到处都可以找到对黑格尔的不满之词。叔本华称黑格尔是个"可怜的家伙"、"精神上的怪物"、"蛊惑人心的江湖大盗"、"德国文化的鼠疫"。他还说，黑格尔的哲学是"不值一文的陈词滥调"，"毫无意义的空谈"，"一场恶心的哲学闹剧"，"无聊的丧心病狂的叽叽喳喳，在此之前，这些话只有在疯人院里才能听到"。

47 尼采

弗里德利希·威廉·尼采（Friedrich Wilhelm Nietzsche，1844—1900年）是德国哲学家、唯意志论哲学的主要代表之一，直接继承并发展了叔本华的哲学思想，以其"权力意志论"和"超人哲学"留名后世。尼采出身于贵族世家。1864年进入波恩大学学习古典语言学和神学，1865年转入莱比锡大学学习，1869—1876年被聘为瑞士巴塞尔大学古典语言学教授。1880年因患精神分裂症而辞去教职。1889年因完全疯狂而被送进疯人院，次年8月服用安眠药自杀身亡于魏玛。尼采著述甚丰，主要著作有《悲剧的诞生》、《人性的，太人性的》、《查拉图斯特拉如是说》、《超越善恶》、《瞧！这个人》、《权力意志》等。

尼采哲学在其生前无甚影响。他死后，其哲学对19世纪末和20世纪初现代非理性主义哲学以及文学、艺术均有广泛影响，许多哲学流派在不同程度上接受了他的某些观点，生命哲学更与之接近。近年来，西方对尼采哲学予以重视，并给予重新评价。

遵守校规

小时候,尼采被同学们戏称"小修士"。一天放学时,忽然下起了大雨,所有的孩子都发疯似的朝自己家跑去,只有尼采用帽子遮盖着书写用的小石板,慢慢地在回家的路上走着。当妈妈催促尼采加快脚步赶快回家时,他却满脸稚气、一本正经地说:"妈妈,我们学校明文规定:在离开学校的时候,学生们不许在街上乱跑,必须安静地、举止文雅地走回家去。"小尼采的这番话弄得妈妈哭笑不得。

事实胜于雄辩

在普尔塔学校读书时,一些同学对古罗马的西乌斯在法庭受审时将右手伸入祭坛圣火烧焦也始终不缩回的英雄故事提出了怀疑,有人说:"没人有胆量把自己的手放在火里。"尼采不屑于抗辩,只是从火炉里抓起一块燃烧的煤,并把它放在自己的手掌里。他终身带着这块灼伤的印记,而且为了使这如此荣耀的伤痕保持原状和不再扩大,他让融化的蜡流过这道伤痕,从而使这块伤痕更加显眼。

政治例外

尼采对什么事都感兴趣,唯独政治例外。他受不了人们在公共集会上的喧哗和骚乱。当朋友格斯道夫向他透露一些有关柏林议会的阴谋时,他在回信中说:"我决不做一个愚蠢的政治家。"

值日报告

有一次,作为中学生的尼采当值日生,写了一份值日报告:"教室里灯光昏暗,而且时灭时明,同学们都想点燃自己的蜡烛。""高一教室最近刷新了板凳。因此,对自己的占有者,板凳总有一种令人讨厌的依附性。"结果如何呢?尼采写道:"呆板认真的老师们感到非常惊讶。报告如此严肃的事情怎能加入这样一些令人啼笑皆非的笑话。星期六,他们把我叫到办公室,作为惩罚,禁闭了我三个小时,从而使我失去了几次散步的机会。"

意外而奇特的事

1865年2月，尼采去科隆游览，其间发生了一件意外而奇特的事。他请了一个仆人带路去找一家饭馆，但领路人却把他领进了妓院。后来他的朋友保罗·杜森在《尼采的回忆》中，记录了尼采对这件意外事件的叙述：

我突然发现自己被半打浓妆艳抹的动物所包围，她们都以期待的眼光凝视着我；在这刹那间，我完全惊呆地站在她们面前。后来，好像本能的驱使，我走到钢琴旁边，那是在这一群中唯一有灵魂的东西，我弹了一两个和弦，音乐恢复了我四肢的活动，在这瞬间，我跑出了户外。

尼采成为举世闻名的反女权主义者，是否与此有关？这只能是个猜疑。

决　斗

尼采为使自己成为一名完美的大学生，甚至希望进行一场决斗。因为没有对手，他便选择了一位同学，并对这位同学说："我是新生，我想你比较合适，让我们开始吧。"对方说："非常乐意。"1864年12月两人展开决斗，结果尼采鼻梁受伤，三天后才痊愈。

半人半马的怪物

在巴塞尔大学任教时，尼采已对自己的作品进行了构思，并准备在短时间里将它写出来。他对罗德说："科学、艺术和哲学在我心中变得如此密切，以至于我即将诞生出一个半人半马的怪物来。"这本书就是后来出版的《悲剧的诞生》。

艰难的分娩

1871年4月，尼采完成了《悲剧的诞生》的写作，将书稿交给了出版商恩格尔曼，但这部书稿在出版商那里放了三个多月，未被理睬。尼采把它要了回来，又去联系别的出版商，但所有出版学术著作的出版商都很客气同时也很坚决地拒绝了他。为此，尼采在给洛德的信中感叹道："多么艰难的分娩啊！多么痛苦的折磨啊！"

西方哲学大师的智慧

难得的安慰

在瑙姆堡时，尼采的心中充满了欢乐。在给戈斯多夫的信中，他描述了自己的心境："有三件事成了我的安慰，多么难得的安慰啊！这就是叔本华、舒曼的音乐以及孤独的散步。"

恶 作 剧

在去波恩大学的路上，尼采与几个伙伴骑着马，兴高采烈地穿行在乡间小路上。当行至莱茵河边的一个小酒店时，他们小憩并过量地品尝了啤酒。这时，尼采有些忘乎所以，对着自己坐骑的长耳朵断言道："这是一头驴。"多伊森说："这是一匹马。"尼采重新打量了一下，固执地道："这是一头驴。"一直到傍晚时分，他们一行人还在大声嚷嚷，慷慨激昂，尼采还用柔和的颤音唱情歌。对此，居民们非常愤慨，一个长者特意出来斥责这些喧闹者，并且以恐吓的口气赶他们上路。

经过一场恶作剧之后，他们终于在波恩大学安顿下来。

风 险

当年轻的尼采试图在哲学和宗教领域提出自己的见解时，他充分认识到了自己的离经叛道可能遭受的风险："没有向导或指南，在这疑问的汪洋大海里探险，对一个年轻人来说就意味着掉脑袋或发疯，绝大多数探险者都被风暴制服了，只有极少数的人发现新大陆。"尼采没有掉脑袋，但他最后的确发疯了；这个探险者并没有被风暴制服，他最后发现了新大陆。

多了一个教书的

24岁的尼采当上了巴塞尔大学的语言学副教授，一家人充满了欢乐和骄傲：弗莱兹这么年轻就当上大学教授了！

"这有什么大不了的?"尼采不耐烦地反驳道，"世上只不过又多了一个教书的，如此而已！"

渴求真理

尼采曾真诚地希望自己为真理而活着。他说:"假如你寻求安逸,信奉吧!假如你渴求真理,就探索吧!"

叔本华的狂热信徒

1865年10月下旬的一天,尼采在旧书店里偶然发现了叔本华的《作为意志与表象的世界》。他刚刚翻了几页,仿佛有一个精灵对他悄悄耳语:"带上这本书回家去吧!它会帮助你,给你以指点。"

回到家里,尼采坐在书桌旁,重新打开了这本书,一股巨大的天才魔力使他屈服了。整整14天,他废寝忘食地读着叔本华的这本书,心中充满着神经质的激动。一时间,他成了叔本华的狂热信徒。

1867年秋,当他在瑙姆堡服兵役时,每到战场,他都会先低呼:"叔本华保佑!"叔本华竟成了他的上帝。

领袖的首要品质

尼采曾评价叔本华说:"他是所有哲学家中最坚定的。他的内心不受任何虚假感觉的束缚。他勇敢,这是一个领袖的首要品质。我们的时代是叔本华的时代,他具有一种建立在理想之上的清醒的悲观主义,一种显示人的强健力量的庄严,一种对单纯而健全的事物的爱好。叔本华是重振古典主义精神、复兴德国的古希腊文化的哲学家。"

仇视女性

19世纪哲学家尼采对女性特别仇视,他一生不接触女人,并说:"男子应受战争的训练,女子则应受再创造战士的训练。""你到女人那里去吗?可别忘了带上你的鞭子!"

罗素曾挖苦尼采说:"十个女人,有九个女人会使他把鞭子丢掉的,正因为他明白了这一点,所以他才要避开女人啊!"

无钱购衣

为了去拜访著名音乐家理查·瓦格纳，尼采请一位裁缝做了一件燕尾服。衣服做好送到尼采家后，他试穿后觉得非常合身，便向这位巧匠致谢，可裁缝要求当场付钱。因为钱不够，尼采便跟他讨价还价。裁缝重申了自己的要求，尼采再次拒绝。裁缝不愿让步，带着衣服走了，留下尼采一个人尴尬地待在房间里。他沮丧地想起自己还有一件黑色旧礼服，只得穿上这件衣服去拜访著名音乐家。

花　招

一天晚上，尼采到拜洛特拜访自己的老师和音乐家瓦格纳，他将一部瓦格纳怀着妒忌穷追不舍的勃拉姆斯的红封面乐谱放在了钢琴上很显眼的地方。瓦格纳一进来就看到了它，而且明白这是尼采所为，但他什么也没说。第二天，尼采重复了这一花招。这时，这位大人愤怒了，仿佛一头红布前的公牛，大发雷霆，唾沫四溅，高声诅咒，然后冲出房间，砰地关上了房门。

尼采是要瓦格纳明白那个人也创作过美妙的音乐。不过，当晚两人又重新言归于好。

知识的斗士

尼采是一个富有挑战性的哲学家。在《瞧！这个人》中，他说："本质上我是一个斗士。攻击是我的本能。能做个敌人，做个敌人——这要有坚强的性质。"

请带上你的鞭子

尼采认为女人是难以理解他的，而他也不想为女人花费更多的心思。他在诗中写道："你要去找女人吗？请带上你的鞭子。"他在给母亲的信中说："您的儿子不适合结婚，我所需要的只是保持独立直到生命的最后一刻。"

初　恋

普夫塔中学高年级期间，在一次参加宴会时，尼采遇到一个叫安娜·莱德尔的姑娘，觉得她十分可爱。年轻人第一次对一个异性怦然心动了。他偷偷地注视着这个姑娘，开始坠入了情网。以后的几天，他一直思念着莱德尔，甚至在梦中借书给姑娘看，同她一起演奏音乐……而在实际上，尼采什么也没有做，完全是一个人单相思。那个姑娘一点也不知道尼采对她的感情，而以后尼采再也没有见到她。

堕入情网

有一次，尼采在交际场合认识了到莱比锡作巡回演出的女演员拉贝，被这可爱的艺术家吸引住了，并深深地爱上了她。为了表现自己对这位女演员的深情，尼采给她寄去了一首自己谱曲的歌，并附上了热烈的献辞。不过，由于尼采天性孤独而敏感、忧郁而羞怯，他很容易便推翻了自己的想法，再加上这个时期他受到叔本华悲观思想的影响，所以他并没有去为爱这个演员付出更多的行动，这件事也就不了了之。

求　婚　信

1876年3月，尼采旅行疗养，住在日内瓦河畔。在那里，他认识了一位荷兰女子特兰贝达，但是直到要离开的时候，他才以书面形式向这位小姐求婚。在求婚信中，他写道："请您集中您心中的全部勇气，以免因我在此提出的问题大吃一惊。您愿做我的妻子吗？我爱您，我觉得，您仿佛已经属于我似的。别怪我爱的突然！至少这不是什么过错，因此也不需要原谅。但是我想知道的是，您是不是与我有相同的感觉——我们彼此并不陌生，任何时候也不！您不也相信我们结合以后我们之中的任何一人都比独身时更自由，更好，更上一层楼吗？您愿意同我，一个诚心诚意追求解放和改善的人一起前进吗？在生活和思考的每条小路上，请您直言不讳，不要有任何保留！"

求婚信发出后的结果可想而知。

决不结婚

尼采在给妹妹的一封信中写道:"我得告诉你一段小小的奇遇:昨天,正当我像往常一样散步时,一阵热烈坦诚的笑声从不远处传来(我还以为是你的笑声呢)。当这位满面笑容的人走近我时——我看到一个非常可爱的姑娘,她有一双温柔得像小鹿似的棕色眼睛。那道眼波温暖了我的心,那颗衰老的、孤独的哲学家的心——我想起了你劝我结婚的忠告,因而在余下的散步中,我无法摆脱这位年轻而优雅的姑娘的形象。毫无疑问,有这样一位亲切的可人儿在身边会对我有好处——然而这对她有没有好处呢?怀着像我那样的思想的人会不会使这位姑娘不幸呢?而要是我看到一个如此温柔可爱的人遭受痛苦(我们假定我爱她),我的心能不碎吗?不,决不结婚!"

希　望

尼采动辄攻击婚姻和女人,但他也企盼过婚姻。1874 年 10 月,他写信给弗罗琳·冯·梅森伯格说:"老实告诉你吧,如今我所希望得到的是一个好妻子,而且越快越好。到那时才可以说生活给了我所要求的一切,其余的就看我自己的了。"

仅是一个山洞

尼采看到那些成群结伴游玩的夫妻们,总是感到莫名的伤感。他给老朋友欧佛贝克去信时羡慕地说:"由于你的妻子,你的生活比我的现状要强 100 倍,你到底是有了一个窝,而我有的仅是一个山洞。"

奴隶和暴君

在《查拉图斯特拉如是说》中,尼采说:你是一个奴隶吗?那么,你不能做朋友。你是一个暴君吗?你不能有朋友。

很久以来,女人身上藏着一个奴隶和暴君。所以,女人不懂得友谊,只理解爱情。

暗　恋

在罗马时，尼采爱上了俄罗斯血统的姑娘露·莎洛美，莎洛美也被尼采所吸引。但是，尼采没有直接、公开地对莎洛美说明情况，而是请求一位朋友保尔·埃勒转代他求婚，结果惹出了麻烦——埃勒也爱上了莎洛美。

当莎洛美正式决定嫁给保尔·埃勒时，尼采的心里失去了平衡，很不痛快，进而感情失去控制。他几次给她写信，指责姑娘不知羞耻，梦想把地球上最伟大的天才作为她玩弄的对象。

喜欢赞扬

1887年冬天，尼采的《道德的谱系》正式出版。那时候，尼采正在法国尼斯过冬天，由于他住的小屋里没有火炉，阴冷的天气使他无比痛苦。但是，朋友们对《道德的谱系》的赞扬多少使尼采感到了一些宽慰。朋友戈斯多夫来信对该书评价说："你生活在一个美丽、自由的世界里，我祝愿你永远是位哲学家。"尼采在回信中动情地写道："在我一生中，很少有信能给我带来这么大的欢乐。"

别误解我

有一天，一个人对尼采说道："我听人谈起过你的那些著作，其中有一本书上写着：'你要去找女人，请带上你的鞭子。'"

"亲爱的小姐，亲爱的朋友，"尼采握着这位指责自己的女子的双手，痛苦地回答说，"别误解我，不能这样理解我的思想。"

泄露秘密

有一天，当尼采与妹妹弗罗琳在公共花园里散步时，她第十遍描述起同一个故事，并注意到哥哥正以一种奇怪的神情倾听着。她不断地向他提问，于是他将保守了一年左右的关于瓦格纳的秘密泄露了出来。突然，他一下子愣住了，发现一个徒步旅行者正在暗中监视着他们。他惊恐万分，一把拖着妹妹就走。几天以后，他才得知那人的名字——伊凡·屠格涅夫。

西方哲学大师的智慧

讨厌束缚

好友戈斯多夫非常关心尼采的婚事。有一次，他写信告诉尼采，有一位年轻而美貌的富家小姐非常喜欢尼采的作品，同时由于她对尼采的好感而拒绝了许多求婚者。

刚听到这一消息时，尼采有点心动，但想到以前求婚的失败，便又心灰意冷了。他谢绝了戈斯多夫的好意，在回信中说："我不要结婚，我讨厌束缚，更不愿介入'文明化'的整个秩序之中去。因此，任何妇女都难以自由之心灵来跟随我。近来，独身一辈子的希腊哲人们时时清晰地浮现在眼前，这是我应该学习的典范。"

母子之间

尼采经慕尼黑回到瑙姆堡时，同母亲住了一段时间。尼采知道由于自己著作中那些对上帝不恭敬的言论，使母亲深感悲伤和绝望。他劝告母亲说："别去读这些书，别理会它们，那不是为您而写的！"但这没有用，一个做母亲的怎能不密切地注视儿子的一切呢？母亲的烦恼给予了尼采很大压力。

那些德国人

尼采对母亲说："普通人是怎样生活的？我很想像他们那样生活。"
母亲大笑起来，说："他们吃土豆、肥肉，喝劣质咖啡和酒精。……"
尼采叹息道："唉，那些德国人呵！"

真 贫 困

在热那亚居住时，尼采与邻居们一样生活很有节制。夜晚，为了使眼睛得到休息，他就舒坦地躺在床上，房间里也不点灯。"真贫困。"邻居们想，"这个德国教授穷得连蜡烛也点不起。"有人送给他一些蜡烛，他微笑着表示感激，并解释了自己的情况。他在发疯前曾说："我生活的幸福和它举世无双的特性也许是命中注定的。"

分娩结束

一天清晨,尼采的朋友和学生莱兹克像往常一样走进这位哲学家居住的小屋,发现虽然已经过了尼采独自散步的时间,但他还躺在床上。莱兹克不安地询问了他。

"我病了,"尼采说,"我刚刚分娩结束。"

"你说什么?"莱兹克非常吃惊地问道。

"《查拉图斯特拉如是说》第四部分写完了。"尼采回答道。

上帝之死

尼采从不信上帝,他借一个狂人的故事向人们传达了上帝之死的讣闻:

狂人,你听到那狂人吗?大清早就提了个灯笼跑进市场,不住地嚷着:"我寻找上帝!"那里站着许多人,他们也不信神,他的话引起了一阵狂笑。

为什么不见了?有人问。

他像小孩迷失了路吗?另一个人问。

或是他隐藏起来。他怕我们吗?他是否航行远去,迁移他处?——于是他们喧笑着。

那狂人跳到他们中间,眈视着他们。"上帝何在?"他叫喊着,"我告诉你!我们杀了他——你和我!我们全是他的谋杀者……上帝死了!上帝死了!我们杀死了他!"

尼采就是这样从一个全新的角度来否定上帝的。

冒失鬼哥哥

圣诞节时,年迈的尼采收到妹妹寄来的礼物,一只带表链的小巧玲珑的怀表。他立即把表链挂在脖子上,把表装进背心口袋里,迫不及待地拆开妹妹的来信看了起来。由于眼睛不好,他没有注意到信中还夹着钱。直到后来母亲来信提及信中有钱,他才知道自己让钱掉在地上了。不过这并没有影响他的情绪,他请伊丽莎白原谅"冒失鬼哥哥",并风趣地说:"我希望有一个贫穷的老太太恰好路过那里,在人行道上发现她的'小童耶稣'。"

糊 涂 虫

有一天，尼采在都灵收到了一封意想不到的来信。一位名叫乔治·勃兰克斯的人写信告诉尼采，他准备系统地开设一组关于尼采哲学的讲座。"想到这里没有一个人知道你，我感到非常苦恼，因此我希望这里的人一下子认识你。"

尼采回信说："亲爱的先生，这确实令人感到意外。你从哪儿来的这么大勇气，胆敢向公众介绍一个糊涂虫呢？……你大概以为我在自己的祖国是尽人皆知的。其实，他们把我看作某种乖戾荒诞、根本没有必要认真加以对待的东西。"

你我都是对的

在给弗罗琳·冯·梅森伯格的信中，尼采写了这样一段话："只有伟大的人才忍受得了我的著作，这样，我就有幸防止自己激怒所有那些虚弱的和有德行的人。"

弗罗琳·冯·梅森伯格在回信中写道："你说，一切虚弱和有德行的人都反对你？别这么自相矛盾了。德行不是虚弱而是力量，单词本身就足以清楚地说明这一点。你自己不就生动地驳斥了你所说的一切吗？你是有德行的，要是人们能只了解这一点多好，我敢保证，你的实际生活要比你那些著作更有说服力。"

尼采回信说："亲爱的夫人，亲爱的朋友，我怀着真情实感读了你那封可爱的来信，无疑地，你是对的——我也是对的。"

我 是 神

1889年1月3日早晨，尼采正在街上漫步，这时他看见一个马车夫正在残暴地抽打他的牲口。这个精神脆弱的哲学家就开始又哭又喊起来，扑上前去，抱住马的脖子，结果重重地摔倒在地上。房东费诺发现尼采后，把他送回房间。尼采在沙发上昏睡了两天两夜，醒来时，开始出现神经错乱的症状。发疯后的尼采，经常在街上徘徊，甚至会突然拥抱和亲吻街上的任何一个行人，并且对着路人大喊："我是神打扮成这样！"

天真烂漫的图画

有一天，尼采正在散步，看见路边有一个小女孩，并且被她迷住了。他走上前去，在她面前停住脚步，用一只手把披在她前额上的头发往后拢了拢，然后，仔细端详着这张真诚的脸，面带微笑地说："这不是一幅天真烂漫的图画吗？"

预　见

尼采自称为"第一个悲剧哲学家"，创造了"超人"的哲学体系，但在生前并不为人们所重视，而他对身后的荣誉却深信不疑。他说："总有一天我会如愿以偿。这将是很远的一天，我不能亲眼看到了。那时候人们会打开我的书，我会有读者。我应该为他们写作。"

婉　转

某一个星期日，一位年轻女子问尼采是否打算去教堂。
"今天嘛，就不去了。"他回答得彬彬有礼。
女子走后，尼采对身边的人解释说，任何一条真理都不会对每个人都适合。"要是我让那位少女内心不安，我也会感到惊恐不安的。"他补充说。

遗　嘱

尼采晚年患病时，妹妹坐在他身边忍不住流下了眼泪。尼采却说："伊丽莎白，你为什么哭呢？难道我们不幸福吗？"关于自己死后的事，他对妹妹说："答应我，伊丽莎白，只让我的朋友们为我守灵，别让任何泛泛之交或出于好奇的人在场。到那时，我无法再保护自己了，所以你一定要这样做。不要让牧师，让任何人对我的灵柩讲一些虚假伪善的话，务必要把我像一个忠诚的、从不撒谎的异教徒那样埋葬。"

48 柏格森

亨利·柏格森（Henri Bergson，1859—1941年）是法国哲学家、生命哲学①的主要代表人物之一、直觉主义理论大师。1878—1881年就读于巴黎高等师范学校，以后在翁热、克勒蒙和巴黎的亨利第四中学任教，1889年获巴黎高等师范学校文学博士学位，并在该校任教。1900—1921年受聘为法兰西学院哲学教授。1915年当选为法兰西科学院院士。1918年进入法兰西语言科学院。1928年，柏格森因他的《创造进化论》一书获得了诺贝尔文学奖，这在西方哲学史上是罕见的。主要著作有《论意识的直接材料》、《物质与记忆》、《创造进化论》、《心力》、《道德和宗教的两个来源》等。

柏格森以生命哲学著称于世，对20世纪西方的哲学、文学艺术、宗教和伦理思想产生了广泛影响。

---

① 生命哲学又称生存哲学、生活哲学，是19世纪末至20世纪初盛行于德法等国、以有机化的生命为研究对象的一种非理性主义思潮。

生命的真谛

1941年的欧洲到处是军队在征战,人类似乎已经丧失了灵魂。人们会扪心自问:"面对眼前所发生的一切,还会有谁信仰进步与文明?"然而,法兰西学院的亨利·柏格森教授对此作了回答。他说:"如今你们颓废消极,希望已荡然无存。绝不要恐惧。我曾经也消极过,然而,刹那间,我悟出了生命的真谛……"

没有灵魂

柏格森在高等师范学校读书时就认为,崇高的理想、慈母的眼泪、基督的功绩——所有这一切都是机缘的产物。它们来自尘埃,复还尘埃。生活本无目的,希望何须寄托。柏格森对这个理论如此地信守不渝,以至同学们给他取了一个绰号"无神论者"。

当时,柏格森是班级图书管理员。有一次,教师批评他未能将书架上的书理整好。教师在课堂上说:"一塌糊涂,你们的图书管理员的灵魂会安宁吗?"话音还未落地,全班同学竟异口同声地叫道:"柏格森没有灵魂。"

哲学的研究目的

在论及哲学的研究目的时,柏格森说:"我的哲学研究的唯一目的从来都是为了明确地表达我们每一个人致力发掘的自我内在的东西。"

自我写照

在谈及亚里士多德时,柏格森对这位绅士的描绘恰好是对他本人的惟妙惟肖的写照:"这位具有世界影响的,造诣极深的人懂得如何同任何一个人就他感兴趣的话题进行交谈。虽然他赞同他人的观点,然而他并不因此而采纳它。他理解一切,但他并非要原谅一切。所以当我们还不了解他时,我们已逐渐喜欢上了他。我们明知自己正在同一个陌生人交谈,而我们却惊奇而兴奋地发现:他是我们的朋友。"

离婚奇遇

哲学家柏格森在著名的《笑的研究》一书中写道:"在一出新近演出的剧本中也有同样的圆周运动,同样的重返起点。有一个丈夫老受老婆和丈母娘的虐待,以为离了婚就可以摆脱她们的束缚。他重找对象,结果一离一结,还是回到他前妻手里,可是更糟糕的是,这回前妻竟当了他的丈母娘。"

拒绝特权

1940年,秉承希特勒旨意的法国政府制定了一个排犹法规。根据规定,法国所有的犹太血统的教授都被勒令从公立大学辞职,所有犹太人必须进行登记。然而对犹太籍的柏格森却网开一面。但是,这位哲学家毫不犹豫地拒绝了这种特权,辞去了在法兰西学院的工作,并从病床上挣扎起来,站进了犹太人登记的行列。

生命的本质

在谈到生命的本质时,柏格森说:对于生命的本质,其中一部分要用悟性去领会,其余的则须用心灵去揣度。

闪 电 战

第一次世界大战期间,柏格森以法国政府代表的身份来美国游说威尔逊总统参战。各大报纸来采访柏格森的记者络绎不绝。有一次,三位记者不约而同地叩开了柏格森下榻的房间。柏格森正要外出从事外交活动,但又不能把堵在门口的记者赶走,于是决定来个"闪电战"。他捏着笔对记者们说:"请把诸位的来意和问题全说出来。"他一面倾听着记者们的话语,一边握笔疾书。三位记者话音刚落,柏格森就从椅子上站了起来,一边做出送客的姿态,一面向三位记者各递去一张纸,微笑着说:"你们所问的以及所要的答案,我都写在纸上了。"三位记者拿着纸片,对柏格森如此敏捷的头脑惊叹不已。

遗嘱中的禁令

在柏格森的遗嘱中，有一条明确的禁令：严格禁止后人出版他生前未曾同意出版的作品。柏格森这条禁令有何深刻的用意，不得而知。不过，有一种意图还是比较明白的，这就是仿效治学严谨的前辈。

谩　骂

柏格森的生命哲学没有扔掉上帝，他认为，生命冲动的创造活动即使它不是上帝本身，也是属于上帝的。不过，在科学昌明的20世纪，是不会有很多人相信这种神秘的上帝的。对此，柏格森痛心疾首，破口大骂："那些对神秘主义毫无见识的人，他们激烈地提出的反对的证据，都是一无是处的，因为他们是大言不惭的人和蠢蛋。"这种谩骂说明柏格森的生命哲学已日暮途穷，只得乞求神秘的上帝来显灵了。但是，以神秘的上帝作归宿，只能使生命哲学更加没有生命力。

预　见

在遗嘱里，柏格森坦诚地表明了自己思想的归宿。他说："我的反省引导我越来越接近天主教了，我在天主教里看见了犹太教的完整的实现。"柏格森在遗嘱中推崇天主教，并声称自己"在道德上信奉天主教"，但是他没有比这走得更远。他始终没有公开放弃母亲遗传给自己的信仰——犹太教。他在遗嘱中对此作了解释："我是会成为一个改变信仰的人的，如果我不是在多年前就预见到一个可怕的反犹太主义的浪潮将会在世界上突然发生。我那时就希望继续留在明天将被迫害的那些人中间。"在这里，我们不得不惊讶这位大哲学家的预见，在随后的两年，反犹太的浪潮果然伴随着德国法西斯的铁蹄而泛滥于西方世界；我们不得不佩服这位大哲学家的傲然骨气，3年之后，他果真留在被迫害的人中间，实践了遗嘱中许下的诺言。

49　克尔凯郭尔

克尔凯郭尔（Kierkegaard Sren，1813—1855年）是丹麦哲学家、神学家，存在主义哲学的理论先驱。1830年进入哥本哈根大学学习神学。1841年获神学硕士学位。1841—1842年在柏林大学留学，后重返哥本哈根，一直从事宗教和哲学的著述活动。主要著作有《论讽刺的概念》、《非此即彼》、《恐惧与战栗》、《哲学片断》、《人生道路诸阶段》、《非科学技术最后附言》等。

克尔凯郭尔在哲学上的独特之处在于将人的存在与情绪体验等意识活动结合起来，运用文学、日记、书信等多种形式来表达个人存在的思想。克尔凯郭尔在19世纪上半叶率先突破了当时风行欧洲大陆的理性主义思潮的桎梏，重新肯定了个人主观性的独立性和真理性，并且将历来为哲学家漠视的恐惧、战栗、绝望等情感问题提到了哲学高度。他的哲学思想于19世纪末20世纪初在德、法等国传播，其著作、日记被译为多种文字出版，许多存在主义哲学家将其哲学思想推崇为自己的思想源泉。

折磨自己

克尔凯郭尔与雷吉娜·奥尔森一见钟情,三年以后俩人订婚,但订婚不久,克尔凯郭尔便顾虑重重,怀疑到底有没有权力将一个女人的命运和自己联在一起。按照他对婚姻的理解,男女双方必须绝对地开诚布公,坦坦荡荡,而他认为自己做不到这一点,因为对有些事他必须保持沉默。克尔凯郭尔想让未婚妻提出解除婚约的要求,"为了使她重新获得自由,我所能做的,只有一件事。这就是我变成一个无赖,可能的话,一个大无赖。"

有一次,奥尔森问克尔凯郭尔:"你永远不想结婚吗?"他回答道:"要结的,不过在十年之后。等我闹够了,我就需要年轻的血液,以便重获青春。"

可怜的姑娘心如刀绞,嫁给了他人。然而,克尔凯郭尔一生都对她恋恋不舍,直到临死前,和奥尔森的关系依然是他的日记及著作中的主题之一。他是在残酷地折磨自己。

遭打断的智者

在《关于人类生活根本境遇之思索》中,克尔凯郭尔说:假如某人与一位智者交谈,而智者一开口,这人便即刻打断智者并连连道谢,因为他不再需要什么救助。这说明与他交谈的并非智者,而是一个普通的傻瓜。

有口无心的哲学家应作何譬喻?

克尔凯郭尔在《非此即彼》中讲了这样一个故事:

曾经有这样一个人:他那种喋喋不休的饶舌在某种场合下我不得不去听。每逢任何一次机会,他都会随时开始一次小型的哲学讲座,一套极其令人厌倦的高谈阔论。一次在我几乎陷于绝望的时候,我突然发现他在讲话时会大量出汗。我看到许许多多的汗珠聚集在他的额头,汇流成一道小溪,滑过他的鼻梁,悬垂在他鼻子的尖端处,形成一滴珍珠状的汗体。自从获得这一发现的那一刻,一切都改变了。我甚至乐于唆使他开始他的哲学训示,只是想观察他额头与鼻尖的汗珠。

 西方哲学大师的智慧

50 胡塞尔

胡塞尔（Edmund Husserl, 1859—1938年）是20世纪德国著名哲学家、现象学运动创始人。1876年起，先后在莱比锡大学、柏林大学和维也纳大学攻读物理学、数学、天文学和哲学，1882年获哲学博士学位。毕业后，先做著名数学家魏尔斯特拉斯的助手，后投身于维也纳大学的著名哲学家布伦塔诺门下学习哲学。1887年起相继执教于哈勒大学、哥廷根大学和弗莱堡大学。晚年遭纳粹迫害，境况窘迫，于忧郁中去世。主要著作有《作为严格科学的哲学》、《形式和先验的逻辑》、《现象学的观念》、《第一哲学》等。他留下的大量遗稿和注满眉批的藏书现主要收存于比利时卢汶的胡塞尔档案馆。

胡塞尔一生思想多变，但其目标则是要使哲学建立在严格科学的基础之上。他的现象学虽然是现代西方哲学中最晦涩的学说之一，但在世界范围内产生了广泛的影响，导致了现象学—存在主义运动的兴起。胡塞尔本人也被誉为"20世纪思想深刻的思想家"、"近代以来最伟大的哲学家之一"。

真正志趣

在维也纳获得博士学位后的一天,胡塞尔在校园里漫步,想着自己的专业去向,突然发现哲学教授布伦塔诺走进了教室。胡塞尔早就听说过这位被人称誉的教授,便决定去听听他的课,看看是否真像人们所传说的那样棒。谁知,胡塞尔一下子就被教授吸引住了,并感悟道:原来自己的真正志趣是哲学。

课后,胡塞尔拜访了布伦塔诺教授,教授也像慈父一样地爱护和帮助他。20年后,当声名鹊起的胡塞尔看望这位已经退休的恩师时,还颇为感慨地说:"真正的教授有如父亲一般啊!"

幸遇恩师

在《回忆布伦塔诺》中,胡塞尔曾谈到布伦塔诺对自己的影响。他说:"从布伦塔诺的讲座中,我获得了一种信念,它给我勇气去选择哲学作为终身的职业,这种信念就是:哲学也是一个严肃工作的领域,哲学也可以并且也必须在严格科学的精神中受到探讨。他解决任何问题时所采取的纯粹事实性,他处理疑难问题的方式,对各种可能的论据的细致而辩证的考虑,对各种歧义的划分,将所有哲学概念都回溯到它们在直观中的原初源泉上去的方法——所有这一切都使我满怀钦佩和信任。"

"大纸票"兑换"小零钱"

从到哈勒大学任教起,胡塞尔就一直不信任哲学上的大话和空话。他把大话比作"大纸票",大纸票在使用中必须兑换成小纸票,他把自己的使命形象地说为"把哲学史上的'大纸票'兑换成有效的'小零钱'"。"小零钱"的意思就是概念分析和实事(即事物本身)描述。哲学研究不是要建立一个完美无缺的哲学体系,而是要脚踏实地、自上而下地进行扎实的人生体验,思考事物本身直观之解释与描述。这实际上是现象学的基本精神。

在哲学教学过程中,每当听到初出茅庐的哲学家们所特有的那些自负的断言和论点时,胡塞尔总是说:"不要总是谈大钞票,先生们,小零钱,小零钱!"

寻找道路

从 1881 年进维也纳大学起，胡塞尔就已经开始研究《圣经》。"借助于一门严格的科学来找到通往上帝和通向真正生活的道路。"这是胡塞尔一段时间的心路历程。

唯一的愿望

在《欧洲科学危机与超验现象学》中，胡塞尔写道："我不想教诲，只想引导，只想表明和描述我所看到的东西。我将尽我的知识和良心首先面对我自己但同样也面对大家来讲话。当一个人赤诚地为哲学生存的命运而献身时，这就是他唯一的愿望。"

一己得之

胡塞尔强调从彻底的个体性出发去从事哲学探索，他试图这样去重建全部知识的上层结构。他说：任何想认真严肃地成为哲学家的人，在他一生中必须一度返还己身，并且在己身之内试行推翻然后再重建到那时为止他已经接受的所有科学。哲学——智慧……全然是做哲学思索的人的个人事情。哲学必须上升为"他的"智慧，成为他一己得之的朝向普遍性的知识，一种他能够在第一个步骤上运用他自己的绝对意见回答的知识。

纳粹的禁令

1930 年，德国纳粹党的势力日益膨胀。1933 年，希特勒上台正式获取政权，身为犹太后裔的胡塞尔被禁止在德国参加学术活动和发表任何作品，被从大学退休者花名册上除名，并停止了他过去的正式职务。纳粹还颁发了一张禁令，禁止胡塞尔进入大学。让人惊讶的是，胡塞尔像对待所有手边的纸张那样，在这份禁令的背面也写下了研究笔记。可见，他对纳粹的淫威是何等的心不在焉。

这份禁令现存于胡塞尔档案馆。

后悔的举荐

1928 年，69 岁的胡塞尔即将从弗莱堡大学退休。他举荐了海德格尔为自己教授职位的继承人。对于这一举荐，在以后的几年里，胡塞尔是相当后悔的。胡塞尔一度寄希望于海德格尔，认为他是最有希望发扬自己现象学的人。可是，当海德格尔从马堡回到弗莱堡后，胡塞尔发现他们之间在哲学理念上有着极深的歧异，这给胡塞尔以极大的打击。

面对"背叛"

1929 年胡塞尔 70 诞辰时，海德格尔编了一本《纪念文集》，但书中未提到对胡塞尔生日的庆祝，封面上也没有胡塞尔的名字。在这本文集中，除海德格尔外，所有文章竟无一继续胡塞尔的题目与思路。看到这本文集，胡塞尔毫无愉悦可言。面对这些"背叛"，他反而坚定了自己哲学研究的信念，更加拼命地写作，要以新的著作来回答这些挑战与"背叛"。

临终遗言

1937 年 8 月，胡塞尔因胸膜炎（也有说是支气管炎）病倒，一直到 1938 年 4 月也未见好转。4 月 27 日，这位哲学家与世长辞。临终前，他没有留下处置财产的遗书，只是以微弱的声音说："我一直作为一个哲学家而生活，现在我想作为一个哲学家而死去。"

51 海德格尔

海德格尔（Martin Heidegger，1889—1976 年）是 20 世纪著名的德国哲学家和存在主义、现象学、解释学等现代哲学流派的创始人之一。早年在弗莱堡大学读神学和哲学课程，1913 年获哲学博士学位。1916 年起随胡塞尔研习现象学，后被选为其助手。1923—1928 年任马堡大学教授。1928 年返回弗莱堡大学接替胡塞尔退休后留下的哲学教授讲席。1933 年一度与纳粹当局合作，任大学校长，次年辞职。战后被勒令停止执教，1951 年才恢复工作。1959 年退休后隐居家乡，专事著述。主要著作有《存在与时间》、《形而上学是什么》、《康德与形而上学问题》、《形而上学导论》、《尼采》、《现象学的基本问题》等。

海德格尔是当代德国最有创见的哲学家，他打破了两千多年来哲学中注重形而上学本体论问题的旧传统，将哲学研究的重心转向了人的存在问题，开创了一种全新研究方向。在他逝世后，虽然他的一些思想以及他在纳粹时期的政治态度不断引起人们的争议，但他对世界哲坛的深远影响是不可低估的。

滑雪教练

年轻时，海德格尔是一个狂热的滑雪爱好者，技术娴熟，甚至专门做过这方面的讲座。当然，有时也会出点小小的意外。有一次，海德格尔在做单橇转弯示范时，不慎跌倒在雪地上。这一摔大煞风景，几乎断送了身为人师的表率作用。学生们呆呆地站着，显得不知所措，海德格尔也有点精神恍惚。但是，随后他一跃而起，恢复了常态，学生们才平静下来。

爱在哭泣

1916年，弗莱堡大学哲学系空出一位哲学教授的职位。这教席一度在海德格尔和其挚友克里勃斯之间争夺，因此两人相互伤害。海德格尔对自己的名誉导师李凯尔特不推荐自己深感不满，觉得他玩弄两面派手法，表面上持不干涉立场，实际上是狡猾。无人真正支持海德格尔，使他十分失望。为此，他在一首诗中写道："太阳只照耀短暂的几个小时，就不得不死去，爱在哭泣——生活之田野是幻灭的大地。"哲学系最后决定聘现象学家胡塞尔出任这一空缺的哲学教授教席。

思与生命的统一

在一次关于亚里士多德哲学的讲座中，海德格尔没有作通常的生平介绍，而是用这样一个简洁的句子开始："亚里士多德出生，工作，去世。"接下来便大谈亚里士多德的哲学。海德格尔这一介绍体现了他本人曾表述过的思与生命统一的观点。

"土气"的农民

在外表上，海德格尔有那么一点"土气"。有一次，一位维也纳的哲学家做了一场论述海德格尔的学术报告。会后，他非常自豪地觉得自己讲得很成功，有条不紊，通俗易懂，原因是坐在第一排的一位个头不高的农民一直看着主讲人，好像全听懂了。后来，他才弄清楚这位所谓小个子农民是海德格尔。

赶写论文

1922年，在胡塞尔的大力推荐下，海德格尔再次申请马堡大学的教授职位。马堡大学的那托普给胡塞尔来信说，尽管您对海德格尔有了极高的评价，但凭此还不能作为这一职位获得的依据，还要取决于海德格尔"发表了什么"。于是胡塞尔连忙说，海德格尔关于亚里士多德的专著很快就会发表。其实，海德格尔当时并未写这样一本书。当那托普要求看这部书的纲要时，海德格尔不得不在三周内赶写了一篇长达60页的"导论"。这一导论由胡塞尔亲自寄往哥廷根和马堡大学。

1923年6月18日，34岁的海德格尔正式接到聘书，当上了正教授。

讨论会的成功

在一次海德格尔主持的大学高年级学生的讨论会后，胡塞尔对海德格尔说："这次讨论会很成功。"海德格尔问道："在哪些方面呢？"胡塞尔回答说："因为学生们踊跃参加。"胡塞尔之所以得出如此结论，是因为在他的讨论课上，大多数时间只有胡塞尔一个人发言。而在海德格尔的讨论班里就没有这种独白的情况——他甚至还专门警告同学们要避免这一点。如果讨论的是某一篇原著，海德格尔对此已发表过意见，那么，他是决不允许其解释被别人引用的。

逼上梁山

有一天，马堡大学哲学系系主任对海德格尔说："海德格尔老师——您必须出版点东西，有合适的稿子吗？"海德格尔说："当然有。""那就尽快印出来吧！"由于胡塞尔的出面，本来打算在《现象学与哲学研究年鉴》上发表的《存在与时间》前15印张由马克思·尼迈出版社立即印行。1927年2月该书在《现象学与哲学研究年鉴》上全文发表，教育部因此撤销了对海德格尔的否定看法，同意他继任尼古拉·哈特曼的教职。

52 萨特

保罗·萨特（Jean-Paul Sartre，1905—1980年）是法国哲学家、文学家、政治活动家，存在主义的首创者和代表人物。1924年于巴黎高等师范学校攻读哲学。1929年通过哲学教师资格考试后在巴黎和外省一些公立中学任教。1933—1934年赴德国留学，先后在柏林大学及弗莱堡大学研究胡塞尔和海德格尔哲学，开始接受存在主义。1934年后继续任哲学教师，1936年开始发表小说和哲学论著。1939年应征入伍，次年被德国俘虏。1941年获释后回到巴黎继续任教，同时积极投入反法西斯战争。1945年主持创办《现代》杂志，传播存在主义思想。战后，他倡导"介入现实"，成为法国存在主义思潮的主要代表人物。50年代参加左翼政治运动，保持激进的政治立场。1964年谢绝接受诺贝尔文学奖。主要哲学著作有《想象》、《存在与虚无》等。

萨特存在主义思想的典型特征和中心是人的存在，即人的自由，其主要功绩在于重新引起哲学对实际生活中的一些基本方面的重视。他所代表的存在主义是法国第二次世界大战前后最重要的哲学流派，对战后的青年一代影响极大。

西方哲学大师的智慧

孤独、伤感的种子

3岁时,萨特右眼因角膜翳而导致失明,再加上他身材矮小瘦弱,小伙伴们都不喜欢跟他玩。

有一天,他跟母亲走到卢森堡公园,当他看到许多同龄的孩子都在快快乐乐地做游戏时,就向那些孩子游戏的地方跑去,谁知那些孩子根本不理他,连看都不看他一眼,他失望了,两眼滚出了晶莹的泪花。妈妈不相信没有人跟儿子玩,就拉着儿子的手,从一棵树走到另一棵树,从一群人走到另一群人,结果总是失望。

这给萨特深深埋下了孤独、伤感的种子,他只有到书的天地里去寻觅自己的归宿。

背诵故事

小时候,母亲常给萨特讲故事。他听着听着,有些故事都可以倒背如流了。于是,有一天,他拿了一本《一个中国人在中国的苦难》来到贮藏室,坐在一张折叠式铁床上,装出一副看书的样子。他的眼睛紧盯着那一行行黑色文字,读出所有的音节。家里人发现了他,或者说他是有意让家里人发现的,大家惊叫起来:"呀!这真是个神童,不用人教,就能识字了!"后来,家人才明白小萨特只不过是在背诵一个故事。

直　言

有一天,萨特和波伏娃在咖啡馆喝咖啡,加缪走过来,同他们谈论他的《反抗者》,以为他们喜欢这本书。当时,萨特和波伏娃十分尴尬,不敢直言相告他们的想法,因为加缪毕竟是老朋友,而且在过去很长一段时间,他们都非常钦佩他。最后,由弗朗西斯·让松负责撰写一篇文章发表了他们对加缪的看法,文章结尾处写道:"《反抗者》首先是一部不成功的大作。"加缪被萨特等人的否定弄得心烦意乱。后来,加缪和萨特中断了友谊。萨特很后悔,因为在他看来,加缪是一个"作品、行动、自身相结合的奇妙整体"。

诽 谤 家

1964年10月，瑞典皇家科学院宣布将授予萨特诺贝尔文学奖。萨特听到这一消息后，立刻在《世界报》上发表了一篇声明："一个有社会立场或大学立场的作家只应当通过自己特有的方式，即写作采取行动，……作家应当拒绝被人指定。"此外，他认为尽管诺贝尔奖并非什么西方集团的意识形态奖赏，但既然当时人们是普遍地这样认为的，因此，致力于东西方和解的他将拒绝领取诺贝尔奖奖金，尽管他对失去伴随荣誉而来的这笔高达60000美元的奖金而感到遗憾。就这样，萨特成为有史以来唯一一位拒领诺贝尔奖的人。萨特此举使自己落了一个"诽谤家"的骂名，而数不清的穷人则给他写信："把你拒绝的钱给我们吧！"

意外延迟的代价

萨特和波伏娃访问东京之后便去访问京都，在去火车站的路上，他们乘坐的汽车遇到了一次交通阻塞，把火车时间给耽误了。火车为了等他们迟发了3分钟。在日本，火车是以每小时250公里的速度运行的，一切都是电子设备控制，因此，这次意外延迟造成了巨大的经济损失。

哲学巨著的奇遇

《存在与虚无》是保罗·萨特的一部巨著。它的问世标志着法国存在主义哲学的确立，20世纪40年代曾风靡西欧和美国。该书于1943年出版时，曾有一段有趣的奇遇。当出版商拿到这部书时，认为其思想新颖，但行文述理很深，估计不会有什么销路，最多只能卖10本。为了弘扬文化，出版商决定即使赔本也要出版。

该书出版后，前两周只卖出几本，但第三周销路渐增，后来越卖越多。出版商喜出望外，但又十分惊奇，因为买书者大多是家庭妇女。难道他们都拿哲学著作当消遣吗？经过实地调查发现：原来在德军占领下的巴黎物资奇缺，甚至砝码也被德军搜走，以至人们无法称量物体的重量。不知谁发现了《存在与虚无》正好一公斤重，正好做砝码，于是巴黎的太太们踊跃购买此书。

鸡尾酒的启示

在一次同学聚会时,当时在柏林的法兰西学院求学的雷蒙·阿隆一时来了兴致,指着侍者端上来的鸡尾酒说:"如果你是个现象学家,你就可以谈论这杯鸡尾酒,并由此而形成哲学。"这话顿时让他的老同学萨特激动得脸色发白——老同学所说的正是他许多年来一直渴望得到的东西!后来,萨特要求到法兰西学院留学的申请得到了批准,便开始在法兰西学院钻研胡塞尔和海德格尔的哲学学说。

为师

从巴黎高等师范学校毕业后,萨特曾任中学教师。第一天,他坐在校长办公室对面的休息室里等待上第一堂课时,一束阳光射进窗子,透过玻璃,给地板涂上了一道金光。他望着这束阳光自言自语地说:"我是一个教师了。"

同时成为司汤达和斯宾诺沙

萨特一直在文学理想和哲学理想间犹豫不决,一度将文学当作证明自身存在合理性的领域,虽然哲学的道路对他而言指向了真理,但过度玄思的形而上体系却不能为萨特所接受。而现象学的出现无疑使萨特有可能将哲学的真理融入活生生的现实之中,同时有可能将文学所触及的现实领域和哲学的反思结合起来,因此萨特坚定了他的信念:"我要同时成为司汤达和斯宾诺沙。"

缺席审判美国

1967年,因反对美国对越南的战争,萨特参加了"罗素法庭"。这一法庭是英国哲学家罗素以自己的存款作为基金,以反越战为目的,邀请世界知名学者参加的"国际战犯审判法庭"。这一法庭缺席审判了美国的侵略罪行。萨特担任法庭的执行庭长,并做了总结性发言,宣布:美国政府对越南人民犯下了种族灭绝的罪行。

承认冒充

1954年9月，有人冒充萨特写了一封信给法国政府，支持一个反战的联络网，反对法国的殖民战争。一时间谣传纷纷，右翼分子拥上街头游行示威，高呼"枪毙萨特"，萨特主办的《现代》杂志也因此遭到查封。萨特本来可以揭穿别人的冒充，但因为这封信道出了自己的心声，所以他干脆承认了这一既成事实。回国时，他已经做好被捕的准备，但据说戴高乐表示"我们不抓伏尔泰"，这使萨特免于囚禁之苦。虽然如此，他经常收到右翼分子的恐吓信，其住所也两次被炸，但他始终没有屈服。

自　　白

萨特在自传——《词语》一书中最后的一段自白可以说概括了他勤奋而富有内容的一生：

我之所以喜欢我的疯狂，因为它一开始就会保护着我，使我不受"社会名流"之害。我从未希望我是"天才"的幸运儿，我唯一关心的是以工作和信心来拯救我自己——一个一无所长、一无所有的人。结果，我的纯粹选择并没有使我出人头地。我整个身心地投入工作。如果我将救世主摒弃，那么剩下来的是什么呢？一个完全的人，为所有的人所构成，同他们有相同的价值，但不比任何人价值更高。

哲学真了不起

首先把萨特引入哲学大门的是柏格森。萨特曾是柏格森求学和任教的巴黎高等师范学校的学生，在那里，他就以柏格森的"绵延"学说为题，写了自己的第一篇哲学论文，并且受到指导教师的好评和奖赏。萨特写道：正是在读了柏格森的有关著作之后，"我对自己说：'哲学真了不起。'真理是从天上降落人间的，而这种技巧——哲学，就是要使更多的真理从天上降落人间"。

53 弗洛伊德

西格蒙德·弗洛伊德（Sigmund Freud，1856—1939年）是奥地利精神病学家和心理学家，弗洛伊德主义①的创始人。1873年进入维也纳大学医学院学习，1881年获博士学位。1882—1885年在维也纳全科医院工作。1885—1886年留学法国，返回维也纳后于1887年同著名生理学家布洛伊尔合作研究歇斯底里症及其疗法。1900年出版了《梦的解析》一书。1908年创立国际精神分析学会，1919年创办专门出版精神分析学书刊的国际性出版社。1938年德国法西斯军队入侵维也纳后，他流亡英国，翌年因癌症死于伦敦。

弗洛伊德的最大贡献在于他创立了精神分析学，为科学研究开辟了一个新的领域。他本人也被西方学术界誉为20世纪的最伟大的思想家之一，与马克思和爱因斯坦齐名的三位犹太思想家之一。

---

① 弗洛伊德主义：亦称"精神分析学派"或"古典精神分析学派"，是19世纪末20世纪初由西格蒙德·弗洛伊德所创立的精神分析理论以及对其加以继承、修正与发展的诸学说的总称，是西方人本主义哲学思潮的主要渊源之一，故有"精神分析人本主义"之称。主要代表人物为弗洛伊德和他的两个学生阿德勒和荣格。阿德勒创立的"个体心理学"和荣格创立的"分析心理学"被称为后弗洛伊德主义。

推崇汉尼拔

古代迦太基的名将汉尼拔曾经打败了侮辱和压迫犹太人的"神圣罗马帝国"及其天主教会,因而受到少年弗洛伊德的推崇。有一次,他陪同父亲散步,当他听说父亲曾受到耶稣会成员当众侮辱而没有丝毫反抗时,他马上想起了汉尼拔的父亲在祭坛前让他的儿子发誓要对罗马人复仇的动人场面。"自那以后,汉尼拔在我的幻想中占据了一个应有的位置。"犹太人的现实遭遇使弗洛伊德深感世道的不公,同时也促成了他思想上的反叛性和独立性。"我永远不能理解为什么我要为我的祖先感到羞耻,或者像人们所说的那样为自己的民族感到羞耻。所以,我义无反顾地采取了昂然拒绝的态度,始终都不为此后悔。"

坠入情网

年轻的弗洛伊德一直沉醉在科学的无穷探索之中,生理学的许多奥秘使他无暇顾及其他事务。然而,爱神的丘比特箭还是射中了他。在出身于经济富裕和文化修养较高的犹太人家庭、性格内向、端庄得体的"神仙公主"玛莎·柏内斯面前,弗洛伊德完全坠入了情网。在与玛莎婚前的四年分离之中,受着恋爱煎熬的弗洛伊德写下了900多封爱情信。天生的多疑使他总是自寻烦恼,正如他后来所说,爱情都是自私的和狭隘的,爱情中的自我丧失是为了换取一种安全感。弗洛伊德向未婚妻表白道:"一定有人会认为,同人类数千年的历史相比,一个人失去自己的爱人,不过是沧海一粟罢了。但是在我看来,失去爱人无异于世界末日的到来。"

梦之秘密的发现地

1895年夏天的一个星期三晚上,弗洛伊德在维也纳一个名叫贝尔吾餐厅的东北角的一张餐桌旁,第一次体验到梦的本质是愿望的达成,从而揭开了其思想创造性时代的序幕。后来,弗洛伊德开玩笑地说,应该在这个角落竖起一块石碑,上面写道:"在这里,梦的秘密是弗洛伊德博士于1895年7月24日受到启示而发现的。"

伟大的发现

当我们读完《梦的解析》这部奇书，我们不能不为作者的绝妙分析所折服，同时为作者大胆的立论所惊异。正是这位作者首次揭开了盖在人性身上的"遮羞布"，揭示了"无意识"这一人类的原始心灵世界。因此，他的名字如同爱因斯坦等伟人的名字一样飞入寻常百姓家，成为学人和普通民众议论的对象。当一位学生称他是"一个伟大的人"的时候，弗洛伊德回答说："我不是一个伟大的人，我只是做出了一个伟大的发现。"

不受欢迎

1886年4月，弗洛伊德从巴黎回到维也纳，旋即被邀请至维也纳医学会做学术报告。弗洛伊德讲述了他在巴黎的所闻与所想，尤其是沙科医生对歇斯底里的研究，没想到报告结束之际，大部分听众已经移坐后排，仿佛怕被这个坏人传染似的。事实上，不仅弗洛伊德的报告不为维也纳医学界所接受，而且弗洛伊德本人不久之后也被逐出脑解剖研究所的大门，不得不从其学术生涯中引退。弗洛伊德后来在其《自叙传》（1925年）中感叹道："算起来我最后一次造访医学会至今，已经整整一代的光阴了。"

震　撼

1899年11月4日，《梦的解析》在维也纳出版。或许是出版商意识到这本书的出版乃是一件千年的大事，故意在封面上注明出版时间为1900年。此举绝非是拙劣的画蛇添足，而是高明的画龙点睛之笔，因为它确实标志着人类对自身的认识从此以后进入了一个新的纪元。

尽管弗洛伊德充满了创新的革命自豪感，正如《梦的解析》扉页上维吉尔的题词所说："假如我不能上撼天堂，我将下震地狱。"但《梦的解析》第一版印刷的600本却花了8年时间才卖完，可见震撼的大约只有弗洛伊德原本就很孤独的内心。他以"光荣的孤立"自慰，不看任何出版物，不听任何歪曲的攻击。

男性歇斯底里症

有一次,弗洛伊德在维也纳向医学界汇报用催眠术治疗各种男女歇斯底里症,在场的医学权威们都惊呆了,其中一位老外科医生在听到弗洛伊德分析一位男性歇斯底里症时竟哆嗦着站起来:"老天!亲爱的弗……弗洛伊德先生,你怎么能说出如此无聊的话来?你别忘了 Hysteron 是'子宫'的意思,一个大男人怎么能患这种病?"弗洛伊德平静地说:"先生,我们总不能只停留在过去的认识上,权威的话并不一定是真理。我这里有足够的资料表明:歇斯底里症并非一种妇女病!"全场哗然,这毕竟太出人意料,许多人一时无法接受这个事实。有一段时间,弗洛伊德甚至不被准许对男性歇斯底里症患者进行治疗。

可恨的敌人

1911年2月8日,阿德勒在维也纳学会会议上所讲的一番话似乎是十分公正的,却得罪了弗洛伊德:"总而言之,发言人讲话的目的并不是贬低弗洛伊德关于神经症及其机制的概括的价值,而仅仅是出于实践上和理论上的必要性,为这种概括提供一种更广阔的基础和发展的观点,在这些方面,弗洛伊德已经落后了。"这样,阿德勒成了可恨的敌人,弗洛伊德决心要除掉阿德勒,并令人惊奇地将其看作"偏执狂"。在下届国际精神分析协会会议上,弗洛伊德接替了阿德勒和荣格的职务。最后弗洛伊德宣布,阿德勒和其他三人已经辞职,将他们赶出了国际精神分析协会。

赴美讲学的感受

1908年夏天,弗洛伊德应美国克拉克大学的邀请赴美讲学。这次讲学是弗洛伊德一生的一个转折点,得到国际学界的承认,使他信心倍增。在赴美乘坐的轮船上,看到一位船舱管理员竟在阅读自己的《日常生活的心理分析》一书,使他相信自己将会闻名于世。赴美讲学的所见所闻以及受到的热情欢迎,都使弗洛伊德感到精神分析学不再是一种幻想的产物,他的工作得到了正式的合法承认。

人类的进步

1933 年希特勒上台后，开始野蛮地迫害犹太人，弗洛伊德的学说在德国遭到禁止，其著作也成为禁书。同年 5 月，在 4 万名柏林人的围观下，5000 名佩带纳粹标志的学生在柏林歌剧院前焚毁了 2000 本著作，其中就有爱因斯坦和弗洛伊德的著作。弗洛伊德得知这一消息后，气愤地说："人类的进步有多么大啊！在中世纪，他们会烧死我，而现在他们只是烧了我的书。"

成功的原因

弗洛伊德出身于一个犹太人家庭，受人歧视、迫害与母亲的爱促使他形成了富于反抗精神的倔强性格。弗洛伊德自己对此却不经意地做出了一个独到的（当然不是全面的）解释，他说："一个为母亲所特别钟爱的孩子，一生都有身为征服者的感觉，由于这种成功的自信，往往就引向真的成功。"

出 诊 费

1938 年，德国纳粹搜查了弗洛伊德在维也纳伯格萨 19 号的家，掠走了他的 1500 美元。弗洛伊德不无风趣地说："我出诊从来都没有收那么多的钱。"

热心介绍

1938 年 3 月，纳粹侵占了弗洛伊德在维也纳的家，他仍不愿离开。最后，由于女儿被纳粹非法拘留，弗洛伊德才决定前往英国避难。在离开维也纳之前，为了获得出国护照，弗洛伊德必须在一份证明文件上签字，以表示他得到盖世太保的"礼遇和优待"，并注明他没有什么可抱怨的。在表格上签字之后，弗洛伊德幽默地问道："我是否可以热心地向世界上所有的人介绍盖世太保？"

行使最后权利

1939年3月，弗洛伊德的口腔癌发展到无可挽救的程度。随后，他的病情迅速恶化，以至难以进食。9月21日，弗洛伊德再也无法忍受病魔缠身所造成的精神上的极度痛苦，要求私人医生舒尔答应他："如果我不能继续活下去的话，你要尽力帮助我。现在我已万分痛苦，这样继续下去是毫无意义的。"9月23日，舒尔分别在头天晚上和清晨为他注射了吗啡，弗洛伊德行使他的最后权利，以安乐死的方式告别了痛苦难耐的生命。

不符合心理学

弗洛伊德有三个姊妹，她们终身未嫁，各住一栋小公寓，生活费均由弗洛伊德和他弟弟支付。三姊妹生活俭朴。他弟弟问西格大叔（因为全家人都这样称弗洛伊德），是否能让三姊妹住在一起，国为这样既合理，又省钱。

弗洛伊德说："不错，这很合理。但是，这样不符合心理学。"于是三姊妹仍然各居一地。

自我评价

1939年9月23日午夜，西格蒙特·弗洛伊德悄然长逝，终年83岁。濒死之前，他拒绝宗教的帮助和人们的安慰，有时甚至拒绝止痛药。他把死亡看作一个刚性的、冰冷的，也许还有几分枯燥的事实，没有什么能使之软化。弗洛伊德的一生几乎可以说是"书斋生涯"的一生，其间并无多少波澜壮阔之事、惊心动魄之举，他对自己的评论是："我并不真是一个科学家，也不是观察家，也不是一个实验家，也不是一个思想家。我只不过是一个具有征服者气质的'Conquistador'——冒险家，假如要勉强翻译这个词的话，就是具有一种属于冒险家的好奇、勇敢和不屈不挠精神的人。"

54　荣格

卡尔·荣格（Carl Gustav Jung，1875—1961年）是瑞士著名哲学家、心理学家、精神病学家、弗洛伊德主义者、分析心理学的创始人、苏黎世学派的领导者。1900年获巴塞尔大学医学博士学位，1902年获苏黎世大学医学博士学位。1905年任苏黎世大学讲师，后退职开业，集中于个人的实践、研究和写作。1906年，他开始与弗洛伊德通信，后来深得弗洛伊德器重。1911年两人共同创立国际精神分析协会，荣格任第一任主席。1914年因与弗洛伊德理论上的分歧，他离开弗洛伊德自己创立分析心理学。20世纪20年代，曾远赴非洲、亚利桑那、墨西哥等地考察原始人的心理历程，开始种族无意识的研究。1932年起，先后任苏黎世大学和巴塞尔大学教授，直到因病辞职。荣格一生著作甚丰，主要著作有《分析心理学论文集》、《心理学的类型学说》、《分析心理学的理论和实践》、《无意识心理学》、《集体无意识原型》、《记忆、梦、思考》、《心理学和东方》等。

石头的启示

荣格的童年生活是孤独的。他常常一个人玩，自己设计出各种模仿宗教仪式的游戏；他常常沉湎在梦、幻觉和离奇的想象中，他喜欢独自面对美丽的湖光山色，享受与大自然默契的愉悦，领悟大自然给他的神秘启示。

当他独自一人坐在花园里的一块石头上时，一种道家或禅宗那样的思想便油然而生。

"我正坐在石头上，这石头在我的下面。"但是这石头同样也能说"我"，同样也能这样想："我正躺在这斜坡上，他正坐在我的上面。"于是，就有了这样的问题："我是那个坐在石头上的人呢，还是块被他所坐着的石头呢？"……我可以在上面坐上几个小时，幻想着它给我的谜。

他说："对我来说，大自然充满了奇迹，而我则想沉浸其中……我是将我自己沉浸在了自然的怀抱。"

无意识的自杀欲念

小时候，家里的一位黑皮肤的女仆曾救过荣格。事情发生在莱茵河的一座桥上，荣格横跨在桥的栏杆上。他在回忆录中写道："当时我的一条腿已经伸到了扶手的下面，就要滑过去，就在这时候，她及时地抓住了我！这些事指向一个无意识的自杀欲念，抑或它可能表示对世间生活的重大抗拒。"

导演不光彩的剧情

荣格11岁时，一个小孩推倒了他。荣格的头摔在了路边的石头上，几乎是昏迷了过去。他回忆说："摔倒的刹那间有这样一个念头闪过：'那么现在你就再不用去上学了。'"以后的6个月左右时间，荣格利用这种昏厥来躲避上学或是做家庭作业。后来，他回忆说："我自己导演了这整个不光彩的剧情。"

"教堂粉碎"的秘密

在一个晴好的夏天,中午放学后,荣格踏上了通往教堂的路。天非常蓝,阳光灿烂,光线照在崭新而格外光滑的瓦片上,教堂的屋顶闪闪发光。……上帝正坐在那把用金子做成的御座上,高高在上,从御座下纷纷落下许多粪便,落在烨烨发光的教堂屋顶上,打碎了那些瓦片,摧毁了教堂的墙壁。

荣格抵抗住了对任何人讲述这个秘密的诱惑!他认为,自己的秘密不能和他人共享。

面对父亲的权威

荣格的父亲是一位牧师。18岁时,荣格就很难与父亲沟通。他与父亲有过许多讨论,但讨论的结果并不理想。

荣格在回忆录中写道:"这些讨论激怒了父亲,使他感到悲伤。'喔,你在胡说,'他习惯于这样对我说话,'你总是想着思考。其实一个人需要的不是思考,而是信服。'我会这样想:'不,一个人必须经历与体验。'"

荣格还写道:"在他与我之间出现了一条深渊,我根本看不到与他沟通的可能。"

面对母亲的轻视

有一天,母亲来到荣格的房间,看到墙上贴满了各种图表,不屑一顾地说:"我想你认为做这些事情是有意义的,是吗?"她的这种轻视打碎了儿子的梦想,因为他为此已经倾注了大量的创造性精力,并且他认为它们有助于解决一个尚未明了的问题。

此后两三天,荣格都几乎不能工作,他的创造性完全僵硬了。后来他收拾起这些图表,并且这样想:"她对于这些完全无知,我不能让她干扰它们对我的启发,不管这对她会怎样。"随即,他的创造性重新获得释放,他能够继续描绘图表,并且以此来澄清自己所面临的问题。

这一事件,使荣格知道自己必须离开母亲,离开旧巢。

一见钟情

1896年，21岁的荣格遵照母亲的嘱托去拜访以前的邻居弗劳·罗森巴赫。荣格是这样叙述这次拜访的：

当我走进屋子的一刹那，我看见了一个14岁左右的姑娘正站在楼梯上，扎着一对辫子。我立即意识到：这将是我的妻子。她深深地打动了我。尽管我见到她只是片刻的光景，但我瞬间体会到她将成为我的妻子，这种体会具有十足的把握。

直到今天，我仍然准确记得，那时我急不可耐地将这件事透露给我的学友。当然，他只是嘲笑我。我对他说："笑去吧，你会看到我娶她的。"

1903年，荣格与这位姑娘——艾玛结婚了。

伟大的情人

医学院毕业后，荣格的第一份工作是在苏黎世的布尔格霍尔兹利精神病院担任助理医生。1904年，医院来了一位新病人，是一位18岁的俄罗斯犹太姑娘，名叫萨比娜·施皮尔莱因。她被诊断为"精神歇斯底里"。当院长欧根·布洛伊勒让荣格用精神分析法去治疗她时，荣格感到十分吃惊。

荣格有步骤地把不稳定的病人引入宗教和神话的想象，萨比娜就是第一位接受这种非正统疗法的病人。经过一段时间治疗，他们成了情人。荣格曾告诉一个朋友："当我死的时候，恐怕没人能意识到躺在棺材中的这位老头曾是一个伟大的情人。"

面对大师

1906年，荣格将自己的《早发性痴呆心理学》送给弗洛伊德。在此书的前言中，荣格写道："我受惠于弗洛伊德的伟大发现。"然而，在序言中，荣格对弗洛伊德的性欲理论仍持保留意见。他写道："假如我承认梦与歇斯底里的复杂机制，这并不意味着我赞同儿童早期精神性欲创伤的决定性作用，而弗洛伊德显然是这样认为的。这更不意味着我……同意弗洛伊德假设的性在心理上的普遍性。"

启开与大师交往的序幕

1906年,荣格将他的《心理联想研究》送给弗洛伊德,它支持了弗洛伊德的压抑理论。4月,弗洛伊德写了一封简短的感谢信作为回应,从而揭开了两位心理分析先锋之间交往的序幕。这种交往一直持续到1914年荣格正式脱离弗洛伊德阵营为止。

与爱因斯坦的聚会

在一次家庭晚餐聚会时,时任苏黎世大学数学教授的爱因斯坦应邀前来参加聚会。荣格问爱因斯坦:"你关于当代物理学的杰出理论,如相对论(外在空间),是否同样可以应用到心灵层面(内在空间)?"爱因斯坦回答道:"当然可以。"荣格的共时性理论从某种程度上来说,就起源于与爱因斯坦的关系。正是爱因斯坦的肯定回答,荣格才写出了《共时性》一书。

父子之爱

在离开维也纳前,荣格向弗洛伊德要了一张照片。在后来的书信中,他向弗洛伊德表示自己最关心的事是"为您的学说的科学推广奠定基础"。他们都为俩人的友谊而兴奋,荣格还提议:"请允许我以儿子之于父亲而不是以平辈的身份来感受您的友爱。"后来,弗洛伊德觉得他们应该具有一种父子关系,便提出收养荣格为长子,在一个临时的宣布荣格为继承人和"皇子"的仪式上为他正式"涂油"。

1911年,弗洛伊德不顾其他人的反对,推荐荣格担任了国际精神分析学会的第一任主席。

扎根于自己的土地

1922年,47岁的荣格购买了一块土地,这块地以前是附近的圣高尔修道院的一部分,位于波林根村庄的南部、苏黎世河上游的河畔。他真正扎根于自己的土地上,和整个乡间交流。荣格说:"它给予我这种感觉,我似乎在石头中新生。"

与弗洛伊德分道扬镳

1914年,因与弗洛伊德理论上的分歧,荣格离开弗洛伊德而开始创立分析心理学。荣格是这样来回忆俩人分道扬镳的:

弗洛伊德对我说:"亲爱的荣格,答应我永远别背弃性欲理论。这在一切理论之中最为重要。你知道,我们必须为它制定一套教义,建立一座不可动摇的堡垒。"他情绪激动地对我讲述这些话,并且用一种父亲般的口吻说:"答应我,亲爱的宝贝,你得每个礼拜去一次教堂。"我惊讶地问他:"这座堡垒防御什么?"他回答道:"防御声名狼藉"——他犹豫片刻补充道——"防御神秘主义"。……

就是这件事对我们之间的友谊产生了致命的打击。

恶 作 剧

1909年,米娜(弗洛伊德的妻妹)向荣格透露了一个复杂的三角关系,她与弗洛伊德之间的亲密关系也包含其中,她向荣格寻求帮助。

在一次去美国的旅途中,荣格内心的恶作剧则蹦了出来。荣格给弗洛伊德讲述了他的多层房子的梦。在这个梦中,荣格在地面深处的一条石缝中发现了原始文化的遗迹和两块要裂成碎片的人的头盖骨。弗洛伊德对这两块头盖骨很感兴趣:"它们是谁的头盖骨?"荣格回答:"我妻子与妻妹的。"荣格的回答似一把冷箭刺向了弗洛伊德的阴暗面。这也许对荣格与弗洛伊德的分手产生了决定性的影响。

不相信上帝

1959年,在BBC《面对面》电视采访中,约翰·弗利曼问荣格:"你相信上帝吗?"荣格停顿了一会儿,然后回答说:"我不相信,我知道。"

为《易经》作序

1950年,荣格为《易经》撰写了一篇序言,他写道:"我必须坦白地说,着手撰写这篇序言对我来说并非一件容易的事情。因为就我对于科学的责任感来说，一般不会轻言那些我不能证明或者至少从理性来说不能接受的内容……我之所以来表达对于《易经》的看法，是由于我自己认为，在古老的中国思维方式中，包含着超越我们意识的存在……"

他还写道："现在我已经是 80 岁的老人，当代人多变的观点已经不能再左右与影响我。古老智者们的思想，要比西方精神的哲学偏见具有更大的价值。"

愿意转世与再生

有一次，荣格与汉娜谈起转世与再生的问题，汉娜说她希望这是自己最后的一次再生。荣格开始很热情地同意她的观点，但是，他突然停住，沉默地环顾四周，然后说："不，我错了。如果我还能拥有波林根的话，我将愿意再度回到世上。"

55　弗洛姆

埃里希·弗洛姆（Erich Fromm，1900—1980年）是美国心理学家、哲学家、新弗洛伊德主义[①]的创始人、弗洛伊德的马克思主义[②]的主要代表人物、法兰克福学派的重要成员。弗洛姆原籍德国，1923年获海德堡大学哲学博士学位，1929—1934年在法兰克福心理分析研究所和社会研究所工作。1934年流亡美国，在纽约社会研究所工作。1940—1941年在美国哥伦比亚大学任客座讲师。1941—1942年在美国心理分析研究所工作，后加入美国籍，1949年起先后在耶鲁大学、墨西哥大学、密执安大学和纽约大学任教。他是美国心理学会会员和华盛顿心理分析学会会员。

[①] 新弗洛伊德主义：亦称"新精神分析学派"、"心理文化学派"或"社会心理学派"，是20世纪30年代以后从弗洛伊德主义分化出来而流行于美国的精神分析文化学派或社会学派。其代表人物大多是从德国流亡到美国的精神分析学家，主要有霍尼、弗洛姆、沙利文、卡丁纳、艾里克森等人。

[②] 弗洛伊德的马克思主义：亦称"弗洛伊德主义的马克思主义"，是西方马克思主义流派之一，是20世纪20年代出现、60年代末兴起的主张用弗洛伊德主义解释和补充马克思主义而形成的一种哲学流派，其主要代表人物为赖希、马尔库塞和弗洛姆。

对老师话语的沉思

第一次世界大战期间，一次上英语课时，老师布置给弗洛姆等人的暑期作业是背熟英国国歌。这一作业是在暑假以前布置的，当时还处在和平时期。开学后，同学们对那位老师说，我们拒绝学习现在成了我们头号敌人的国歌。这一拒绝的部分原因是由于学生调皮捣蛋，部分原因也是受到了"仇恨英国"这一论调的影响。那位老师站在教室前面，冷笑一声，并用平静的口吻回应了学生提出的抗议："别自欺欺人了，英国永远不会打败仗的！"这是在疯狂的仇恨中，一个理智健全的、现实的人所发出的声音——这是一位令人尊敬和钦佩的老师的声音。老师所说的那句话以及他那种心平气和、合情合理的说话方式启发了弗洛姆，同时也粉碎了仇恨和民族自豪感的疯狂模式，它使弗洛姆感到惊异，并陷入了沉思："这一切又是何以可能的呢？"

孤独的原因

弗洛姆出身于一个犹太人家庭，这种家庭身份并没有给他带来多少幸福和欢乐，反倒是给他的生活罩上了凝重的悲剧性色彩。1980年3月18日，在瑞士的洛迦所作的人生最后一次谈话中，弗洛姆无限感慨地回忆起自己的少年时代说："那时候，我就变成了一个孤独的孩子，我一直期待着有什么东西能把我从这种孤独中拯救出来"，"而我之所以着手从事心理学研究，恐怕是当时我变得越来越神经质的缘故。在那样谨小慎微的父亲身边我没有发疯，就得感谢上帝，得归功于其他方面对我的影响了。"

女友自杀的困惑

青年时代的弗洛姆遇到了一件使他震惊的事件。他美丽的女友，芳龄大约25岁，既漂亮，又富有魅力；除此之外，她还是一个画家。她订婚不久就解除了婚约。她几乎总是陪伴着她那位丧偶的父亲。在父亲去世后，她竟自杀了，并留下了遗嘱说希望同父亲合葬在一起。是什么原因使她如此挚爱其父，以至于不惜放弃自己的感情和生命呢？这使从来就缺少父母之爱的弗洛姆匪夷所思，给他以极大的精神震动和疑虑，促成他大胆探寻人类内在心理世界的奥秘，同时也给他青春年华的感情谱画上了一个巨大的低音符号。

热心政治

除从学之外，弗洛姆将主要精力投入国际政治问题的思考和活动。他发表过好几篇关于裁军与和平的文章。他一直积极投身于国际和平事业，曾经是美国反核武器和反越战争的重要和平组织（SANE）的主要发起者和参与者。他青年时代信奉社会主义，20世纪50年代曾一度加入美国社会党。对社会政治问题之所以如此关注，是因为弗洛姆青少年时代就为这些问题所缠绕。据他回忆，第一次世界大战爆发时，虽然他才14岁，但他第一次意识到这样一个问题：为什么这场战争竟然驱使上百万人去屠杀另外上百万人，而且这种人与人之间的杀戮竟毫无理由地延续了4年之久？这当然是14岁的弗洛姆难以解释的，但却使他后来逐渐认识到了探索战争和政治问题背后的心理学和伦理学的人道主义意味。

56　霍克海默

马克斯·霍克海默（Max Horkheimer, 1895—1973年）亦译为霍克默尔，德国哲学家、法兰克福学派①的主要创始人、社会批判理论的奠基者。生于斯图加特一个工厂主家庭。1922年在法兰克福大学获哲学博士学位。1925年任该大学教授，后兼任哲学系主任。1930年任法兰克福大学社会研究所所长，并创办了《社会研究杂志》。1933年希特勒执政后，他把社会研究所先后迁往日内瓦、巴黎、美国，并先后在美国哥伦比亚大学和加利福尼亚大学工作。1949—1950年，他把社会研究所迁返法兰克福，仍任研究所所长。1953年退休。1973年卒于纽伦堡。主要著作有《启蒙辩证法》（与阿多诺合著）、《工具理性批判》、《批判理论》、《社会哲学研究》等。

---

① 法兰克福学派是萌发于20世纪20年代初期、流行于50年代的一种哲学流派，是"西方马克思主义"中影响最大的一个流派，因其活动中心在德国的法兰克福而得名。主要代表人物有霍克海默、阿多诺、弗洛姆、马尔库塞、施密特、哈贝马斯等人。

神圣的反叛

1895 年,霍克海默出生在德国斯图加特一个"资产阶级家庭",他父亲是一家经营良好的纺织厂老板。这个家庭具有犹太人在商业上的精明和父权制的权威的一切要素。如果按父亲的意愿,霍克海默的一生将只会是一个生意人,而不会是一个哲学家。但正如恩格斯反叛了他属于的阶级一样,霍克海默最终也与自己的家庭以及这个家庭所属于的阶级和思想体系彻底决裂。他操起"批判理论"之鞭,抽打他质疑的资本主义社会的肌体。

这是一种神圣的反叛。这种反叛不仅需要勇气,更需要良知。

与哈贝马斯之间的冲突

1958 年 9 月,时任社会研究所所长的霍克海默正在休假,为自己安排退休之后安度晚年的住所。突然,他在 29 日那天致长信给他的好友、社会研究所代理所长阿多诺,指名道姓批评他的学术助手哈贝马斯"思想过于活跃,言论多有越轨",并希望阿多诺能"严加管教",同他认真地交谈一次,尽量做到"惩前毖后,治病救人",否则,任其发展下去,不但对哈贝马斯自己的学术发展不利,还会危及整个社会研究所的思想认同和政治立场。

霍克海默在信中表达不满的同时,还是颇有克制的,他没有忘记以长者和老师的身份,给予哈贝马斯以"谆谆教诲",大有只要表示反悔就网开一面、既往不咎的意思。可惜,哈贝马斯非但没有领他老师的这份情,反而在"迷途"上越走越远,直到一度与社会研究所分道扬镳。

57 密　尔

约翰·斯图亚特·密尔（John Stuart Mill，1806—1873年，旧译穆勒）是英国实证主义哲学的最早代表人物、社会活动家、经济学家、逻辑学家。出生于伦敦一个学者家庭，没有进过正规学校，年轻时主要是在其父指导下自学。1820—1821年，他赴法国"游学"，并接受了自由主义思想。回国后，他开始阅读孔狄亚克的著作，并进一步研究边沁、圣西门主义者的著作。这时，他已经接受经验派的哲学思想和功利主义伦理学，并组织了一个"功利主义"学会。1823年，他随父到英国东印度公司任秘书，直到1858年此公司解散为止，最后两年曾担任高级职务。1865—1868年，任英国国会下院议员，尔后在伦敦和法国阿维尼翁居住，卒于阿维尼翁。

密尔在哲学、政治、经济、宗教、道德等各方面都有著述，主要哲学著作有《逻辑体系》、《论自由》、《功利主义》、《汉弥尔顿爵士哲学研究》、《孔德和实证主义》、《论宗教》等。

在哲学上，除了强调感性直观的经验主义和以归纳法为中心的逻辑体系外，密尔最有影响的要数其自由主义思想。

惯　　偷

小时候，密尔认为偷窃无过。他还未满 10 岁，就已经是个惯偷。有一次，父亲怀疑他不可靠，特别设计了一个圈套：将一笔款项，经过点数后，放在他寻得到而且有机会偷窃的一个地方。果然，密尔将这笔款项偷去藏在了鞋内。搜索他的身体后，找到了这笔款项，由此证明多次失款都是密尔偷窃所致。

欺骗同伴

有一次，作为孩子的密尔与另外几位同学到阿尔卑斯山去逛风景。他们伪造家长的证明信，获得了旅行护照。把书本抵押，得到现款。43 天之久，他们逛游各地。密尔掌管着钱囊，但他设法欺骗同伴，使他们为他支付了三分之一的旅费。回家后，他又捏造了一系列新的谎言来遮掩其浪费。不久，便将全部金钱一扫而光。

首次尝到主恩

1825 年 11 月的一个晚上，密尔参加一位基督教信徒的家庭晚间聚会。期间，有一位信徒双膝跪下，祈祷神祝福这个聚会。密尔从未见过人跪下祷告，自己当然也未曾这样做过。当主人在祷告之时，密尔暗暗地想："我比这个不学无才的人不知要高明多少，可是我却不能像他祷告得这样好。"回家时，他不禁告诉同伴说："我们在瑞士旅行所见的一切，和我们从前所有的寻欢作乐，都不能与今晚的经历相比。"尔后，他经常参加布道活动。

凭信心事奉

1830 年，密尔在英国西慕斯开始传道，因为顺服神的话，就不能接受固定薪金。入秋以后，他不再受固定薪金，由信徒自由奉献。他想，若接受信徒由圣灵感动直接奉献的支持，大额奉献金钱的人可能感到自满，而少额奉献金钱的人会感到自卑。于是，他在教会门前放置了一个箱子，上面写着：凡有感动要支持服事的，可按自己能力把奉献放在箱中。

爱心的回报

有一次,一位衣着朴素、面带愁容的妇人前来参观孤儿院。密尔便亲切地与之交谈,谈话间他开始关心这位前来参观姊妹的景况,于是对她说:"姊妹你不要忧愁,如果你经济上有困难,你可以放心,我愿意把我所有的一半分给你。"但这位姊妹回答说:"密尔弟兄,你误会了。我不是有经济上的困难,是因我丈夫最近过逝,我想把一笔遗产捐给孤儿院。"

追 求

有一次,密尔要求父亲准许他参加一个德国的布道团体。父亲不仅生气,而且大失所望。在盛怒之下,父亲宣布不再认他为儿子。后来,父亲看到儿子安静忍受,不变初衷,于是就由恫吓转为哀求,可是,密尔心志已定。为了保持自己的独立,他决定不再用父亲的钱。不久,有三位美国教授想学习德文,密尔被推荐担任这三人的辅导教师,所得的收入十分丰裕,不仅足够开支,而且有余。

初 恋

在周六晚的布道聚会里,密尔遇到并爱上了一位同年的女子,并不知不觉地开始衡量事奉主的心和恋慕人的情。可怜肉体的倾向胜过了属灵的责任。祷告失去了魔力,甚至在一段时间内他几乎完全停止祷告,拒绝一切舍己的工作。

这时,有一个名叫包贺门的青年弟兄,出身于富贵之家,受到高深的教育,前途十分光明,可是他舍弃自己,选择远赴波兰传播福音。这在密尔的心坎上打上了深深的印记,他不得不比较两人的情形。为爱上一个女子,自己竟然放弃神的召唤,变成了一个不进行祷告的人。反之,另外一个青年因为选择一项舍己的工作,撇弃了世上所有的欢乐和财宝。相形之下,不禁见绌。

密尔受到了内心的责备,于是放弃了自己对这位女子的爱,割断了这个未经祷告所结的缘。

一个便士的供应

1841年秋,密尔和工人们受到了最大的考验。数月以前,孤儿院接到的供应还是源源不断,但现在每日每餐必须仰望神。

有一次,一个贫穷的妇人奉献了两个便士,她说:"这是区区之数,但我必须给你。"谁知道这笔礼物十分应时,内中一便士恰好凑足整数,用来购买孤儿院急用的面包。

拒绝诱惑

1856年,密尔收到一张100镑的支票,捐赠者希望密尔用它开始积蓄为自己养老之用。但他写信给这位捐赠者说:"谢谢你的来信,100镑支票已经收妥了。我们家人一直没有财产。……深信若我自己或家人,任何时候有所急需,主一定会丰盛地把我给穷人的视为借给神的而还给我。在这种情形下,我不能接受你善意的捐赠。凡是有心帮助我们家庭开支的,若是不经我请求而给的,我是感恩领受,或是为孤儿院的需要我也感恩地领受。但你的意思似乎专为我的将来打算,我觉得会使一向丰盛赐予每天所需之粮的天父不悦。假若我对你的信有所误解,请告诉我。我暂时保管你的支票直到你回信的时候。暂且不管你信的意义,我总是深深感谢你的关怀,我会为你每天祷告。求神在属灵及属世事上,都厚厚赏赐你。"

两天以后,密尔就收到回信,那位捐款的人请他把那100镑用在孤儿身上,密尔欣然接受了捐款。隔天,这人又送来了100镑。4天以后,再送来了100镑。

遵行神供应律

有一次,密尔家中的面粉用尽了,但一直没有主的供应。所以,密尔对太太说:"可能我们有一些地方拦阻了神的供应。"于是他们就在家中寻找,看看有什么东西是多余而没有给出去的。他们找到地窖,发现有一块奶油,便把奶油切一半送给教会中的一位穷寡妇。当密尔回到家时,有一位不知名的人已经把一袋面粉摆在门口,由此密尔夫妇得出了一个结论:只要我们遵行神供应律,我们的供应必然不会断绝。

事奉撒旦，也是痛苦

有一次，密尔的钱挥霍完了，饥饿逼迫他偷吃了与他同住的一个士兵的一片面包。后来，他回忆起这件事，不禁感叹说："事奉撒旦，就在今世，也是痛苦！"

主的恩赐

1830年11月18日，密尔只剩下8个先令左右。早上他和妻子祈祷的时候，主使他记起自己的经济状况，于是他求神给他钱。大约4小时后，他们与一位姊妹在一起。她问密尔："你需要钱吗？"密尔说："亲爱的姊妹啊，当我放弃我的薪俸时，我告诉弟兄以后只让主知道我的需要。"她回答说："但神差使我给你点钱哩。大约两星期前，我问神要我为神做什么，神就要我给你点钱。上星期六，这种感觉又很强烈地在我心中涌动，到现在还在我心中，昨晚我感受得那么激烈，以至我无法不跟另一位兄弟谈起了这件事。"

密尔心中虽然充满了喜乐，但他以为还是不把境况告诉她好，若是出于主的旨意，她是一定要施与的。他旋即转变话题。当他辞行时，她给了密尔42个先令，密尔和妻子为主的恩赐感到无比快乐。

匿名捐款

密尔兴办孤儿院，每年都要对孤儿院一年的收支情况进行报告。常年读孤儿院报告的人，可以发现有一位匿名的捐款人，数十年内不断奉献，记录上只称他为"一个主耶稣的仆人，因为基督之爱的激励，寻求积蓄财宝在天上。"如果把这些奉献加起来，迄1898年3月1日，竟达81490镑18先令8便士。这位捐款人就是密尔自己，他将别人送给他个人的款项全部奉献给主使用。他说："我的目的从来不是我能够得到多少，而是我能给出多少。"

神的旨意

有一天,密尔在祷告之中觉得神要他回一次德国。他对神说:"有三件事使我目前不能回去:若同师母去,三个孩子无人照顾;缺乏路费;需要一人代替管理孤儿。我不知道神的旨意是否要我回去,如果是的,在这些事上就求神预备。"在这以后,有一天,来了一个人,他认为托他管理孤儿院再合适不过了;不久,又有一位师母要到他家住几个月,正好看顾他的孩子;末了,又有一人送他一笔个人费用。他就问神:"主啊!我现在是否可以动身了?"

一生的宗旨

回顾一生的工作,密尔曾亲笔写的一句话足以代表其宗旨:"我乐意献上我自己,例行祷告相信能够完成许多事情。"

58　斯宾塞

赫伯特·斯宾塞（Herbert Spencer，1820—1903年）是英国哲学家、社会学家，英国实证主义的集大成者。1837—1841年任伦敦和伯明翰铁路土木工程师。1848—1853年任《经济学家》编辑，结识英国政界和学术界头面人物。1850年因出版《社会静力学》而引人注目。1860—1893年完成了由10部独立的著作组成的"综合哲学"，从力学、生物学、社会学等各个方面系统地论述了实证主义的哲学观点。主要著作有《第一原理》、《生物学原理》、《心理学原理》、《社会学原理》等。

在哲学上，他继承了孔德实证主义的思想体系，提出了自己的不可知论的实在论、机械的均衡论以及生物社会学，尤其是他以生物学规律解释社会现象，以生物进化论解释和论证功利主义伦理观，成为了社会有机论的创始人之一。他的实证主义哲学和社会学对西方思想界、学术界影响深远，并为许多政治家所赞赏和推崇。他被称为学术界的"思想泰斗"，"维多利亚英国的亚里士多德"。

独身者的伟大

斯宾塞由于种种原因,埋头于自己酷爱的哲学事业而终身未娶。有一天,一位朋友半开玩笑半认真地问道:"大哲学家先生,难道你就不为你的独身主义选择而后悔吗?"斯宾塞随口回答道:"我常常这样想:在这个世界上,有一位漂亮的姑娘因没有嫁给我而获得了幸福,我是多么伟大啊,因此我感到很快乐!"

颅相学判断

斯宾塞年轻时曾钟情于玛丽·伊文思。他们曾考虑过订婚,但仅因斯宾塞的颅相学观察,这段姻缘便烟消云散了。斯宾塞认为:"普通人的头颅,各个部位或平或凹,但她的头颅,却每个部位都是凸出的。"

他还在日记中写道,他曾遇见一位容貌和体态都很漂亮的年轻贵妇,事后朋友们问他对这次会见有何感想。他说:"每个年轻人都会对她的面貌大加赞美,但我的回答是:'我不喜欢她的头型。'当然,我是根据颅相学判断的。"

拒斥柏拉图

作为一个哲学家,斯宾塞却不喜欢柏拉图,屡次开始阅读柏拉图的《对话》,最终都以无比愤慨的心情把它丢在了一边。他说:"三流小说家写的对话都更有戏剧性。"

真实的自我

有一天,斯宾塞乘火车外出。在车厢里就餐时,他对面坐着一位穷工人正在吃午餐。"他吃饭的动作太野蛮粗俗,因而引起我的注意。我感到厌恶,进而愤怒。但过了一会,他吃完饭,平静下来,他忧郁的面部表情深深地震撼了我的心灵,我仿佛在他脸上看到了经年累月的痛苦。我瞅见他悲伤的目光、深深的皱纹,我意识到他历尽艰辛的悲惨生活。"斯宾塞在他的自传中写道。

身体虚弱的缘故

斯宾塞是一位毫不妥协的个人主义者,根本无法与他争辩任何问题。有一天,他向一位科学界的朋友请教一个生物学问题。他首先陈述了自己对这个问题的看法,当刚听到对方的不同意见时,他立即从口袋里拿出耳塞,堵住了自己的耳朵。"医生不准我与任何人讨论问题。"他解释道,"这是由于身体虚弱的缘故。"

绝不会泄气

斯宾塞35岁时头部出现特殊感觉,长期神经衰弱,夜间不得不靠服用鸦片来入睡。但他硬是写作出版了《综合哲学》等著作。当他写完自传的最后一页时,不幸与世长辞。他曾问自己:"假如我一开始就知道自己悲观的前途和极度虚弱的身体,它是否使我泄气从而放弃自己的事业呢?"他用一只勇敢的手写道:"我绝不会泄气的。"

59 詹姆斯

威廉·詹姆斯，(William James，1842—1910 年) 是美国哲学家、心理学家。出生于纽约，1855—1860 年随父去欧洲各地游学。1861 年起受教于哈佛大学理学院和医学院，1869 年获医学博士学位。1872 年起在哈佛大学任教，直至 1907 年退休。期间，他多次赴欧洲和美国各地访问、讲学。主要著作有《心理学的原理》、《宗教经验种种》、《实用主义——一些旧思想方法的新名称》、《多元的宇宙》、《真理的意义》、《彻底经验主义论文集》等。

威廉·詹姆斯是从自然科学特别是心理学的研究走上哲学研究道路的。他接受了实用主义创始人皮尔士的基本原则，并将实用主义加以引申，发展为用于解决哲学、道德、宗教等各方面问题的普遍原则，成为了实用主义哲学的主要代表人物之一。

渴求友情

远在孩提时代，詹姆斯就渴求友情。尽管他出身豪门望族，但他对自己的伙伴从不势利相待。他曾经向一个自视清高、不屑与其他家庭地位较低的伙伴为伍的男孩宣称："我偏要与那些满口脏话、行为粗鲁的孩子们玩耍！"

道德规范

詹姆斯看不起与他同时代的人仅仅为了财富的积累而疯狂地劫夺。他痛斥他的美国同胞崇拜"那个婊子养的女神——胜利"。他敦促民主社会的所有自由成员彼此亲密合作，其实用主义是符合道德规范的。

回　　家

詹姆斯因健康原因辞去哈佛大学的教席后，做了一次欧洲旅游。他打算将这次旅行当作一次恬静、不受打扰的健康旅行，结果却成了一次令人激动的凯旋进军。他所到之处，人们都欢呼着跟随在这位"伟大的威廉·詹姆斯教授"身后，坚持要他公开露面。在返回美国的途中，他无力地倚靠在船椅上，喃喃自语道："回家真是太好了！"

60　杜威

杜威（John Dewey, 1895—1952 年）是美国哲学家、教育学家、伦理学家和社会活动家，实用主义主要代表之一。1895 年生于美国佛蒙特州的柏林敦城，1875 年毕业于佛蒙特大学，后进入约翰·霍普金斯大学进修，1884 年获哲学博士学位，此后在密执安大学、明尼苏达大学、芝加哥大学和哥伦比亚大学任教，1952 年逝世。杜威一生著述颇丰，在心理学和教育学上都有所建树，主要哲学著作有《哲学的改造》、《经验与自然》、《确定性的寻求》、《知与所知》等。

杜威将实用主义哲学的基本原则运用于他所涉猎的各个知识部门，扩大了实用主义的影响，使实用主义在相当长的时期成为美国占主导地位的哲学。1919—1921 年期间，他来中国讲学，促进了实用主义在中国的传播。

废寝忘食

杜威在佛蒙特大学读书时,是有名的"书蛀虫"。有一天,杜威来到图书室,完全沉浸在书海里,到中午下班时间了,还没有走的意思。图书室管理员看杜威十分入迷,怎么喊也没反应,便想跟他开个玩笑,自言自语地说:"这个书虫,连饭都不知道吃。今天,我看你就别吃饭了,吃书吧!"说着,便把门锁上,自己回家吃饭去了。谁知,当他下午上班时,竟发现杜威还在那里读书。管理员走到他身旁,拍着他的肩膀笑着说:"我说书虫,这书看来还真能管饱,你看都什么时候了,还不去喂肚子。"杜威抬头看了看管理员,又掏出怀表瞅了瞅,发现已经下午两点了,平静地说:"既然吃饭的时间已经过了,那就算了吧!"说完,又埋头读书。

五体投地

1882年年底,杜威来到约翰·霍普金斯大学攻读哲学博士学位。此时,密执根大学的莫里斯教授正在约翰·霍普金斯大学作访问教授。杜威听了他的课后,异常兴奋,认为自己寻找到了哲学研究的方向,并对莫里斯佩服得五体投地。莫里斯去世的时候,杜威给自己的第三个儿子取名"莫里斯",以纪念莫里斯。

投石问路

据说,杜威想终生潜心研究哲学,但对自己的能力又有点不大自信,便去请教托莱教授。教授对他说:"你是一个很有哲学天赋的小伙子,你的选择不会错。"听了教授的话,杜威很高兴,但心里仍没底。于是,他写了《唯物主义的形而上学假定》一文寄给《思辨哲学》杂志,请该杂志的主编、圣路易学校校长哈里斯审阅。哈里斯认真地阅读了杜威的文章,并复信说:"如果文章确实出自你本人的手笔,那可以断定,你是一个具有高度哲学头脑的人。"随后,将这篇文章刊登在1882年4月的《思辨哲学》杂志上。

美国人的顾问、导师和良心

杜威的哲学观影响了美国人的生活及社会发展,美国人对他极为青睐和尊重。在杜威90岁生日的时候,美国总统亲自光临庆祝宴会,《纽约时报》还发表了庆祝社论,其他的报刊杂志也发表纪念专刊和专集,称杜威是"哲学家的哲学家",说"他在自己的生活方式和自己的哲学中体现了美国人的理想",是"美国人的顾问、导师和良心"。

哲学的困境所在

杜威认为:"哲学现在处境困难的原因是:有用的知识越增加,哲学则越忙于完成其与人生无关的任务。"

讨钱的孩子

有一天,杜威同朋友在校园内散步,突然有个男孩跑过来,向他伸手要钱。杜威随手掏了一枚镍币递过去,然后很不耐烦地对朋友说:"这地方的孩子动不动就向人讨钱,真是没办法。"

"等等……"朋友打断了他的话,"这个向你要钱的孩子,看上去很像你的儿子呀!"

"哦……"杜威回头向孩子的背影望了一眼,说,"嗯,不错,大概是吧!"

教育就是生活

在教育理论上,杜威主张教育就是生活,社会就是学校。有一天,他正在书房里写作,忽然觉得有一滴水落到他的脊背上。他赶紧跑到楼上,只见小儿子弗烈德打开了水龙头,在水流横溢的浴室里摆弄一列玩具船队。弗烈德发现父亲来了,一点也不害怕,而是一本正经地对父亲说:"咳,别说了,约翰,只要拿一把拖把来就行!"

61 罗素

罗素（Bertrand Russell，1872—1970年）是英国哲学家、数理逻辑学家、社会学家、分析哲学的创始人和主要代表。出生于英国特雷克的一个贵族家庭。1890年进剑桥大学三一学院学习数学和哲学，1910年起在该校任教。第一次世界大战期间因反战活动被革除教职，以后依靠写作与演讲为生，曾访问过苏联和中国，1938年后在美国讲学，曾任哈佛大学、芝加哥大学、洛杉矶加利福尼亚大学客座教授。1934年获英国皇家学会授予的西尔威斯特奖章、皇家数学学会授予的德摩根奖章。1944年重返剑桥大学三一学院执教，被选为英国科学院名誉会员。1950年获诺贝尔文学奖。主要哲学著作有《哲学问题》、《心的分析》、《物的分析》、《西方哲学史》、《西方的智慧》、《我的哲学的发展》等。

罗素思想发展最突出的特点是浮动多变。在哲学上，最初信奉绝对唯心主义；19世纪末对唯心主义进行了反叛，从而转向新实在主义；20世纪初又转向了逻辑分析哲学。罗素是20世纪声誉卓著、影响深远的思想家之一。

幼稚行为

7岁时，罗素听人说地球是个圆形的球体，便到花园里偷偷地挖坑，说要看看能不能通到地球的另一面。他挖呀挖，挖了好久，也没挖多深，直到被祖母发现，才制止了他的幼稚行为。

人生要义

罗素在自传中谈到自己的一生时说："三种极普通，但却非常强烈的热情决定了我的一生：对爱情的向往，对知识的追求，对人类痛苦的莫大同情。"

反　战

第一次世界大战爆发时，罗素积极地参加了反战运动。有一次，一个反战组织因出版一本小册子，被官方逮捕了6个人。这事本来与罗素没什么关系，可是富有正义感的罗素却主动出面，声称自己对此事负责。于是，官方审讯了他，而他却利用这个机会在法庭上作了雄辩有力的演说，竟博得了听众席上的掌声。法官无奈，只好对他处以一百英镑的罚款。罗素拒付罚款，法庭则将他在剑桥的图书拍卖充当罚款。事后，罗素被剑桥大学辞退。

数学事件

罗素在刚进剑桥大学时，哈勒德·究钦教授给他开了一份哲学必读的书目，罗素很快就把这个善意的建议付诸实施。后来因流行性感冒，期末数学考试成绩糟透了。别人以为他数学考试成绩差是他读哲学书的缘故。老师把他找去，对他说：一个"数学考试及格的人"，就是一个"数学考试及格的人"。这个并不尖刻的幽默却伤了罗素高傲的自尊，于是，他把心情的失落和对当时不合理的考试制度的厌恶统统化为一种激情发泄在数学上，结果，他很快通过了数学优等考试，并在荣誉学位考试中获得了第一名。然而，罗素事后将所有数学书全卖了，发誓再也不读数学书。

西方哲学大师的智慧

神

有人对罗素说:"中国人说,您百年之后,他们要在中央公园举行一个盛大的葬礼,并把您安放在西湖畔,还将建一座庙来纪念您。"罗素听了这话,幽默地说:"我真有点遗憾这事不能实现,不然的话,我就要变成一个神,那对一个无神论者来说,该是多么有趣啊!"

婚姻准则

罗素12岁时,有位同学向他传授爱情方面的启蒙知识。他听后,马上总结出一条普遍准则:"只有不受婚姻约束的自由之爱才是唯一的、合乎理性的爱。婚姻只是基督教迷信说教带来的一种必然现象。"当然在实践中,罗素并不怎么讨厌这种迷信说教,他一生就结了四次婚。

罗素—爱因斯坦宣言

1954年年底,罗素决心联合东西方科学家发表联合宣言,警惕核危机。他将自己起草的宣言草稿寄给爱因斯坦,然后到罗马参加一个会议。在返英途中,罗素从无线电话务员那里得悉了爱因斯坦逝世的消息,这对罗素是一个沉重打击。不过,当飞机到巴黎时,罗素惊喜地发现,爱因斯坦的一封信正等着他。爱因斯坦在信中说,他同意在宣言中签字。1955年7月,在伦敦记者招待会上,罗素宣读了著名的《罗素—爱因斯坦宣言》,这在世界上引起了极大的反响。

人生的幸福

有一天,罗素的一位年轻朋友来看他。进门后,只见罗素正凝视房屋外边的花园,陷入了沉思。

这位朋友问他:"您在苦思冥想什么?"

"每当我和一位大科学家谈话,我就肯定自己此生的幸福已经没有希望。但每当我和我的花园谈天,我就深信人生充满了阳光。"

选 择

哲学家维特根斯坦还是罗素的学生时,经常像一头野兽在罗素的房里踱来踱去。

有一次,维特根斯坦突然停下来对罗素说:"你是否认为我是个十足的白痴?"

罗素颇为不解地反问:"为什么你想要知道?"

"如果我是的话,我就去当飞艇驾驶员;如果我不是,我将成为一名哲学家。"

罗素倒也很坦率:"我亲爱的朋友,我不知道你是不是一个十足的白痴,但如果假期里你给我写一篇哲学文章,我读了后就告诉你。"

一个月后文章送到了罗素手里,罗素刚读完第一句,就相信他是一个天才,并向他担保:"你无论如何不应成为一名飞艇驾驶员。"

静坐示威

1958年,罗素组织了核裁军运动的民间团体,并任主席,同时组织了反对英国建立核基地的游行。1961年,罗素夫妇带领群众在英国国防部门前静坐示威。夫妇双双被捕,若不是医生认为监禁会对这对年迈的夫妇健康有危险,罗素夫妇就要在监狱中待两个月。最后,法庭判决拘留罗素夫妇一个星期。但是,罗素在法庭上的精彩辩护,他入狱和出狱引起的轰动,使其声望大增。

报复记者

1920年,罗素来中国访问,可是到中国后生了一场大病。病后,他拒绝任何人的采访,一家对此很不满意的日本报刊谎登了罗素已去世的消息。后虽交涉,他们仍不愿收回此消息。

在回国时,罗素取道日本,这家报社又想采访他。作为报复,罗素让秘书给每个记者分发了一张字条,纸上写着:"由于罗素先生已死,他无法接受采访。"

谴责战争

当越南战争爆发后，罗素强烈谴责美国侵略越南的战争，并对英国工党支持美国侵略行径的态度极为愤慨。在一次大会上，罗素挥泪撕毁了自己的工党党证，其时，他的工党党龄已超过了50年。不久，他建立了"国际战犯审判法庭"，经过两次缺席审判，认定美国总统约翰逊有罪，并公布了调查报告。1967年，罗素出版了最后一部著作——《美国在越南的战争罪行》。

偶然幸免于难

1949年，罗素被选为英国科学院荣誉院士，并受政府之托，到西欧各地进行巡回演讲，谈论国际形势，宣传对苏联的警惕。然而，在一次乘机赴挪威时，飞机失事了。由于罗素喜欢抽烟，只能待在飞机后仓，因而幸免于难。1950年，他被授予英国最高荣誉——功勋奖章。

访问苏联

1920年春，罗素作为英国工党代表团的非正式成员访问苏联，受到了极为奢华的接待。托洛茨基邀请他们上莫斯科歌剧院看戏，他们还到克里姆林宫会见了列宁，用英语交谈了1小时。当罗素说不经过流血斗争也会实现社会主义时，列宁说："抛开这种幻想式的看法吧！"

在苏联访问期间，罗素在写给友人的信中说："我认为（苏维埃）政府是这个时期合适的政府……布尔什维克的目的就是使俄国工业化，就像美国那样。"

但访苏归来后，罗素对苏联的态度就由拥护变为反对，同年出版了《布尔什维克的理论和实践》一书，不赞成暴力革命、阶级斗争和无产阶级专政，并诋毁列宁。在第二次世界大战中，他还建议用原子弹摧毁苏联。

客观评价

罗素虽然不喜欢柏格森，但他不否认柏格森哲学的世界性影响。他称柏格森是"本世纪最重要的法国哲学家"，认为他的哲学"是对理性反抗的一个极好的实例"，这种反抗在历史上"始于卢梭"，而"一直在世人的生活和思想里逐渐支配了越来越广大的领域"。由于"现代世界需要这样的哲学，因此所取得的成功不是意料不到的"。

与柏格森邂逅

1911年，罗素在英国与柏格森邂逅。当时，柏格森作为闻名于世的哲学家来参加英国的一个哲学学会的讨论会。他对于时为39岁的罗素在这个讨论会上宣读的论文显现了惊异的神色。以后，罗素在《我的哲学发展》一书中写道："关于特殊问题，我对付以上所说的困难第一次所做的努力是1911年在亚里士多德协会里宣读的一篇文章，题目是《论普遍与特殊的关系》。当时有柏格森出席，使这个会增光不少。他觉得很诧异，说我好像是认为所需要证明的是特殊的存在，不是普遍的存在。"

讥讽柏格森

据说，罗素听说有人要请柏格森到中国讲演，即对丁文江说："我很奇怪，你们为什么要请柏格森。他的盛名是骗巴黎的时髦妇人得来的。他对于哲学可谓毫无贡献，同行的人都很看不起他。"

柏格森的《创造进化论》出版后，其声望在国际哲学界达到了巅峰状态。罗素却讽刺说：柏格森"像做广告的人一样，依赖鲜明生动、变化多端的说法，依赖对许多隐晦事实的表面解释，尤其是类推和比喻，这些手法在他向读者介绍他的意见时所用的整个方法中占很大一部分。他的著作中见得到的生命比喻的数目，超过我所知的任何诗人的作品中的数目"。而在这些比喻中，"把生命比作骑兵突击，这是比喻的最高潮"。他分析道："这样的见解和骑兵军官有相称的，和哲学家却不相称，因为哲学家到底是以思考为本务的。"

62 维特根斯坦

维特根斯坦（Ludwig Wittgenstein，1889—1951年）是20世纪最有影响的哲学家之一，逻辑学家，分析哲学的创始人和主要代表之一。出生于奥地利的维也纳，后迁居英国。1908—1911年在英国曼彻斯特大学研究航空工程，1912年到剑桥大学师从罗素研究数学和逻辑。第一次世界大战时，他在奥地利陆军中服役并被俘，同时进行写作。1929年返回剑桥大学再度研究哲学，并获哲学博士学位。1930—1935年任剑桥大学三一学院研究员。1938年希特勒吞并奥地利后入英国籍。1939年任剑桥大学哲学教授。1947年辞职后隐居乡村专事著述。主要著作有《逻辑哲学论》、《哲学研究》、《1914—1919年笔记》、《哲学评论》等。

维特根斯坦以语言的批判来反对传统的形而上学，以日常语言的分析代替人工语言的逻辑分析，为牛津日常语言哲学的发展奠定了基础。

沉　思

维特根斯坦在剑桥大学三一学院曾师从罗素。他常常唐突不拘地去找罗素讨论问题。罗素在《记忆中的肖像》中讲道：他（指维特根斯坦）常在半夜到我屋里来，几个钟头内一直来回踱步，犹如笼中之虎。一进门，他就声明在离开我的房间后就自杀。所以尽管我很困，也不愿撵他走。其中一个晚上，经过一两个小时死一般的沉寂，我对他说："维特根斯坦，你是在思考逻辑呢，还是想着你的罪孽呢？"他答道："都有。"于是又重新陷入了沉默。

囚禁中的成果

第一次世界大战爆发后，维特根斯坦因病可以免去兵役，但他主动报名参军，加入奥匈帝国的军队，认为这是最好的自杀方式。他作战英勇，还展示工程技术方面的才能，被晋升为炮兵中尉，获勇敢奖章。

1918年11月，奥匈军队崩溃，他成了意大利人的俘虏，直到1919年8月才获释。据说在战争期间，他在一个战壕中看到杂志里关于一次汽车事故的报道，其中有对于事件的可能次序的略图，于是产生了命题的图像论的思想。

在囚禁中，他与罗素通信，将基本完成的《逻辑哲学论》手稿寄去。1921年此书出版德文版，1922年出版了后来影响广泛的英德对照本。这是他生前出版的唯一一本哲学专著，虽然只有两万字，但它成为了20世纪影响最大的哲学著作之一。

哲学之病

维特根斯坦认为，哲学家都有病。他曾说："哲学之病的一个主要原因——偏食：人们只用一种类型的例子来滋养他们的思想。"在维特根斯坦看来，一个患有哲学之病的人就像掉入捕蝇瓶的苍蝇，左冲右突，却始终找不到出路。这里所需要做的，无非是指出瓶口，使之飞出。"你在哲学中的目的是什么？——给捕蝇瓶中的苍蝇指明飞出去的途径。"这一出路非常平凡，那就是把词从形而上学的使用带回到日常的使用上来。

西方哲学大师的智慧

寻求死亡

在第一次世界大战爆发时，维特根斯坦自愿报名参军，并且捐了一大笔款，以改善他所在的炮兵的装备。有人认为，维特根斯坦自愿到战争中去寻求死亡，是一种绝望的行为，通过这种强迫性行为，也许会有一线自我解放的希望。

在战争中，他获得了令人惊异的成绩：勇敢奖，晋升为下士，后来又晋升为皇家见习士官。一份为军官申请金质勇敢勋章的嘉奖动议书中对他的评价是："突出的勇敢行为，沉着、冷静、大义凛然，赢得了士兵绝对的钦佩。"他通过自己的行为树立了一个忠于职守、履行义务的军人的光辉典范。

严厉的小学教师

在写作出版了《逻辑哲学论》后，维特根斯坦认为自己已经解决所有的哲学问题，便转行在奥地利当了一名国民小学教师。他对教学极为投入，曾自费带孩子们去维也纳参观，自费（通过他的姐妹）赞助有培养前途的农家孩子去深造，还自编了一本《小学字典》（1926 年出版，是他生前出版的两本书之一）。

维特根斯坦是一个很严厉的教师，像当时盛行的一样，对学生没少打耳光、揪耳朵和撞头。1926 年 4 月，一个学生在挨了一记耳光后晕倒了，这件事终于激起大家来撵他走。其实，这名学生晕倒的事经常发生。当时，这一事件将维特根斯坦卷入了诉讼。最后，他虽然胜诉，但感觉受到了侮辱，于是辞去了教职。

语言游戏

有一天，当维特根斯坦经过一个场地时，那里正在进行一场足球比赛，于是，他第一次产生了一种想法，即我们在语言中是在用词语进行游戏。语言在使用中不断开拓出新的空间，那些不同的空间也就是各种语言游戏。晚年的维特根斯坦认为，哲学问题并非肇始于好奇，而是源于语言的意义引发的对才智的沉迷。

把梯子抛掉

维特根斯坦在《逻辑哲学论》的最后一页告诉我们,他的哲学更像有用的废话,是一把梯子,你一旦用它在登上了高处之后,必须把梯子抛掉。

直率相告

年轻的维特根斯坦曾在罗素的哲学中感到一种"解救",所以,他将自己的第一部(也是生前唯一出版的)哲学著作《逻辑哲学论》交给罗素为之写序。但是,当他发觉罗素并没有理解他的主要思想时,便直率地写信告诉罗素,说他不能让这篇序言同他的书放在一起出版。这并没有妨碍他与罗素的友谊,他的一位传记作者在回忆中写道:"我注意到,有几次罗素和维特根斯坦两人同时出席伦理学学会,维特根斯坦在讨论中对罗素非常尊重,我从来没有看到他对其他人也采取这样的尊重态度。"

修正主义

有一次,在和意大利经济学家皮耶罗·萨拉法乘火车旅行时,维特根斯坦决意解释图像理论。萨拉法做了一个粗鲁的意大利姿势作为回应,并问他要表达的是一种什么样的图像。维特根斯坦无言以对。萨拉法向维特根斯坦证明,语言是文化,而非完全是命题。这时,维特根斯坦才相信,任何哲学都必须以一个前提为出发点,即人类的意义并非完全是语言与世界之间某种形而上学的对应,而是文化与社会的产物。

维特根斯坦开始重新思考其早期的哲学,慢慢地意识到自己青年时期的哲学观点确实有些奇怪。

只是想来度假

1929年,维特根斯坦重返剑桥大学,如他对凯恩斯说的那样,他只是想来度假。但周围信仰他的人立即抓住了他。凭借《逻辑哲学论》,维特根斯坦获得了哲学博士学位,并在次年被吸收为三一学院研究员。

对待朋友

摩尔是维特根斯坦的老师,又是他的朋友,他们交往的主题是哲学对话,以至当摩尔因中风而被医生限制不得同任何人进行超过一个半小时的哲学讨论时,维特根斯坦便产生了强烈的不满。他认为,摩尔不应当由他的妻子来监督,他想讨论多久就应讨论多久,如果真的非常激动或疲倦,而且中风而亡——那很好,那就是死得其所。这种似乎不通情理的对待朋友的方式,倒是体现了这位哲学大师的人生态度:"一个人应当毕生用全部精力去从事他有才能去做的事,决不应当仅仅为了延长寿命而放松对工作的努力。"

美好的人生

维特根斯坦一生中总是担心在自己的著作没有写完之前失去理智或者突然死亡。"生活中,人总是绊一跤,跌倒了,再绊一跤,又跌倒了。只有自己爬起来,试图继续走下去。至少我在自己的一生中总必须这样做。"他最后的一句话是:"请您告诉他们,我的一生是美好的。"

63　福柯

米歇尔·福柯（Michel Foucault，1926—1984 年）是法国哲学家、历史学家、结构主义、后现代主义的主要代表。曾在巴黎大学获得哲学、心理学、心理病案理学学位，1970 年起任法兰西学院历史和思想体系教授。主要著作有《精神病与心理学》、《疯狂的历史》、《医院的诞生》、《词典与物》、《知识与考古学》、《话语的秩序》等。

虽然福柯私生活混乱不堪，不仅吸毒，而且是一名同性恋者，并死于艾滋病，但这并不妨碍他成为一个伟大的哲学家。福柯知识广博，其研究涉及医学、精神病学、心理病学、自然科学史、经济学、语言学和犯罪学等，并从这些学科中吸取材料探讨思想发展的结构。福柯在西方思想界享有盛誉，被称作"20 世纪法兰西的尼采"、"萨特之后法国最重要的思想家"。法国著名哲学家德吕兹宣布，这个世纪将被称作"福柯时代"。

聪明如斯的原因

美国小说家埃德蒙·怀特问福柯为什么聪明如斯，他的回答令人瞠目结舌："我过去并不总是聪明的，实际上我在学校念书时是很笨的，于是我被送到另一所学校，那里有一个很有魅力的男孩儿，他比我还要笨。为了把这个漂亮的男孩弄到手，我开始为他做家庭作业——我也就这样变得聪明了。我不得不做所有这些作业，保持着比他领先一点儿，以便帮助他。"他还得意扬扬地补充说："在某种意义上，我之所以后来一直在试图做一些学问，目的都是为了吸引男孩子。"

阅读尼采

1953年8月，福柯同朋友平盖开车到罗马度假。但他对意大利的旖旎风光和古典艺术都心不在焉。

福柯随身带着一本德语和法语对照的尼采著作《不合时宜的思考》。在半个月的时间里，福柯完全沉浸在这本书中，其着迷程度令人惊讶。尽管行程总是匆匆忙忙，很少有时间读书，但是哪怕有半小时的喘息，不论是在海滩上沐浴阳光，还是在咖啡馆的阳台小憩，他总要打开那本书，接着往下读。这一次福柯感受到了强烈的"哲学震撼"。

后来，福柯回忆说："当时，尼采是一个启示。我满怀激情地读他的书，并改变了我的生活。……我有一种不能自拔的感觉。由于读了尼采的著作，我完全变了一个人。……阅读尼采的作品是我的转折点。"

落入美男计

1958年10月，福柯被法国外交部任命为设在波兰华沙大学内的法国文化中心的主任，不过他并没有在那儿待太久，原因倒是富于戏剧性：他落入了波兰情报机关的美男计。1959年，法国驻波兰大使馆文化参赞告假，大使本已有心提拔福柯，便一面让他代行参赞职务，一面行文报请正式任命。但是，波兰情报机构乘虚而入，刺探到福柯是一位同性恋者。于是，风流成性的年轻哲学家合当中计，最后不得不离开波兰。

癫　狂

福柯因在 20 世纪 60 年代发表《癫狂与文明》而开始成名。在这本书中，他指出：人们对于精神错乱的看法在 1500 年以后发生了令人瞩目的变化：在中世纪，疯子可以自在地逛来逛去，并且受到尊重；可到了我们这个年代，他们却被当作病人关进了疯人院，一种"被误导的慈善"大行其道。

尽管福柯有时也怀疑自己是不是在犯傻，担心自己可能会由此变成一个"误入歧途的变态人"，但他还是锲而不舍地"疯癫"了下来，以至晚年的时候他还理直气壮地宣布：他的全部工作，不论好歹，都出自他个人对"极限体验"的迷恋。由此看来，福柯学问的惊世骇俗，无疑与他那惊世骇俗的"疯癫"有关。

回击萨特

《词与物》发表后引起了人们的广泛争议。1968 年 3 月，福柯偶尔参与了关于《词与物》的争论。

在一次法国电台采访中，福柯对萨特把他称作"资产阶级的最后堤坝"耿耿于怀，反唇相讥："可怜的老朽的资产阶级！如果他们需要用我的书来当堤坝，那他们早就完蛋了！"他指出，十分滑稽的是，当年他是法国共产党党员时，萨特自己正是被指责为"资产阶级帝国主义反对马克思主义的最后一道堤坝"。

福柯还对萨特信口开河表示遗憾："萨特这个人忙于许多极其重要的工作——文学、哲学和政治工作，没有时间读我的书。他从来没有读过这本书。因此，他所说的与我毫不沾边。"

不喜欢老处女

1965 年，福柯在克莱蒙—费朗大学任教时，以权谋私，在学校里造成丑闻。他坚持要任命自己的同性恋伴侣德菲尔为助教，否决另一个更有资格的女候选人。他声称："我们这儿不喜欢老处女。"结果，福柯的意见遭到普遍反对。随后，他离开了这所大学。

极"左"的主张

1972年年初,福柯与当时法国左派一个名叫皮埃尔·维克多的人发生了一场争论。维克多"左"得要命,极力主张以"人民法庭"的形式来实施"红色恐怖"。可他没想到,福柯比他还要"左"出许多:因为按福柯的主张,"法庭"这种形式本身就不可取,最好是直接诉诸"人民的司法行动",恢复"日耳曼的古老习俗",重演法国大革命时期的"九月屠杀"!据说有嗜血狂倾向的维克多,都被这危险的言论吓得打了一个哆嗦,最终也没敢苟同福柯。

做一个马克思主义者

福柯曾参加过法国共产党,但他否认自己是一个马克思主义者。不过,他一度认为,现代哲学应置于马克思、弗洛伊德和尼采的旗帜之下。他不仅在自己的著作中从马克思那里援引概念、文本和成语,而且还说道:"在现时,写历史而不使用一整列和马克思的思想直接或间接地相联系的思想,并把自己放在由马克思所定义和描写的思想地平线内,那是不可能的,人们甚至会对在做一个历史学家和做一个马克思主义者之间到底有什么区别感到疑惑。"

法国的尼采

尼采在福柯思想发展历程中始终占据着绝对的主导地位。福柯曾说:"我是个尼采主义者,我希望某些方面,在可能的情况下,借助尼采的文字来对这个或那个领域进行观察研究——但是也有反尼采的观点(但是这一点又是尼采主义的!)。"所以,有人干脆把福柯称之为"法国的尼采"。在一次和布洛歇对话时,福柯干脆以尼采晚年一部著作的标题来统称自己一生的学术:"我要是自命不凡的人的话,就会给我所做的加一个总标题:道德谱系学。"

巫 师

在突尼斯大学任教时，福柯勤奋工作的习惯在当地十分有名。每天东方破晓，他就在面对海湾的房间里开始工作。有人说，福柯太喜爱阳光了，一点阳光也不愿浪费。当地有些老太太则盛传："哲学家"就是"巫师"的同义词，这个"哲学家"每天清晨面对桌子上的一个人头骷髅练功作法。

结构主义的"祭童"

福柯曾表示自己以与结构主义结盟为荣。有一次，他接受突尼斯一家报纸的采访，记者问："为什么公众认为你是结构主义的牧师？"福柯答道："我最多是结构主义的一个'祭童'。形象地说，我只是摇了摇铃，教徒就下跪，非教徒就大喊大叫。但是，弥撒早就开始了。"他还指出，正是结构主义"关系到我们的文化，我们今天的世界，整个决定我们的现代性的实践或理论关系。只要我们承认哲学的作用是诊断，结构主义作为一种哲学活动的价值也就在于此"。

出尔反尔

1980年4月15日，一代思想巨人萨特谢世了。那天早晨，封·比洛给福柯打电话，问他是否参加萨特的葬礼。福柯答道："那还用说。"但是，当德菲尔提出同样的问题时，他却回答说："为什么非得去？我又不欠他什么。"

福柯与萨特之间关系很微妙，俩人的哲学思想和政治观点有很深的代沟。特别是围绕《词与物》的辩论，再加上媒体的渲染，造成了萨特与福柯的对立形象。

但是，1968年的"五月风暴"改变了法国知识分子的活动舞台和营垒，尤其是从1971年年底起，他们在许多社会政治活动中成为同一战壕里的战友。福柯对萨特的态度也开始转变。

福柯不仅尊敬萨特的人格，而且他对萨特的评价基调也变了。尽管私下里并不能完全释然，但在公开场合福柯对萨特基本上持赞扬态度。

西方哲学大师的智慧

免谈结构主义

有一次,福柯演讲结束后的讨论相当热烈。有人首先起来批评"结构主义",他举出1968年5月巴黎大学的学生在教室黑板上写的一句话:"结构不能走上街头。"然后补充说:"创造历史的从来不是结构,而是人。"福柯的答辩很干脆:"我本人从来没有用过'结构'这个词。因此,我可以免谈结构主义。"

绝不可能是真的

1981年的一天,一位朋友与福柯共进晚餐时,讲述了美国医生发现了艾滋病的消息。福柯听后大笑:"一种只伤害同性恋者的癌症,不,绝不可能是真的。太可笑了!"但福柯此时已经感染上艾滋病毒,这大约是他1975年美国加州之行"极限体验"的恶果。

还有一次,他同美国朋友米勒谈到艾滋病时,福柯说:"我不相信。"米勒表示,他多少有点相信"性安全"的宣传。福柯大笑,问他:"难道你怕死吗?死并不可怕。另外,为了美男之爱而死,还有什么比这更美好的呢?"

还有多长时间

1983年,艾滋病在福柯身上发作了。当时,福柯经常出席"世界医学协会"讨论波兰局势的会议,会议地点是一个皮肤病诊所。在会上,福柯咳嗽得很厉害。德菲尔和福柯的秘书(兼助教)劝他去看病,但福柯不愿就医。最后,由于诊所主任的劝说,福柯才勉强到医院做了检查。诊所主任根据各种化验结果,判断福柯已经患上艾滋病。但是,为了保护福柯的名誉,他篡改和伪造了病历。诊所主任只把病情告诉了福柯的秘书。

敏感的福柯很快就意识到自己病情的严重性。有一次,他问医生:"还有多长时间?"意思是自己还能活多久。医生当然是轻描淡写地加以敷衍。福柯自知来日无多,决定发表一些原来准备推迟的演讲。在病中,福柯完成了《性史》后三卷的写作,他对德菲尔说:"这部书的写作对于我不是最愉快的。"

他好像不是人

1971年11月，美国的左派思想家诺姆·乔姆斯基在荷兰电视台和福柯辩论时，惊讶地发现福柯连起码的正义原则都不承认。当时，乔姆斯基提出一个观点，说是有必要建立"某种关于人的本质或人的本性的严格而人道的概念"。福柯当即予以反驳说："难道这样做不会让人误入歧途吗？毛泽东已谈过资产阶级人性和无产阶级人性，认为二者并非一回事。"乔姆斯基后来不由慨叹道："我感到像是在和一个并不和我生活在同一个道德世界的人谈话。……我不明白他是怎么回事。他好像不是人，而是什么其他的物种。"

把自己创造成艺术品

福柯的人格魅力之一就是他极力倡导并一生不懈实践"生活美学"。有一次，福柯对友人说："使我惊讶的是，在我们的社会中，艺术只与物体发生关联，而不与个体或生命发生关联……每一个体的生活难道不可以是一件艺术品吗？"

福柯的一生，我行我素，超凡脱俗。对于生活，他充满审美的热情，力图使自己的生活具有美的形式和美的内容。他说："从自我不是给定的这一观点出发，我想只有一种可行的结果：我们必须把自己创造成艺术品。"

不要问我是谁

在人对自我和自己生活的塑造中，改造自己是一个不可避免的过程。福柯在不同的场合反复地谈到过对自己的不断改造。福柯说："不要问我是谁，也别要求我一成不变。"他还说："我像条狗一样地工作，而且像条狗那样地工作了一生。我不关心我所做的工作在学术上的位置，因为我的问题在于对自身的改造。"

在生命的最后岁月里，他对一位美国记者说："在生活和工作中，我的主要兴趣只在于成为一个另外的人，一个不同于原初的我的人。"

西方哲学大师的智慧

他们本身就是革命

福柯既是一个著名的学者,又是一个积极的社会活动家。在 1968 年的"五月风暴"时期,福柯投身于突尼斯的学生运动,发挥了相当大的影响。此后,他的身影和名字一再出现于法国国内一次又一次的游行、抗议和请愿书中。"当时有两个福柯。一个上街游行,一个出席学院的会议。福柯对自己的学术工作是极其认真的。"这是著名历史学家拉迪里后来的描述。目睹学生的游行示威后,福柯说:"他们不是在制造革命,他们本身就是革命。"

遗　嘱

福柯去世前销毁了大量的个人文件,并在遗嘱中禁止在他死后发表一切他无意中留存下来的文稿。不久,正如他所担心的:一个偷卖福柯公共演讲录音带和自由转抄本的黑市很快形成,且生意十分兴隆,许多出售品已为收藏家们所收藏。当代还没有哪一位思想家的著作能导致这种情况的发生。

恶　之　花

在医院里,德菲尔对福柯说:"如果你的病被查出是艾滋病,那么你最后的著作就和《恶之花》一样了。"德菲尔这么说,是因为波德莱尔的《恶之花》就是写他自己的性生活和梅毒。"为什么不?"

一语成谶。经诊断,福柯患的是卡氏肺囊虫肺炎和脑组织坏死并发症。这是一种典型的艾滋病病状,医院对此爱莫能助。1984 年 6 月 25 日,福柯死于艾滋病。

64　德里达

雅克·德里达（Jacques Derrida，1930—2004 年）是 20 世纪下半期最重要的法国思想家之一、哲学家、结构主义的代表。生于阿尔及利亚，19 岁时回法国就学，1956—1957 年在美国哈佛大学深造，60 年代成为《泰凯尔》杂志的核心人物，后一直在巴黎高等师范学校任教。曾任美国约翰·霍普金斯大学和耶鲁大学访问教授。他是解构主义哲学的创始人，被称为"解构主义之父"。他的理论动摇了整个传统人文科学的基础，是整个后现代思潮最重要的理论源泉之一。

德里达的主要代表作有《文字语言学》、《声音与现象》、《书写与差异》、《散播》、《哲学的边缘》、《立场》、《人的目的》等。《文学行动》是他在 20 世纪 90 年代的新作，汇聚了他各个时期以来的文学思考，这既是一部哲学著作，也是一部异想天开的批评写作图书。

由于创立了解构主义思想，德里达成为 20 世纪后半叶欧美思想界最有影响力的人物之一，这种影响波及语言学、文学、人类学、政治学、建筑乃至电影等人文社会科学的几乎所有领域。

心理创伤

德里达来自一个犹太家庭，身上拥有西班牙血统，在法国开始殖民统治之前就居住在阿尔及利亚。他曾回忆说："1942年，我11岁的时候，德国人还没占领阿尔及利亚，校长把我叫到办公室，对我说：'你得回家了，小朋友，你父母亲会收到一份通知。'1942年，对我来说，标志着一次挫折或者心理创伤。它形成了一种无意识的沉淀。它使我心灰意冷。我当时对1942年正在发生的事不太了解。那时我是一个来自阿尔及尔的犹太小孩，遭遇到法国的反犹太主义者的攻击，被赶出学校，即使我那时不知道什么，经历了那次创伤，在我身上还是留下了某些无意识的意识方式，我以这些方式注视理智的事情——关注文化和语言的问题。"

他还说："我被驱逐出学校的头几个月很糟糕。……一种精神创伤，它不仅导致了我对法国文化和法国的非归属感，而且也以某种方式排斥我归属于犹太文化。1942年到1943年间的几个月，某种东西凝固了，变成了我身上永远的一部分。"

一生的遗憾

德里达有生之年有一个深深的遗憾，那就是没能成为足球运动员。在一次接受采访时，他表示："我年轻的时候曾梦想成为一名职业足球运动员，为阿尔及利亚国家队效力。但我最后不得不放弃这个梦想，因为我踢得不够好。"

对误解本身的误解

当有人问德里达如何评价他与伽达默尔当年的那场争论时，他说："我与伽达默尔之间有过通信与会见，但从来没有过真正的对话。……伽达默尔是我尊敬的老人，不久前我还在海德堡见过他，他现在有101岁了。尽管我对他很敬重，但我还得说解构主义不是一种诠释学。……我与伽达默尔之间的误解，就像我与哈贝马斯之间的误解一样，是对误解本身的误解。我认为没有误解之险就没有语言，而误解是不可还原的，是取消不掉的，而且也没什么不好。"

门生与老师

德里达一直有"好斗"的恶谥,他跟许多当代哲学家发生过争论。在巴黎高等师范学校任教时,米歇尔·福柯也正在该校做哲学讲师,德里达一度在索尔邦给他当助手。有一次,有人邀请德里达去哲学学院发表演讲,福柯也坐在听众席中。"我不久前还接受米歇尔·福柯的教诲,对他保持着一种门生的敬意和感激之心。"但他话锋一转:"门生意识是一种不幸的意识。当师生开始对话,也就是(门生)开始去回答,总有当场被逮住的感觉,像孩子一样,其定义就意味着他不会说话,尤其不该回嘴。"这位以前的学生的攻击使福柯大吃一惊。但他从容不迫,坐在听众席中一言不发并认真倾听。直到1971年福柯才作出回应,称德里达的观点引人注目,但某些观点幼稚浅薄。他把德里达的著作简化为一种带有说教、炫耀色彩的辉煌的语体练习。

死刑与人

2000年,德里达于巴黎高等社会科学院进行死刑研究讲座时,开篇提出的问题就是:"如果有人在黎明时分对你说:'您知道,死刑是人的特性。'你会怎么回答?"长时间沉默后,他说:"我大概首先会尝试很快地告诉他:'对,您说得对。至少这不是上帝的特性。'"他的意思是说,死刑是人类的制度,不是神与动物的制度。

用水写字

2001年9月3日,德里达应北京大学哲学系的邀请来中国做学术访问。当天,他在黄昏的北海公园漫步,途中一位老太太正双手用沾了水的笔在地上写字,看到德里达一行便迎上来把着德里达的手和他一起在地上写了一行长长的他所不认识的中文:"海外存知己,文化传友谊。"用水写字,不是为了保存,而是为了消失,这使德里达感到兴味盎然。第二天,在北京大学的荣誉教授授证授予仪式上,德里达激动地说:"这位妇女,这位书法艺术家把着我的手在中国的土地上引导我进入中国的文字。"

中国人也有上帝吗？

有一次，曾任德里达的助手的张宁知晓德里达患癌症后，对他说："我每天为您祈祷。"德里达则笑着问："中国人也有上帝吗？"张宁回答说："没有上帝，但心中有神灵。"

局限与跨越

2001年9月7日，德里达在中国社会科学院的学术报告厅举行了题目为"21世纪的社会科学与《马克思的幽灵》"的讲演。在座谈会上，一位学者问德里达是否意识到自己思想的局限。他肯定地说："我不只是意识到自己的局限，而且它也是我的焦虑所在。但仅认识到这种局限性是不够的，重要的是要跨越它。我尽我所能在自己的语言中也在别人的语言中通过阅读去跨越这种局限。我的解构工作始于对哲学局限的意识，但也同时承继这个传统，我呼唤哲学之外的其他东西，对他者的呼唤正是解构的原型。"

无法弥补

长期以来，在巴黎高等师范学校读过中国历史的德里达与中国的关系都是借助美国为中介的。他说："这是个悖论，因为从一开始，我对中国的参照，至少是想象的或幻觉式的，就占有十分重要的地位。在近40年的这种逐渐国际化过程中，缺了某种十分重要的东西，那就是中国。对此我是意识到了，尽管我无法弥补。"

现象学的问题

在游览长城时，法国文化专员告诉德里达说：一位法国学者到长城时，正碰到大雾天，3米之外什么都看不见，故怀疑长城是否真的存在。德里达开玩笑说："这是现象学的问题，非见到非触到不可。不过我回去会告诉他我看到长城了，有照片为证。"

我也不知道

2001年9月4日,德里达在北京大学发表了题为"宽恕:不可宽恕与不受时限"的讲演。在随后的座谈会上,一位美国学者问道:"宽恕有什么好?如果一个人强奸了我的女儿,我宽恕了他,那等于让他去强奸我的另外三个女儿。如果宽恕的后果如此,我们为什么要宽恕?"德里达说:"我并没有要说宽恕的好与坏。我也同意宽恕有可能会有不好的后果,但我的工作不是去评价它的好与坏,而是要分析我们所继承的这份宽恕遗产的悖论,尽我的微薄之力向人们揭示我们生活在一种怎样的宽恕传统之中。"这位美国学者又说:"如果您所说的无涉好坏,那我们为什么要来听您讲演。"德里达无奈地说:"我也不知道您为什么来。"想了想,他又说:"也许至少可以说我们有一个共同的地方,那就是对宽恕这个问题怀有兴趣,这个问题与我们都相关。"

盛赞北京

2001年9月,在访问北京后,德里达对北京的繁荣感到非常惊奇。他说:如果现在有一个人从天上径直掉到地上,掉到北京,他一定分不清这是西方还是东方,是一个传统社会还是现代社会。

充满感情的答谢词

2001年,德里达访问中国时,每到一个地方,都以自己当时的切身感受写他的答谢词,绝不重复,而且相当有感情。在南京大学的讲演结束时,他充满感情地对学生们说:"你们年轻专注的面孔使我觉得中国是一个古老而年青的文明,你们肩负着走向未来的责任。"

很难对一致性感到激动

在1968年的"五月风暴"中,德里达这个激进的哲学叛逆者和挑战者选择了退守和游离的立场。在回答埃瓦尔德"五月风暴对你是否重要"这一问题时,他说:"我不是所谓的六八分子,尽管我参加了当时的示威,组织了高等师范学校的第一次大集会，但我很警惕，面对自发性的联合论者、反联合主义者狂欢的迷醉，面对最终'自由了的'言语、恢复了的'透明度'等等的热情，我甚至感到担忧，我从不相信这些东西。"

埃瓦尔德又问道："你当时是否认为这有点幼稚？"德里达说："我并不反对这场运动，但我总是很难对一致性感到激动。我并没感到我是在参与一个伟大的变革。但我现在相信，在这场不太合我口味的狂欢中发生了其他的事情，我无法为之命名。这是一种来自很远又传到很远的地震的震动。这些震动余波未平，当我看到保守，甚至是倒退势力的怨恨的公开展示，和对控制权的一再坚持这个事实以后，作为一个教师，我正是在这样的后果中，才开始赋予我的作品一个明显的、更具'战斗性'的形式。"

被指控而入狱

1982年1月2日，德里达获释后由布拉格返回巴黎，在火车站接受记者采访。他是在1981年年底前往布拉格参加一次"私下的学术讲习班"时，受到"生产和非法买卖毒品"的指控而入狱，后在法国总统密特朗的介入下才获得释放。

哲学家不该写传记

在纪录片《Deride》中，女导演问德里达："你最希望看哪位哲学家的纪录片？"德里达答道："黑格尔、康德和海德格尔。我渴望听到他们谈谈自己的性爱。"女导演大笑，德里达连忙补充："我是认真的。性爱是人类最私密的部分，而他们竟然从来不谈，我很想知道他们如何看待这么重要的事情，以及这些事情如何影响他们的哲学。"

但是，当他和妻子坐在沙发上，女导演问他们如何坠入爱河时，德里达腼腆支吾，犹疑良久，最后只是简简单单地说了两三句。正因是秘密，而且是最私密，难以言传，或总觉传达得不够而侮辱了其美妙，所以不如不说。聪明的德里达一定懂得这个道理。

在短片开始处，德里达引用海德格尔的话指出：哲学家不该写传记。哲学家的生命用一句话来形容便已足够，这就是：He was born, he thought, he died（他出生，他思考，他死亡）。

65　波普尔

卡尔·波普尔（Karl Popper, 1902—1994 年）是英国哲学家、批判理性主义的创始人。出生于奥地利的维也纳，1928 年获维也纳大学哲学博士学位，次年取得任中学数学和物理教师的资格。1933 年出版《研究的逻辑》后，波普尔名声大振，1936 年应聘前往新西兰坎特博雷大学任教。1945 年先受聘为伦敦大学讲师，翌年赴伦敦经济学院工作，1948 年升为伦敦大学教授，不久出任伦敦经济学院哲学、逻辑与科学方法系主任，后加入英国籍，获爵士称号，当选为英国科学院和美国艺术与科学院院士，1970 年退休。主要著作有《研究的逻辑》、《历史主义的贫困》、《开放社会及其敌人》、《猜想与反驳》、《客观知识》、《自我及其脑》（与艾克尔斯合著）。

卡尔·波普尔继承爱因斯坦的批判精神和康德的唯理主义思想，形成了自己的"批判理性主义"，建立了同逻辑实证主义相对的科学知识观，提出了反归纳主义和证伪主义的知识理论、突现进化论和"三个世界"的学说以及开放社会和"社会工程"理论。

西方哲学大师的智慧

早年的哲学问题

波普尔曾回忆说:"当我还是一个孩子,也许是八岁的时候,我就偶然碰到了其中一个哲学问题。不知怎地,我听到有关太阳系和空间(无疑是牛顿空间)的无限性,就使我困惑:我既不能想象空间是有限的(因为在空间之外又有什么呢?),也不能想象空间是无限的。我的父亲建议我去问他的一个兄弟,并告诉我,他的兄弟非常善于解释这类问题。这位叔叔首先问我对于不断延续的数系是否感到困难。我说不感到困难。然后他就要我想象一堆叠着的砖,并且把一块又一块砖加在砖堆上,如此类推以至无穷,但永远填不满宇宙空间。"

与爱因斯坦长谈

1950年,波普尔应哈佛大学邀请赴美国讲学,遇到了仰慕已久的爱因斯坦,并进行了多次长谈。这次会见,爱因斯坦给波普尔留下了极其深刻的印象。在自传中,波普尔描绘了自己当时的感受:"我不能不信任他(爱因斯坦)。同他在一起感到很自在。不能不信任他,不能不无保留地信赖他的直率、他的和蔼、他的判断力强、他的智慧以及他的几乎是儿童般的天真。"

挑战罗素

1935年和1936年,波普尔两次应邀赴英国讲学。在英国亚里士多德学会的一次集会上,他听取了罗素的题为"经验主义的范围"的演说。罗素强调人的经验知识通过归纳而获得,波普尔即席发表了相反的见解,否定归纳法,宣扬批判理性主义理论。从此,波普尔的理论为更多的人接受或重视。

与维特根斯坦论战

1946年秋天，维特根斯坦以剑桥道德科学俱乐部的名义召开了一次题为"哲学疑难"的讨论会，邀请波普尔参加。

"哲学疑难"本是维特根斯坦日常语言哲学的专门术语，意思是没有哲学问题，任何哲学问题仅是语言的"疑难"。而这恰恰是波普尔最讨厌的一个论点。

波普尔为了正面阐述自己的观点，便在剑桥道德科学俱乐部宣读了题为《有哲学问题吗?》的论文。他说，如果我认为没有真正的哲学问题，我就肯定不是一个哲学家，并且事实上，许多人都在努力解决各种哲学问题。

波普尔的发言，引起了维特根斯坦的强烈愤怒，他几次跳起来打断波普尔的发言。

波普尔为了证明自己的观点，提出了一份事先准备好的哲学问题的清单。

当波普尔提出道德问题以及道德准则的有效性问题来支持自己的观点时，维特根斯坦显得很不耐烦，用一把火钳比划着，大声反驳波普尔："举一个道德准则的例子!"波普尔反唇相讥道："不要用火钳威胁应邀访问的讲演人。"维特根斯坦勃然大怒，扔下火钳，拂袖而去。

事后，有人夸奖波普尔敢于向权威挑战，是"唯一敢于打断维特根斯坦讲话的人"。

主要参考文献

[1] 金炳华,等. 哲学大辞典[M]. 上海:上海辞书出版社,2001.

[2] 蒋永福,等. 东西方哲学大辞典[M]. 南昌:江西人民出版社,2000.

[3] 苗力田. 古希腊哲学[M]. 北京:中国人民大学出版社,1989.

[4] 朱德生. 西方哲学通史[M]. 北京:北京大学出版社,1995.

[5] 李培湘,王浩吾. 西方哲学思想要义[M]. 四川:西南交通大学出版社,1988.

[6] (德)黑格尔. 哲学史讲演录[M]. 贺麟,王太庆,译. 北京:商务印书馆,1959.

[7] (美)罗素. 西方哲学史[M]. 何兆武,李约瑟,译. 北京:商务印书馆,1996.

[8] (美)威尔·杜兰. 哲学的故事[M]. 梁春,译. 北京:中国档案出版社,2001.

[9] 文聘元. 西方哲学的故事[M]. 天津:百花文艺出版社,2001.

[10] 文聘元. 现代西方哲学的故事[M]. 天津:百花文艺出版社,2005.

[11] 武斌. 性灵之光——西方大哲学家轶事[M]. 北京:光明日报出版社,1989.

[12] 苗凡辛. 智慧之旅——西方古典哲学漫笔[M]. 合肥:安徽文艺出版社,1998.

[13] 彭越,陈立胜. 西方哲学初步[M]. 广州:广东人民出版社,1999.

[14] 张有传. 西方智慧的源流[M]. 武汉:武汉大学出版社,1999.

[15] (德)威廉·魏施德. 通向哲学的后楼梯[M]. 李文潮,译. 沈阳:辽宁教育出版社,1998.

[16] (美)亨利·托马斯,黛娜·莉·托马斯. 大哲学家小传[M]. 陈建华,安庆国,康剑,译. 西安:华岳文艺出版社,1988.

[17] (英)雷·蒙克,弗雷德里克·拉斐尔,等. 大哲学家——思想大师们的生平与精髓[M]. 韩震,王成兵,等译. 海口:海南出版社;呼和浩特:内蒙古人民出版社,2004.

[18] 丛日云. 世界著名思想家传[M]. 郑州：河南人民出版社，2000.

[19] 张汝伦. 十大思想家[M]. 上海：上海古籍出版社，2001.

[20] 王新民. 与世界伟人对话[M]. 成都：四川人民出版社，2000.

[21] 刘玉英. 世界历史三百名人故事[M]. 福州：福建少年儿童出版社，1996.

[22] （古希腊）拉尔修. 名哲言行录[M]. 马永翔，等译. 长春：吉林人民出版社，2003.

[23] （法）若-弗·马泰伊. 毕达哥拉斯和毕达哥拉斯学派[M]. 管震湖，译. 北京：商务印书馆，1997.

[24] （法）让·布伦. 苏格拉底[M]. 傅勇强，译. 北京：商务印书馆，1997.

[25] （日）中野幸次. 苏格拉底[M]. 骆重宾，译. 北京：新华出版社，1988.

[26] （法）皮埃尔·格里纪尔. 西塞罗[M]. 董茂永，译. 北京：商务印书馆，1997.

[27] （美）A. 弗里曼特勒. 信仰的时代——中世纪哲学家[M]. 程志民，等译. 北京：光明日报出版社，1989.

[28] （英）安东尼·肯尼. 阿奎那[M]. 黄勇，译. 北京：中国社会科学出版社，1989.

[29] 江作舟，靳凤山. 经院哲学的集大成者阿奎那[M]. 合肥：安徽人民出版社，2001.

[30] 刘自觉. 近代西方哲学之父笛卡尔[M]. 合肥：安徽人民出版社，2001.

[31] （法）罗狄-刘易斯. 笛卡尔和理性主义[M]. 管震湖，译. 北京：商务印书馆，1997.

[32] （美）J. O. 厄姆森. 贝克莱[M]. 曹秋华，译. 北京：中国社会科学出版社，1989.

[33] （法）法兰西斯·韦渥. 卢梭[M]. 裘奇，译. 北京：新华出版社，1988.

[34] （苏）C. 阿尔塔莫诺夫. 伏尔泰传[M]. 张震霞，苏楠，译. 北京：商务印书馆，1987.

[35] 戴金波. 伏尔泰[M]. 沈阳：辽海出版社，1998.

[36](德)威廉·格·雅柯布斯.费希特[M].李秋零,田薇,译.北京:中国社会科学出版社,1989.

[37]易杰雄.德国古典哲学的奠基人康德[M].合肥:安徽人民出版社,2001.

[38]梁雪影.永不熄灭的圣火点燃者马克思[M].合肥:安徽人民出版社,2001.

[39]嵇立群.马克思[M].北京:中国少年儿童出版社,1997.

[40](法)弗朗西斯·让松.存在与自由——让-保尔·萨特传[M].刘甲桂,译.北京:北京大学出版社,1997.

[41](法)罗歇·格勒尼埃.阳光与阴影——阿尔贝·加缪传[M].顾嘉琛,译.北京:北京大学出版社,1997.

[42](法)弗朗索瓦·达高涅.理性与激情——加斯东·巴什拉传[M].尚衡,译.北京:北京大学出版社,1997.

[43](法)迪迪埃·埃里蓬.权力与反抗——米歇尔·福柯传[M].谢强,马月,译.北京:北京大学出版社,1997.

[44](法)丹尼尔·哈列维.尼采传[M].谈蓓芳,译.南昌:百花洲文艺出版社,1996.

[45]杜丽燕.尼采传[M].石家庄:河北人民出版社,1998.

[46]刘根报.诗人哲学家尼采[M].合肥:安徽人民出版社,2001.

[47]黄忠晶.尼采传[M].武汉:长江文艺出版社,2002.

[48]谢劲松.胡塞尔传[M].武汉:长江文艺出版社,2002.

[49](美)罗森.荣格之道:整合之路[M].申荷永,等译.北京:中国社会科学出版社,2003.

[50](丹麦)克尔凯戈尔.克尔凯戈尔日记选[M].晏可佳,等译.上海:上海社会科学学院出版社,2002.

后　　记

我既不是学哲学出身的，更不是哲学理论研究者，甚至不敢自诩为一名自觉的哲学爱好者。只是因为教学实践需要的缘故，我在哲学园地里与大师们相遇、相识、相交，并为其深邃的思想所吸引和折服，从而选编了西方先哲们的一些轶闻趣事，其中难免挂一漏万。然而，我问心无愧，因为自始至终我是用心去做的。

人贵有自知之明。作为一名中学教师的我来做此项工作，所付出的辛劳是常人无法想象的。如若写作之初即为了成书出版的话，我是不敢贸然行事的。我出版本书是被不知不觉地"逼上梁山"的。经过多年的辛勤劳作，现在总算有了一个较为满意的结果。此书付梓之际，我只有一种如释重负之感。尼采曾言："人类的伟大之处，正在它是一座桥而不是一个目的。人类的可爱之处，正在它是一个过程与一个没落。"我企盼的只是为筑"桥"而铺垫一块砖，我注重的只是辛勤劳作的"过程"。其实，我从哲学大师们那里得到的惠泽是无法估量的，更是无法言表的。

我编著此书，只有一个心愿：愿你——结识西方圣哲，与大师们品茗共话，促膝谈心，领会哲人深邃的思想，体悟人生的真谛，谱写好自己的生命交响曲。

本套丛书为我主持的"广东省中小学教师工作室：胡兴松工作室"和"深圳市首批教育科研专家工作室：胡兴松工作室"的科研成果，特此衷心感谢给予我殷切关怀的各级领导及有识之士，感谢那些一直热情帮助我的同仁、始终支持我的家人、精心校改书稿的编辑以及施予我恩惠的人。在此，我还要特别感谢胡兴松工作室的全体成员为本书的出版所做出的努力，他们是：王立群、王敏、孔令启、吴姣、吴熙龙、陈小莉、陈美英、杨柳、胡亚敏、高永新、段梦妤、郭云奎、梁慧芳、熊汉生、彭珏。

胡兴松
2015 年 5 月 12 日于前海湾畔